本书是2023年湖北省教育厅哲学社会科学研究指导性项目"学校场域中课后服务实施困境与对策研究"（23G113）和江汉大学2021年人文社科专项"武汉市家校社协同育人视角下的学生暑期托管研究"（rszx003）的主要成果。

中小学生
课后服务研究

| 严月娟 ◎ 著 |

华中科技大学出版社
http://press.hust.edu.cn
中国·武汉

内 容 简 介

本书紧扣当前我国义务教育改革热点和难点，直面"双减"政策背景下课后服务的现实问题，以国内外课后服务相关概念的介绍为切入点，澄清了课后服务的本质、属性，阐释了课后服务的分类、价值、功能、理论依据等基本理论问题，系统梳理了主要发达国家上学日课后服务与假期课后服务的相关经验，并在总结我国义务教育学校课后服务取得的成效的基础上，深入剖析了当前我国课后服务面临的主体单一、师资匮乏、内容狭窄以及经费不足等困境，提出多元主体协同参与课后服务的解决思路。本书结合各地实践提炼出校社联动、馆校合作、高校介入、非学科类培训机构参与等四种模式，并呈现了相应的典型案例，以期为我国课后服务高质量发展提供理论参考和行动建议，并在一定程度上缓解我国"三点半"难题及"暑期看护难"的问题，助推"双减"政策落地实施，真正促进学生全面发展和健康成长，提高人民群众对教育的满意度。本书具有较强的学术价值和实践意义，既适合广大高校教育理论研究者阅读，也适合各地教育行政部门的管理人员、中小学校长、一线教师以及有志加入课后服务的第三方专业人士阅读参考。

图书在版编目（CIP）数据

中小学生课后服务研究 / 严月娟著. -- 武汉 ：华中科技大学出版社，2025.5. -- ISBN 978-7-5772-1738-3

Ⅰ. G632.0

中国国家版本馆 CIP 数据核字第 2025MS4826 号

中小学生课后服务研究　　　　　　　　　　　　　　　　　严月娟　著
Zhongxiao Xuesheng Kehou Fuwu Yanjiu

策划编辑：聂亚文
责任编辑：刘　凯
封面设计：孢　子
责任校对：张汇娟
责任监印：曾　婷

出版发行：华中科技大学出版社（中国·武汉）　　　电话：(027)81321913
　　　　　武汉市东湖新技术开发区华工科技园　　　邮编：430223

录　　排：华中科技大学惠友文印中心
印　　刷：武汉市洪林印务有限公司
开　　本：710mm×1000mm　1/16
印　　张：11.25
字　　数：232 千字
版　　次：2025 年 5 月第 1 版第 1 次印刷
定　　价：88.00 元

前　言

　　"孩子放学后去哪?"这个长期以来困扰社会和家长的难题并不是我国特有的,而是一个全球性的话题,比如,美国小学生一般是三点半放学,英国公立小学学生通常是三点半离校等。面对这样一个全球问题,找到既能回应民众诉求又合乎教育发展规律的解决方式是各国研究者的共同追求。国外有关课后服务问题的研究与实践远早于我国,并且部分发达国家已经制定较为完善的政策法规来规范和管理学生的课后服务问题。在我国,2017年2月教育部办公厅印发《关于做好中小学生课后服务工作的指导意见》,有关课后服务的问题才得到社会各界的广泛关注,学术界的研究热度因此骤然攀升。

　　在知网上以"课后服务""课后托管"等关键词进行搜索,发现国内最早的相关研究出现于2008年,为学者庞威发表的《英国课后托幼服务述评》。2017年后,相关研究逐渐多起来。截至2023年12月,各种相关论文数量高达5692篇,且近年呈逐年攀升态势。绝大多数研究局限于政策解读、现状调研、经验介绍、对策建议,也有一些学者对课后服务的属性、价值功能、责任主体、质量监督等学理性问题做了一定的探讨,但都较为零散,缺乏系统的理论框架作为支撑。

　　与期刊、论文研究的热度相比,国内出版的相关学术著作凤毛麟角。笔者在各大图书网站上搜索,发现仅有三本以课后服务、放学后托管为主题的著作。第一本是清华大学出版社于2018年出版的由刘潜润所著的《中国儿童放学后托管教育问题研究》。第二本是四川大学出版社于2021年出版的由姚喜双主编的《中小学生课后服务研究》。这本著作首先对1949年10月1日后我国的相关政策做了精准的梳理,然后从政策的视角解读了课后服务的性质、主体、内容等,最后基于全国大规模的调查,发现我国中小学课后服务存在的问题,并提出建议。两本著作的实质都是以放学后托管、课后服务为主题的大规模调研报告,皆属实证研究范畴。第三本是世界知识出版社于2023年出版的由李东旭、董晓燕主编的《课后服务活动设计与实施》,该书主要对课后服务活动的概念、课后服务活动方案的制定、课后服务活动的实施、课后服务活动的设计与管理等方面做了简单介绍,有一定的实操性。上述三本著作具有一定的开拓性,为本书的写作提供了可借鉴的宝贵经验,但其在理论性、学术性与系统性方面的探讨还有待进一步充实与深入。

从实践层面来看,"双减"政策下我国课后服务已经逐步从全面普及阶段转向提质增效阶段。据统计,截至 2021 年 9 月 22 日,全国 10.8 万所义务教育学校中,96.3%的学校开展了课后服务,85%的学生参加了课后服务。[①] 这表明在"双减"政策的推动下,课后服务普及率已经达到较高水平。但相对于实践而言,学术界在理论上对课后服务进行的系统阐释和深度分析显得十分薄弱,当前,我国课后服务有许多急需解释和解决的问题,如课后服务的本质内涵、性质定位、主体责任、保障措施、质量评估等。实现课后服务更优更好的发展的前提是理论上的澄清。

因此,本书聚焦"双减"政策背景下课后服务的现实问题,以国内外课后服务相关概念的介绍为切入点,厘清课后服务的本质、类型、性质、功能、理论基础等基本理论问题,系统介绍国外相关经验,深入剖析当前我国的实践困境,提出多元主体协同下课后服务的四种典型模式及具体案例,以期为我国课后服务的高质量发展提供理论参考和实践建议,在一定程度上缓解我国"三点半"难题及"暑期看护难"的问题,从而推动课后服务工作提质增效,助推"双减"政策的落实,真正促进学生全面发展和健康成长,提高人民群众对教育的满意度。全书分为四章,主要内容如下。

第一章"课后服务的基本认识"包括两节。第一节"课后服务的产生及发展"主要介绍国外课后服务活动的出现与发展,以及我国课后服务产生的政策背景和发展脉络,以便对课后服务的历史有一个概括性的了解;第二节"课后服务的本质、类型、性质与功能"主要剖析课后服务的表述、内涵、类型、性质及功能,并对课后服务与课后托管、课内教育的区别做了一定的探讨,帮助读者对研究对象形成基本的认识。

第二章"课后服务的理论基础"包括三节,主要介绍各种理论的产生背景、主要观点及其对课后服务的启示。第一节"关于课后服务价值属性的理论",对马克思关于人的全面发展学说、公共产品理论、教育公平理论加以介绍;第二节"关于课后服务主体的理论",对协同理论、家校社合作理论、利益相关者理论加以介绍;第三节"关于课后服务内容和形式的理论",包括需要层次理论、生活教育理论以及社会情感学习理论。上述内容为课后服务的开展提供了较为全面的理论背景和基础,有助于读者对课后服务研究领域进行较为深入的思考。

第三章"课后服务的国际经验"包括三节,系统梳理各国上学日和假期课后服务的发展历程、经验做法,以及对我国的启示。第一节"上学日课后服务的各国做法",主要介绍美国、英国、德国、澳大利亚、韩国、日本等国在解决"三点半"难题方面的做法;第二节"各国假期课后服务",介绍了美国的暑期学校、英国的假期俱乐部、韩国的假期托管教室、日本的"星期六教育活动"等节假日开展课后服务的经验;第三节"发达国家课后服务的启示",从实施主体、经费保障、制度构建、师资来

---

① 何蕊.超九成学校提供课后服务[N].北京日报,2021-09-24.

源、服务内容、质量评估标准等方面探讨了对我国开展课后服务的启示。

第四章"课后服务的本土实践"包括三节。第一节"'双减'以来我国课后服务取得的成效",选取了近两年全国颇具代表性的几篇调研报告,在对这些文献进行深度分析的基础上,总结我国当前课后服务取得的经验。第二节"我国课后服务的现实困境及破解",根据上一节调查报告的内容,深入剖析我国当前课后服务面临的主要困境,探讨背后成因,在此基础上指出多元主体协同参与课后服务是破解当前困境的必然追求;第三节"多元主体协同下我国课后服务实践探索的典型模式",主要介绍校社联动模式、馆校合作模式、高校介入模式、非学科类培训机构参与模式等的基本做法以及典型案例,为各地开展课后服务提供具有操作性的实践经验。

本书既有系统的理论阐释,又提炼出四种主要的课后服务实践模式,还呈现了相应的典型案例,具有较强的学术价值和实践指导价值,适合广大教育理论研究者、教育管理人员、中小学校长、教师以及有志加入课后服务的第三方专业人士阅读使用。笔者的学术水平有限,难免出现疏漏甚至错误,恳请各位专家、同行批评指正。

目 录

第一章 课后服务的基本认识 ……………………………………… 1

  第一节 课后服务的产生及发展 ………………………………… 1

    一、各国课后服务的产生及发展 ……………………………… 1

    二、我国课后服务的兴起与发展 ……………………………… 4

  第二节 课后服务的本质、类型、性质与功能 ………………… 8

    一、课后服务的本质 …………………………………………… 8

    二、课后服务的类型 …………………………………………… 13

    三、课后服务的性质 …………………………………………… 15

    四、课后服务的功能 …………………………………………… 17

第二章 课后服务的理论基础 …………………………………… 20

  第一节 关于课后服务价值属性的理论 ……………………… 20

    一、马克思关于人的全面发展学说 …………………………… 20

    二、公共产品理论 ……………………………………………… 22

    三、教育公平理论 ……………………………………………… 24

  第二节 关于课后服务主体的理论 …………………………… 26

    一、协同理论 …………………………………………………… 26

    二、家校社合作理论 …………………………………………… 27

    三、利益相关者理论 …………………………………………… 32

  第三节 关于课后服务内容和形式的理论 …………………… 35

    一、需要层次理论 ……………………………………………… 35

    二、生活教育理论 ……………………………………………… 37

    三、社会情感学习理论 ………………………………………… 39

第三章 课后服务的国际经验 …………………………………… 43

  第一节 上学日课后服务的各国做法 ………………………… 43

    一、美国 ………………………………………………………… 43

    二、英国 ………………………………………………………… 52

    三、德国 ………………………………………………………… 60

四、澳大利亚 ·· 67

五、韩国 ··· 76

六、日本 ··· 84

第二节 各国假期课后服务 ······························· 91

一、美国的暑期学校 ··································· 92

二、英国的假期俱乐部 ································· 98

三、韩国的假期托管教室 ······························ 101

四、日本的"星期六教育活动" ·························· 103

第三节 发达国家课后服务的启示 ························· 107

一、强调政府在课后服务中承担公共责任 ················· 107

二、形成政府财政与受益者共担的经费机制 ················ 110

三、建立专兼结合的课后服务教师队伍 ··················· 113

四、提供丰富多元的课后服务内容 ······················ 114

五、制定完善的课后服务质量评估标准 ··················· 117

六、构建家校社三方协同的课后服务体系 ················· 119

第四章 课后服务的本土实践 ···························· 122

第一节 "双减"以来我国课后服务取得的成效 ············· 124

一、义务教育学校基本实现课后服务"全覆盖、广参与" ······ 124

二、课后服务助推"双减"政策实施,初见成效 ············· 125

三、家长满意度提高,课后服务的基本功能得以充分发挥 ······ 126

第二节 我国课后服务的现实困境及破解 ··················· 127

一、服务主体较为单一、校内教师负担超载 ··············· 127

二、服务内容较为狭窄,以学科作业辅导为主 ·············· 129

三、服务经费来源不足,教师课时报酬偏低 ··············· 130

四、困境的破解:多元主体协同参与课后服务 ·············· 132

第三节 多元主体协同下我国课后服务实践探索的典型模式 ······ 132

一、校社联动模式 ···································· 132

二、馆校合作模式 ···································· 140

三、高校介入模式 ···································· 150

四、非学科类培训机构参与模式 ························ 158

参考文献 ·· 168

第一章 课后服务的基本认识

第一节 课后服务的产生及发展

一、各国课后服务的产生及发展

现代学校教育产生以后,儿童的课后照看一直被认为是家庭的责任,很少被视作学习的机会。在普通家庭中,通常由母亲或祖父母来照顾孩子放学后及假期的生活起居。随着社会经济的发展,产业结构的转型以及妇女的解放,越来越多的女性走出家庭,进入劳动力市场,在社会各行各业从事各种工作,于是职业女性、双职工家庭的数量不断增加。加之城市规模亦不断在向外拓展,居住地与工作地距离较远,大多数儿童在放学后很难被父母及时接回家,也难以找到适宜学习和玩耍的安全去处,于是儿童课后服务应运而生。

从世界范围看,课后服务发展的历史相对较短。根据现有的文献资料,可以发现最早实行课后服务的国家是英国。^① 中世纪时期,英国的慈善救济事业主要由教会力量主导,其中就有对贫民区的残疾儿童或孤儿进行的课后看护或照顾活动。随着宗教改革,教会的力量被削弱,大部分土地和财产落入新兴资产阶级的手里,英国也出台了国家层面的救济法,确立了政府在救济制度中的主导地位,儿童的课后服务也随之由社会慈善团体和政府来承担。^② 20 世纪,受两次世界大战的影响,政府无法提供财政援助,对儿童看护服务的支持被迫中断。家长们便自发联合起来,创立了"幼儿游戏班"运动。运营费用由家长、慈善组织、福利院等捐赠,孩子们的母亲轮流值班,在借来的教堂、旧学校等场所为孩子提供 2～3 小时的照顾服务,早上和晚上各一次。20 世纪 90 年代,由于女性劳动力增加、经济结构调整、技能短缺和福利改革的共同作用,儿童的校外看护被推上了政治议程,逐渐转变为英国儿童生活中一项日益重要的服务。总之,可将英国中小学生课后服务看作托幼服务内容和功能的进一步延伸,其建立的初衷是对放学后儿童需要监管这一社会公共诉求的响应。

德国也是世界上较早建立学龄儿童课后托管机构的国家。1872 年 7 月,埃尔

---

① 郭静,车丽娜.英国课后服务的运行模式及启示[J].教学与管理,2019(6):121-124.
② 张忠华,杨会聪.英国学龄儿童课后服务的发展与借鉴[J].教育科学研究,2021(11):11-17.

朗根大学教育学教授施密德・施瓦岑贝格(Schmid Schwarzenberg)在埃尔朗根创立了以"儿童教育"为核心理念的"向日葵男孩托管中心"(Knabenhort Sonnenblume),这被看作德国学龄儿童课后托管机构的溯源。① 该中心招收的对象是家庭贫穷的男孩,由于父母忙于生计而无法照看,中心为孩子们提供了一个课后监管与陪伴的家园,他们可以在这里进行简单的劳动或体操、唱歌、绘画、阅读等活动。服务时间为周一到周五下午4至6点,周六下午1至3点,父母可以根据自己的需求进行选择。继"向日葵男孩托管中心"开办后,德国其他各大城市如奥格斯堡、慕尼黑、菲尔特、班贝格和纽伦堡也相继创办了男孩托管中心。之后第一个女孩托管中心也在柏林开办。②

美国课后服务可以追溯到19世纪后半期的"男孩俱乐部"。以纺织业为代表的快速发展的轻工业和铁路建设都需要大量的劳动力,城市中外来移民人口数量不断增加。这些贫困的移民家庭的孩子们在放学后为了逃离拥挤破烂的家庭生活环境,纷纷涌上街头,四处游荡,无人监督。由于当时交通系统不健全,街道上往往充斥着大量危险和暴力因素以及各种诱惑,这无疑增加了儿童受伤、犯罪甚至死亡的危险。于是,一些由私人或慈善团体发起的课后服务项目开始出现。1860年,在康涅狄格州哈特福德的四位女性——玛丽・古德温、爱丽丝・古德温、伊丽莎白・哈默斯利和路易莎・布什内尔的共同倡议下,美国第一家男孩俱乐部成立,此后其他各州也相继成立类似的组织。

第二次世界大战期间,很多女性不得不外出参加工作,儿童课后服务的需求增加,于是地方政府建立了国防日托服务。此外,学校、社区也开始提供放学后看护孩子的服务。此时,课后服务得到了一定程度的发展。有关数据显示,美国本土学校在二战期间开设的课后服务项目达3000个,服务的学龄儿童达10万人以上。③

但是,随着战争的结束,这些由学校提供的课后服务项目也结束了它的战时使命。二战结束后,美国的社会环境发生了巨大的变化,贫困率和离婚率不断攀升,单亲家庭增多,进入劳务市场的妇女数量也在急剧增长,这直接造成了放学后无人管教的学龄儿童的数量增加。加之美国的社会治安环境日益恶化,暴力事件、吸毒事件频发。上述问题的出现,使美国政府逐渐意识到,儿童和青少年的课后教育是基础教育的重要组成部分,政府必须高度重视并切实加强课后教育。于是在1998年,美国国会正式批准"21世纪社区学习中心"计划(21 Century Community Learning Centers,简称"21st CCLC"计划),要求学校和社区为儿童提供安全的课余学习场所。"21st CCLC"计划的实施,可以看作美国各州"放学后计划"的开端,

---

① 林兰馨.德国中小学课后服务体系镜鉴[EB/OL].(2022-10-21)[2023-12-10].https://zfd.zisu.edu.cn/info/1094/2994.htm.

② 于博、杨清溪.德国课后服务体系:发展历程、现实模式及价值取向[J].比较教育学报,2022(3):37-49.

③ 张丽莉.美国 K-12 课后服务类型研究及启示[J].教学与管理,2022(5):81-84.

这个计划将在未来遍及美国的各个州。小布什政府上台后签署了《不让一个孩子掉队法案》(*No Child Left Behind Act*),提出让不同社会阶层、不同种族背景的儿童青少年都有平等的机会参与课外活动。该法案的实施进一步明确了"放学后计划"的合法地位,相关机构的合法利益得到了法律保障,标志着"放学后计划"项目正式以立法的形式纳入美国的公共服务体系。从那时起,全美范围内开始推广"放学后计划",范围遍及各个州。

澳大利亚最早的儿童课外看护教育中心由经济学家、社会学家伊娃·考克斯(Eva Cox)于1972年在新南威尔士州建立,以解决因服务业迅速发展、大量已婚妇女涌入劳动力市场、儿童放学后在家无人监管的问题。但此时的儿童课外看护教育中心并不独立,常常依附于临近的学校或其他社区服务机构,如社区服务中心、青年服务站、教堂等,其规范性无法得到保证。由于缺乏组织性和规范性,此后,澳大利亚政府开始干预、引导儿童看护以及课后服务的工作。1974年,澳大利亚政府宣布成立儿童委员会,对所有课后服务机构进行有计划的管理,负责相关政策的制定,并开始向课后服务投入资金。1975年由政府开办的第一个儿童课后看护服务机构兼娱乐中心成立。进入20世纪80年代后,伴随着儿童权益保护运动的高涨,澳大利亚儿童课外看护教育服务也迅速地发展起来。①

20世纪70年代中后期,韩国民间就出现了"学习室",用于放学后对儿童进行保育和看护,但此时,课后托管尚未被纳入政府公共教育服务体系。20世纪末,韩国学术界开始反思学校教育体制僵化问题,于是政府推行了一系列的教育改革。在1995年的《5·31教育改革案》中,政府正式提出"放课后活动"的议题,其目标是把学生的课外补习需求从校外机构转向学校内部,使学生在校内也能享受到价格低廉的课外辅导服务。② 1996年,韩国保健福祉部开始在部分社区的福祉馆内开设"小学保育教室",韩国小学课后托管服务活动由此正式启程。③ 1999年,金大中政府又将"放课后活动"更名为"特长教育活动",增加了音乐、体育、美术等内容,以此来培养学生的综合素质,发展学生的个性特长。④ 2004年,教育部将保健福祉部开设的"小学保育教室"与教育部的"放学后学校"进行整合。2010年,"小学保育教室"更名为"小学托管教室",并逐渐扩大运营规模。2018年4月,文在寅政府提出"构建全天托管体系",宣布逐步将"小学托管教室"扩大到小学所有年级,并同时推进内部化措施,建立和运行政府联合工作组,促进中央政府和地方政府之间的合作。这极大地减少了学生课外补习现象,减轻了家庭的经济负担,也保障了家长

① 代俊,庞超.澳大利亚儿童课外看护教育服务与启示[J].外国中小学教育,2012(7):18-22.
② 王彦丽,吕君.韩国小学课后托管政策及其启示——以"放课后学校"为例[J].当代教育科学,2018(9):23-26,55.
③ 宋向楠,魏玉亭,高长完.韩国小学托管教室运行机制探略[J].比较教育学报,2021(3):91-104.
④ 王彦丽,吕君.韩国小学课后托管政策及其启示——以"放课后学校"为例[J].当代教育科学,2018(9):23-26,55.

的职场生活。[①]

从以上国家课后服务产生和发展的历程来看,其最直接动因是解决劳动力结构的变化导致放学后儿童无人看护的问题。目前,课后服务已成为发达国家小学生重要的生活变化之一。据统计,在经济合作与发展组织(OECD)的成员国中,平均有 29% 的 6 至 11 岁儿童参加了课前课后服务。

二、我国课后服务的兴起与发展

在我国,"课后服务"听起来是一个新名词,但实际上是一个老问题。与发达国家相比,我国课后服务出现的时间相对较晚。2017 年 2 月 24 日,为解决"一些地方还存在着中小学生课后服务没有开展、服务机制不健全、服务行为不规范等问题",教育部办公厅印发了《关于做好中小学生课后服务工作的指导意见》(以下简称《意见》),正式将"在校托管服务"概念更名为"课后服务"。《意见》指出,要充分发挥中小学校课后服务主渠道作用,广大中小学校要主动承担起学生课后服务责任;强调课后服务必须坚持学生家长自愿的原则;明确服务内容主要为安排学生做作业、自主阅读、体育,以及娱乐游戏、拓展训练、观看适宜儿童的影片等,坚决防止将课后服务变相成为集体教学或"补课"。[②] 这是我国在国家层面颁布的第一份课后服务的官方文件。它的出台,意味着课后服务正式进入大众视野。其实,早在《意见》出台之前,社会层面已存在课后服务的实践形式——课后托管、校内晚托、放学后托管等。依据政府介入程度不同,其发展经历了如下三个阶段。[③]

(一)学校、社会自主探索阶段

20 世纪 80 年代,随着改革开放,中国经济迅速发展,社会需要大量劳动力,于是妇女走出家门,参与劳动。但与此同时,这也引发了孩子接送困难和在家无人照看的问题。家长普遍担心孩子在家贪玩而忽略学习。面对这一现实需求,上海、浙江等经济发达地区的部分义务教育学校率先在校内提供晚托服务。起初只提供看管服务,单纯以填补时间空白为目的,后来又增加了对学生课后作业的辅导,甚至有部分晚托班演变成纯粹的补习班和兴趣辅导班,学校从中获取一定的经济利益。

为解决家长接送孩子困难而衍生出来的校内晚托班,从最初解决儿童看护需求逐渐演变成收费的学生补习班,这显然违背了晚托服务的初衷,也不符合党的教育方针和国家教育政策。因此,校内晚托班很快就受到国家教育收费政策和中小学生"减负"政策的限制。比如,1996 年,国家教委颁发了《义务教育学校收费管理暂行办法》,规范学校收费行为。2004 年,教育部、国家发展改革委、财政部颁发的《关于在全国义务教育阶段学校推行"一费制"收费办法的意见》强调,加强学校收

① 宋向楠,魏玉亭,高长完.韩国小学托管教室运行机制探略[J].比较教育学报,2021(3):91-104.
② 中华人民共和国教育部.教育部办公厅关于做好中小学生课后服务工作的指导意见[EB/OL].(2017-03-02)[2023-01-12].http://www.moc.gov.cn/srcsite/A06/s3325/201703/t20170304j98203.html.
③ 姚喜双.中小学生课后服务研究[M].成都:四川大学出版社,2021.

费收入的管理,禁止乱收乱支现象的发生。紧接着,教育部等部门发布了《关于2007年规范教育收费、进一步治理教育乱收费工作的实施意见》。两年后,教育部、国务院纠风办、监察部等部门发布的《关于2009年规范教育收费进一步治理教育乱收费工作的实施意见》指出,"严禁学校、教师举办或与社会办学机构合作举办向学生收费的各种培训班、补习班、提高班等有偿培训"。

因为上述各种政策的限制,校内晚托服务很快从义务教育学校抽离,于是,部分社会公益机构和个人开始承接这项事务,社区晚托班发展起来。比如,江苏省海门市就出现了第一家由"五老"(广大老干部、老战士、老专家、老教师、老模范等离退休人员)参与组织的校外教育辅导站。不过,这些公益和半公益性质的服务数量很少,覆盖面极其有限,并不能满足广大家长对孩子的托管需求,因此,带有营利性质的校外培训机构应运而生。2002年颁布的《中华人民共和国民办教育促进法》为"国家机构以外的社会组织及个人"举办学校和教育机构提供了政策支持。在这种背景下,以提高学生的应试能力、培养学生的特长为主要目的的校外培训机构迅速发展起来,一方面满足了父母对孩子放学后托管的基本需求,另一方面也迎合了家长"不输在起跑线上"的育儿焦虑,受到经济条件较好、需求较多的家庭的欢迎。不过其营利的本质和无序的爆发式发展带来了许多负面问题,阻碍了我国校外教育事业的健康发展。

(二)地方政策引导阶段

一方面,校内晚托班被政策叫停后,父母下班时间和孩子放学时间不匹配导致儿童无人接送和看管的问题仍然突出,课后托管的需求一直存在;另一方面,校外培训机构提供的托管服务价格较高,家庭育儿经济负担日渐加重。与此形成鲜明对比的是,学校提供的托管服务不仅价格低廉,服务质量也令人放心。因此,各地都出现了家长反对叫停的意见,恢复校内晚托班的呼声也越来越高。面对这种需求,学校积极尝试回应家长,并开始探索恢复的路径。北京、上海、广东、福建、江苏、湖北等地方政府先后出台"小学生课后托管服务"的相关政策,鼓励学校根据实际情况进行自主探索,规范小学生校内课后托管服务,具体见表1-1。

表1-1 各地政府出台的"小学生课后托管服务"相关政策

序号	发布时间	发布部门	文件名称
1	2008-09	浙江省嘉兴市教育局	《关于规范市本级小学晚托班管理的意见》
2	2009-07	福建省教育厅	《福建省教育厅关于加强小学生校内午托管理的通知》
3	2010-04	上海市教育委员会	《关于做好本市小学生放学后看护工作的通知》

续表

序号	发布时间	发布部门	文件名称
4	2012-10	山东省济南市教育局	《关于印发"爱在校园——教育志愿者在行动"志愿服务活动实施方案的通知》
5	2013-10	江苏省南京市教育局	《关于试行小学"弹性离校"办法的通知》
6	2014-01	北京市教育委员会	《关于在义务教育阶段推行中小学生课外活动计划的通知》
7	2014-02	上海市教育委员会	《关于进一步做好本市小学生放学后看护工作的通知》
8	2014-04	四川省成都市教育局	《关于鼓励开展小学生放学后"托管"服务的通知》
9	2014-06	湖北省武汉市教育局	《关于进一步规范全市小学生托管服务工作的通知》
10	2014-11	广东省广州市教育局	《广州市义务教育阶段公办小学午休和课后托管服务财政补助办法(试行)》
11	2016-08	河北省石家庄市教育局	《关于在主城区全面推行小学生免费托管服务的意见》

在规范校内托管的同时,各地政府也开始规范校外培训机构。据统计,2014年我国参加课外辅导的学生约占在校学生总数的36.7%,在北上广等地更是高达70%,2016年我国校外培训市场规模已超8000亿元人民币。急速发展的校外培训占据学生大量的课余时间,加重了家庭经济负担,损害了学生的身心健康,导致了教育"内卷",违背了学生发展规律和教育教学规律,破坏了学校教育生态,严重影响着教育公平乃至社会公平的实现,引起地方政府的高度重视,各地方政府开始逐步开展规范治理工作。从民办培训机构的设置标准、办学条件、师资、设备、场地等方面进行了规范和治理,有效改善了社会托管和培训机构存在的一些突出问题,具体见表1-2。

表1-2 地方政府出台的规范校外培训机构的相关政策

序号	发布时间	发布部门	文件名称
1	2017-11	运城市人民政府办公厅	《运城市民办非学历教育机构规范整顿实施方案》
2	2018-04	北京市教育委员会等部门	《关于印发校外培训机构专项治理行动实施方案的通知》

续表

序号	发布时间	发布部门	文件名称
3	2018-04	江苏省教育厅等部门	《江苏省校外培训机构专项治理方案》
4	2018-04	广东省教育厅	《关于印发切实减轻中小学生课外负担开展校外培训机构专项治理方案的通知》
5	2018-04	浙江省教育厅	《浙江省开展中小学生校外培训机构专项治理行动方案》
6	2018-05	江西省教育厅等部门	《江西省实施校外培训机构综合治理攻坚行动实施方案》
7	2018-07	青岛市教育局	《关于开展校外培训机构治理专项督查的通知》
8	2018-11	湖北省人民政府办公厅	《关于规范校外培训机构发展的实施意见》
9	2018-11	云南省教育厅	《关于改进校外培训机构设置工作有关事项的通知》
10	2019-12	上海市人民政府办公厅	《上海市培训机构监督管理办法》
11	2019-03	海南省人民政府办公厅	《海南省校外培训机构管理办法》
12	2019-06	深圳市教育局	《关于规范校外培训机构发展的工作方案》
13	2019-08	福建省教育厅等部门	《关于规范校外培训机构发展的通知》

总之,在国家层面课后服务政策缺位的情况下,这一时期各地政府主导发布了一系列旨在规范中小学生课后托管的文件,有的地方重视规范校内托管,有的地方注重规范校外培训机构,还有的地方则兼而有之。这些探索性的措施为后来国家层面出台课后服务政策奠定了坚实的基础。

(三)国家统筹规范阶段

进入新时代以来,"办好人民满意的教育"成为党的教育方针的重要内容。2017年2月,教育部印发《关于做好中小学生课后服务工作的指导意见》(以下简称《意见》),为"办好人民满意的教育"开辟了一条新的路径。《意见》强调"充分发挥中小学校课后服务主渠道作用",明确教育行政部门对课后服务工作负有领导责任;要求各地教育行政部门统筹规划,"要积极向本地区党委、政府汇报,加强与相关部门沟通协调",建立健全课后服务机制;指导辖区内中小学具体做好课后服务工作,帮助解决实际困难,主动承担起课后服务的责任;各地课后服务坚持家长自愿原则,遵循教育规律和学生成长规律,主要安排学生做作业、自主阅读、体育艺术、科普活动、娱乐游戏以及社团活动等,坚决防止将课后服务变相成为集体教学或"补课";强化活动场所安全检查、监督管理和应急预案等措施,保障课后服务学生的安全等。《意见》是国家层面出台的第一个关于课后服务的规范性文件,对各地中小学课后服务的实施具有方向性和指导性意义,我国的中小学生课后服务工作由此进入国家统筹、规范发展的新阶段。

《意见》出台后,在政策表述、服务对象、服务内容、推进主体等逐渐明晰的情况下,理论研究者也开始采用"课后服务"这一规范表述,替代以前的"课后托管"等相关提法。

总之,在过去的 20 多年里,我国义务教育学校课后服务从各地各学校的自主探索逐渐演变为国家政策。无论是校内晚托、课后托管抑或是放学后托管都可以看作课后服务的"前生",课后服务则是上述托管形式的进一步升华和蜕变。[①]它反映了我国政府回应民众诉求、治理校外培训无序生长问题、减轻学生学业负担的决心,充分体现了党和国家对青少年儿童健康成长的关爱和受教育权利的尊重。

第二节　课后服务的本质、类型、性质与功能

一、课后服务的本质

概念的界定是学术研究的起点。对课后服务这一概念的界定,目前学术界并没有形成一个统一的看法。在世界范围内,由谁明确、于何时何地提出这个概念,也无从考证。相关的说法因学者理解及翻译的差异,名称非常多,如课后护理、课后照顾、课后项目、校外护理、课后托管、学后托管等。名称的繁多和杂乱造成了研究的模糊不清。因此,在研究之前,有必要对相关概念做一个辨析和澄清。

（一）各国关于课后服务的表述

根据现有的资料,我们发现国外关于课后服务的表述主要有如下几种方式。

1. After-School Care

After-School Care,译作"课后服务"或"课后照顾"或"课后护理",是目前英语文献中关于课后服务最常见的表述。欧美的学者大多使用这一术语,它主要指放学后对无人照看的儿童青少年进行的照顾活动,强调服务的时间在课后。

2. Out-of-School Care

在英国,课后服务一般称为"校外护理"或"校外看护",主要包括在英国教育标

---

① 　钟慧怡,李运华.课后服务:课后托管的蜕变升华[J].教育观察,2018(10):24-25.

准局(Office for Standards in Education,Ofsted)监管下的正规服务,如上学前的早餐俱乐部(Breakfast Club)、课后俱乐部(After-School Club)、假期俱乐部(Holiday Club)或游戏计划(Play Scheme)以及全日制护理(Full-Time Care)、儿童保育员(Childminder)、亲朋邻里等提供的非正式服务。[①] 它们旨在帮助家长平衡工作与家庭之间的关系,同时为 5 至 12 岁的儿童提供一个安全、有趣的场所,让他们在专业人员的照料下度过课外时间。

3. After-School Programs

在美国,课后服务一般被称为"放学后计划"或"课后项目""课后计划"(After-School Programs,ASPs),是美国针对学龄儿童、青少年在学校教育以外的时间(包括上学前、放学后、假期等)提供的各种活动项目的总称,主要是协助家长给予学龄子女适当的身体保护与关怀,并培养其各方面的能力,如生活技能、学术发展、职业技能、社会情感学习等。其地点主要集中在公益性质的学校、社区、公园等,同时一些宗教团体也会参与。

4. Accueil Périscolaire

在法国,有关课后服务的名称叫 Accueil Périscolaire,译作"课外接待",主要指在学校教育之外的时间,如课前、课后及放假期间来接待儿童,并且能够提供丰富的服务,主要包括简单的身体照料、科学配方的餐饮服务以及开展音、体、美、科技等活动,来提升孩子的素养和各种技能。[②]

5. 放課後児童クラブ、放課後子ども教室

日本与课后服务相关的名称译作"放学后儿童俱乐部""放学后儿童教室"。其课后服务是指以政府为服务提供主体,以小学生为主要服务对象,利用放学后、周末、学校假期等课后时间,在学校、儿童馆、公民馆等场所实施的满足对儿童的看管需求和教育需求的活动。这些活动具体包括厚生劳动省(日本负责医疗卫生和社会保障的主要部门)负责的"放学后儿童俱乐部"和文部科学省(日本负责统筹国内的教育、科学技术、学术、文化和体育等事务的行政机关之一)负责的"放学后儿童教室"项目。[③]

6. Out-of-School-Hours Care

"Out-of-School-Hours Care"是世界经济合作与发展组织(OECD)对课后服务的表述。它明确规定:学龄儿童课后服务是指在校外时间(包括上学前、放学后和假期时间),利用学校设施或社区中心等场所对儿童进行的家庭作业指导或娱乐活

---

① 李震英.英国的学校课后服务政策[J].上海教育,2019(6):54-57.

② 孟现华.小学生托管机构角色转变研究——以赣州市为例[D].赣州:赣南师范大学,2018.

③ 郑璐菲.日本小学阶段课后服务的整合研究——以两项"放学后项目"为例[D].长春:东北师范大学,2023.

动,以帮助解决家长工作时间与儿童上学时间不匹配的问题。①

（二）我国关于课后服务的表述

与发达国家五花八门的表述不同,我国课后服务相关的提法较为统一,主要有课后托管、儿童托管、学生托管、放学后托管、暑期托管等。它们的核心词语是"托管"。

"托管",在管理学和法律学中,指受托人接受委托人的委托,通过签订合同、契约的形式,赋予受托人一定的权利,对委托人的委托对象进行管理。在《汉语大词典》中则这样解释:"托"有请别人代办、委托之意,"管"有负责、管理和照管之意,"托管"就是委托管理的意思。由此可见,托管是指委托别人对委托对象进行管理或照看的活动。无论是"课后托管",还是"放学后托管",抑或是"学生托管",我们都可以理解为在放学后家长将学生委托给相关托管机构代为照顾管理的行为。②

在政府正式提出课后服务之前,我国常见的课后托管(或放学后托管、学生托管)形式主要有三种类型:市场化托管、社区或公益性托管以及公立学校校内托管。但是,在学术研究领域,大多数学者倾向于将课后托管指向市场化托管类型,即家长委托校外培训机构在学生放学后、家长下班前的时间里,为学生提供安全的场所,并对学生开展以学业辅导与培训为主的课后活动。这种偏向于市场化的解读,其实质更贴近于课后培训或影子教育。③

（三）课后服务的内涵

我国课后服务相关理论的系统研究非常薄弱,因此截至目前还未见有对课后服务的权威定义。从现有的文献看,学术界主要有这样一些极具代表性的看法。

钟慧怡等从政策层面来解读课后服务,认为课后服务是由政府或学校主导,为解决"课后三点半"的难题,为放学后家庭看护有困难的学生提供的以普惠性教育为主的课后服务模式。④

康丽颖从教育教学的视角进行分析,认为课后服务主要是指学生在周一至周五学校规定的学科课程教学结束之后参与的有目的、有组织的学习活动;由学校、家庭和社会多方提供,不同于学校课堂教学,是旨在保护和促进青少年儿童成长的一种教育服务活动。⑤

李醒东等认为,课后服务一般是指中小学校在放学后面向学生提供的看护、管

---

① 史自词,李永涛.澳大利亚中小学课后服务的发展之路和基本经验[J].比较教育学报,2022(1):67-80.

② 喻家安.小学生课后校内托管问题研究——以武汉市为例[D].抚州:东华理工大学,2020.

③ 屈璐.日本课后服务的场域建构研究[D].上海:华东师范大学,2020.

④ 钟慧怡,李运华.课后服务:课后托管的蜕变升华[J].教育观察,2018(10):24-25.

⑤ 康丽颖.促进儿童成长:课后服务多元主体协同育人探讨[J].中国教育学刊,2020(3):22-26.

理和教育等方面的服务。①

龙宝新认为,在"双减"政策背景下,中小学课后服务特指嫁接在每天放学后举行的学生托管看护服务之上,旨在提高学生作业完成效率、促使学生身心全面发展、缓冲校外学业负担压力而面向学生提供的非学科授课类教育教学服务。②

各国对课后服务的表述虽略有差异,但对课后服务时间的界定趋于一致,都指向学校正规的教育活动之外的时间,具体包括每天放学后、早晨入学前、周末、节假日,比较宽泛;服务内容也较为丰富,有健康、体育、艺术、阅读、科技、情感、社会性的发展等,甚至将提供营养早餐(如英国的早餐俱乐部)也纳入其中;服务对象为儿童青少年,甚至包括部分学前幼儿。而我国学者在界定课后服务时,要么从政策的角度解读其内涵,将它定位为一种普惠性的服务活动,要么从教育的层面将其定位为一种不同于课内学科教学的教育性活动,服务时间几乎都指向每天放学后(即三点半或四点半),服务内容不仅包括身体托管、学业辅导,还包括满足身心全面发展的其他活动,服务对象主要指义务教育阶段的中小学生。综上所述,针对课后服务,我们可以下一个这样的定义。

课后服务是指在义务教育学校正常的教学时段外,即放学后和非上学日(如周末、法定节假日、寒暑假),由政府主导、学校主办,社区或其他社会组织协同参与为儿童青少年提供的一种区别于学校学科教学的综合性教育延伸服务活动,以解决家长工作时间与学生放学时间不匹配的问题,同时满足儿童青少年生理、心理、智力、情感和社会性等方面发展的需要。关于这个定义,进一步的说明如下。

1. 课后服务的时间

从字面意思来理解,"课后"主要和"课内"时间相区别,特指正规的课堂教学之外的时段,包括平时放学后,也包括周末、国家法定假日以及寒暑假的时间。

2. 课后服务的对象

以小学与初中阶段的学生为主要服务对象,即 6 至 15 周岁的青少年群体,也不排除少量的学前儿童及高中生群体。

3. 课后服务的内容

有身体安全、营养健康等基本生活照料服务的内容,还有作业辅导、预习复习等和学业相关的教育内容,以及体育、艺术、科技、阅读、社会情感学习等特色内容。

(四) 与课后托管的区别

从"课后托管"到"课后服务",不只是文字表面上发生了简单变化,背后还反映出新时期课后服务理念、定位、性质与功能都发生了深刻的转变。两者的本质区别主要表现在以下几个方面。

---

① 李醒东,赵伟春,陈蕊蕊.对义务教育阶段学生课后服务的再思考[J].中国教育学刊,2020(11):61-65,91.

② 龙宝新."双减"政策背景下学校课后服务的定位与改进[J].北京教育学院学报,2021(6):1-11.

第一,课后托管主要是校外教育培训机构以营利为主要目的而开展的一种以"学科课程补习"为主的培训活动;而课后服务是在国家政策的支持下,由政府主导、学校主办,社区或社会其他组织协同参与,为解决中小学生放学后无人看管的难题而实行的一种福利保障性教育活动。前者带有明显的营利性,后者具有一定的福利保障性。

第二,课后托管的主要场所在校外,而课后服务的主阵地是学校,实施主体是教师。因学校教师比较了解学生,而且自身具备良好的职业素养,有时间和空间上的工作连续性优势,能在课后服务活动中提供适宜的指导。学校也可以依据相关政策聘请具备一定条件的社会第三方人员,协同学校教师一起开展课后服务。

第三,课后托管的内容主要是对儿童的身体照看和作业辅导,课后服务的内容则更为丰富,在提供安全与饮食等基本服务的基础上,还提供如体育、舞蹈、音乐、美术、阅读、STEM、心理健康教育等。

因此,课后服务与课后托管都指向解决中小学生课后无人照顾的社会问题,但课后服务是国家对课后托管进行规范管理的结果,是政府为解决家长无暇或无力在课后看管孩子的问题而提供的一种保障性教育服务活动,具有一定的公益性,与民间课后托管机构鲜明的营利性相比,课后服务是一项关乎千千万万家庭幸福生活的民生福祉工程。

（五）与课内教育的区别

课后服务的核心在于"课后"二字。课后服务教育应区别于课内教育。

第一,课后服务的性质强调自愿而非强制。课后服务是由学生自主选择、自愿参加的,不带有任何强制性。而课内教育则不同,课程内容不带有选择性,无论学生喜欢与否,都只能接受。特别是义务教育阶段,带有强制性,是必须接受的教育。因此,课后服务是一种"教育服务",必须尊重服务对象的发展要求与服务客户的实际需求,即学生发展要求、家庭现实需求,它建立在学生自主、家庭自愿的基础之上。

第二,课后服务教学内容包括结构化和非结构化活动。课内教育的内容一般是由教师发起的高度结构化的活动,有明确的目标、严密的规则、固定的流程。课后服务除了结构化的活动外,还应该包括非结构化活动。非结构化活动是由儿童自己发起、自己主导的开放式活动,由于其非计划性和非预期性,给了儿童进行社交以及灵活处理问题的机会,以支持和满足儿童自主选择和社会发展的需要。

第三,课后服务的教学组织和方法与课内教育不同。课内教育主要通过传统的班级授课的形式来系统地向学生传播科学文化知识,强调教师的主导作用,但忽视了学生的主体作用,不利于因材施教,不能充分满足学生个性的发展。课后服务支持学生按照自己的兴趣爱好组成一定的团体,如社团、兴趣小组、俱乐部等形式,它打破了传统的班级授课制,强调在团队以及项目小组中培养人际沟通与合作的技能,同时满足学生个性化的成长需求。

第四,课后服务活动场所强调室内和室外相结合。除了室内环境外,理想的课后服务活动的展开必须有足够的室外空间及丰富的活动材料,以供儿童创造性地将课堂上的知识运用到实际活动中,进行各类实践活动。它打破了课内教育的封闭性,将学生带到更广阔的社会生活的各种场所中,加强了校内外的联系,通过动手动脑,培养学生的实践能力和创新精神。

二、课后服务的类型

根据不同的标准,可以将课后服务划分为不同的类型。

(一)从功能上划分[①]

从功能上来看,可将课后服务分为课后看护服务和课后发展服务。

课后看护服务:主要发挥儿童托管看护功能,解决了学生放学时间与家长下班时间不匹配的问题,兼顾了身体看护和辅导作业的功能。

课后发展服务:主要发挥促进儿童多方面发展的教育功能,满足家长们对儿童在兴趣爱好、特长等多方面发展的需求。

(二)从提供主体来划分

从提供主体上来看,可将课后服务分为学校为主体的课后服务,私人与慈善机构、志愿团体等非营利组织提供的课后服务,以及以学校为主体、多方合作的课后服务。

学校为主体的课后服务:指学校提供的课后服务,以校内教室、体育馆、操场、美术室、多功能室等为主要场地,利用现有的教学设施设备,主要由学校教师承担起课后服务的责任,为儿童提供短时照料和教育活动。它是我国当前课后服务的主导类型。

私人与慈善机构、志愿团体等非营利组织提供的课后服务:这类课后服务在场地选择方面比较灵活,服务内容也比学校更为丰富,如英国的假期俱乐部、美国的男孩女孩俱乐部等。社会上的非营利组织因理念不同,所提供的服务也各有侧重。

以学校为主体、多方合作的课后服务:指由学校组织课后服务活动,提供课后服务的主要场地,私人机构和社会团体提供具体的服务内容,家长通过学校来为孩子选择课后服务内容。在这种模式下,私人机构和社会团体能够拥有数量稳定的服务对象,并充分利用学校的场地,孩子在校内也能够享受到质优价廉的课后服务。

(三)从服务时间来划分

从服务时间上来看,可将课后服务分为上学前课后服务、放学后课后服务和假

---

① 杨清溪,邬志辉.义务教育学校课后服务落地难的堵点及其疏通对策[J].新华文摘,2021(23):134-136.

期课后服务。

上学前课后服务:指在上学前为儿童提供的服务,如英国、澳大利亚的早餐俱乐部。

放学后课后服务:指在周一至周五学校规定的学科课程结束后,着力解决学生"看护难"的问题而展开的服务。

假期课后服务:指在周末及寒暑假期为在家无人照看的孩子提供的服务,尤其是暑假的课后服务。在我国,暑期托管特指在暑假期间,对 6 至 14 岁的儿童进行的托管服务,以解决"暑期看护难"的问题。在解决这个问题方面,各国做法不尽相同,其表现形式也多种多样,如美国的暑期学校、英国的假期俱乐部、韩国的假期托管教室等。

(四)按照服务内容的不同划分[①]

按照服务内容的不同,课后服务可分为身体看护、学业辅导、科技活动、艺体教育、职业指导等不同类型。

身体看护:指通过提供有人监管和看护的安全场所,保证儿童身心不会受到威胁或伤害。

学业辅导:一般是对薄弱学生进行针对性的家庭作业辅导,帮助其提升学业成绩。

科技活动:以提升学生科学素养为主要目的而开展的各类小制作、小发明、科普教育等活动。目前有些国家和地区将科学、技术、工程、数学教育(即 STEM 教育)进行融合,在课后服务中开展 STEM 教育,来培养学生的数字技能与素养。

艺体教育:包括艺术教育与体育教育,如音乐、绘画、舞蹈、足球、篮球、乒乓球等,主要是培养学生多方面的兴趣,满足个性发展的需求。

职业指导:主要针对青少年开展的以提升职业技能为主要目的活动,包括优秀的领导能力、良好的沟通技巧、更具活力的创造性精神和批判性思维等。

(五)从服务的场所来划分

从服务的场所来看,课后服务可分为学校课后服务、家庭课后服务、公共场馆课后服务、社区课后服务等。

学校课后服务:又叫校内课后服务,指在学校场所开展、以教师为主体的课后服务。

家庭课后服务:在某一家庭内开设,于放学后为儿童提供短时生活照料和教育服务。比如,英国就有儿童保育员在家庭提供课后服务。

公共场馆课后服务:在政府机构主导下利用博物馆、美术馆、图书馆、档案馆、科技馆等公共场馆为儿童提供多样化的体验活动。

---

① 高紫旋.“CORPS”视角下中美非营利组织参与课后服务模式的比较研究[D].上海:上海师范大学,2023.

社区课后服务:利用社区图书室、社区学校等社区场地资源为辖区内儿童青少年开展的课后服务。

三、课后服务的性质

课后服务属于何种性质?学术界对此争论不休,分歧较大。只有厘清其属性,才能进一步明确课后服务的供给主体、监管主体及付费主体,有效地促进中小学生课后服务健康、长足的发展。笔者认为,课后服务的基本性质应当包括如下几个方面。

(一)公共性

依据公共产品理论,社会产品可分为私人产品、公共产品。公共产品又可进一步划分为纯公共产品和准公共产品。那么,课后服务究竟属于上述哪种产品?学生课后服务在消费上具有一定的竞争性。随着家庭及学生服务需求的增加,相应的服务成本也会上涨,但受到资源的限制,服务质量将会难以保证,个人对服务的满意度明显降低。因此,在有限的资源内,为了获得更好的服务质量,必然存在一定的竞争性和排他性,付费高就会获得更好的课后服务,付费较少或没有付费就无法享受到优质的服务。从这个角度看,课后服务具有明显的私人产品属性。但是,从另一个角度来看,又不能完全将课后服务划为私人产品之列。因为学校提供的课后服务,极大地缓解了家长接送和照看子女的难题,尤其是低收入家庭的子女也能享受到校内优质的教育资源,大大减轻了家长的经济负担,保障了教育公平,促进了社会和谐。所以,课后服务又体现出一定的公益性。从心理学视角看,中小学生属于未成年人,独立性和自理能力较为欠缺,需要家庭、学校、社会三方共同促进其身心健康发展。因此,课后服务并不能按照常规简单地归为私人产品。[①]无论是进一步把它划分为纯公共产品,还是准公共产品,政府的参与都责无旁贷。政府的主要职能就是满足社会公众日益增长的需求,课后服务应当属于教育公共服务的领域,是社会公共服务的一部分。目前,我国政府已将课后校内服务作为一项重要的民生工程,将其纳入社会公共服务范畴,让更多的家庭从中受益,最终确保有需要的学生都能享受到优质的课后服务。

综上所述,只有明确课后服务的公共性,将其定位为公共服务,才有利于强化政府的主体责任,政府即可建立完善的管理、监督、评估等制度作为保障,来推动课后服务的高质量发展。

当前,我国虽然在中央政策层面明确了课后服务的目标、原则、任务,但对课后服务的属性以及各地政府在课后服务方面应当承担起何种主体责任并未作出具体说明,导致学校责任泛化、各利益相关主体权责不清,阻碍了课后服务的高质量发展。为此,只有充分地明确课后服务的公共性质,才能强化地方政府的主体责任,

① 喻家安.小学生课后校内托管问题研究——以武汉市为例[D].抚州:东华理工大学,2020.

一方面通过制定完善的政策法规来引导、管理、监督和评估课后服务,另一方面通过财政拨款,为课后服务项目的正常运行提供基本的经费保障,并通过标准引领、项目支持、购买服务等方式,引导社会第三方力量投入课后服务市场,形成以学校为主阵地、多方协同参与的课后服务供给体系,共同服务于教育目标的实现,促进教育回归学校。

（二）公益性

从政策动因来看,课后服务的初衷就是为了帮助家长解决"三点半难题"。《关于做好中小学生课后服务工作的指导意见》明确指出,开展中小学生课后服务是进一步增强教育服务能力、使人民群众具有更多获得感和幸福感的民生工程。作为民生工程,课后服务本身就是一项公益事业。从本质属性来看,课后服务是一种在中小学校内开展的学校教育服务,义务教育具有公共产品属性,课后服务自然也需遵循公益不营利的原则。它即使属于准公共教育服务范畴,仍是一种公共产品,在兼具公益性和市场性时,需以公益性为前提。

具体来讲,课后服务的公益性是以实现公平正义与人民群众利益最大化为目标,在政府主导下向所有有需求的家庭提供价格可负担、质量有保障的教育服务,包括普遍可获得性、普遍可负担性与普遍高质效性三个方面。普遍可获得性,即全体有需求的孩子能够就近、便捷地获得课后服务;普遍可负担性,即全体有需求的孩子能够以可承受的价格参加课后服务;普遍高质效性,即所有课后服务机构应尽可能保证并提高服务的质量和效率,让孩子能够享受优质的课后服务。① 总之,就是让全体有需求的孩子"服务得上、服务得起、服务得好"。

（三）服务性

课后服务第三个基本属性体现在"服务性",因为它是一种以学生为中心的教育服务,应该为所有有需要的家长和孩子提供全面、周到、贴心的服务。目前课后服务体系覆盖面广、时间安排灵活,服务内容广泛,这使得学生能够安全上学,父母能够安心工作,大大减轻了家长工作时间与孩子上下学时间不匹配的困扰。服务性的体现,可以从以下几个方面来理解。

1. 关注学生的需求,促进其全面、健康、持续发展

服务首先要秉持"客户本位"的理念。课后服务的直接对象是学生,必然就要秉持"学生中心"服务理念,因此在开展课后服务时务必摆脱教师、家长、社会的"非分价值加载",贴近儿童对课后服务的内在需求,提供"始于儿童、高于儿童"的服务内容。②

2. 体现服务的多样性和包容性

课后服务应当满足不同背景、能力和需求的学生,体现多样性和包容性。这要

---

① 杨文登,谈心. 论课后服务的公益性[J]. 湖南师范大学教育科学学报,2023(9):56-66.
② 龙宝新,李莎莎."双减"背景下学校课后服务的发展与调适——基于陕西省中小学课后服务调研结果的研判[J]. 天津师范大学学报(基础教育版),2023(1):15-24.

求服务对所有学生开放,无论他们的家庭经济状况、文化背景或身体条件如何。

3. 提供安全舒适的服务环境

一个安全、健康的环境是提供优质服务的基础。课后服务应确保学生在一个适宜、安全、舒适的环境中参与结构化的活动和非结构化的活动,这包括物理环境的安全和心理环境的舒适。

4. 保障和提升服务质量

课后服务的服务性还要求服务提供者不断反思和改进服务内容和方式,确保服务的质量。这包括定期收集学生及家长的意见、进行质量评估和调整相应的服务策略。

(四)教育性

课后服务的教育性是指在学校正规的课堂教学活动结束后,通过一系列的补充教育活动,提供一个更加丰富、多元的学习环境,让学生在课堂之外也能够继续学习和成长,巩固和拓展课内所学知识,提升他们的综合素质和能力,促进学生的全面发展,包括学术、情感、社交、身体、艺术、科技等各个方面。这就要求课后服务不仅要关注学生的学业成绩,还要关注他们的心理健康、社交技能、兴趣爱好等。

四、课后服务的功能

从前文对课后服务发展历程的介绍可以看出,它从最初的"重看护"发展到"重辅导",再到目前的"重教育",即不但要解决孩子课后无人照看的问题,还需要有效利用课后时间来促进学生各方面的发展。尤其在"双减"政策背景下,学校课后服务承载着特定的功能与目的,发挥着看护辅导的基础功能、个性培育的发展功能,以及抑制校外培训、促进教育公平、修复教育生态等服务国家教育政策意图的衍生功能,学校课后服务正在从单向度的看护功能向多元化的综合功能转变。[①] 具体体现在以下几个方面。

(一)基础功能

课后服务的基础功能体现在对学生的身体看护和作业辅导方面。学校课后服务具有解决"三点半难题"的本体价值。由于家长下班与学生放学时间不匹配,课后服务通过提供一个安全可靠有人监管的场所,确保学生在家校空档时间内的生命安全和基本生活保障,让儿童青少年远离危险,避免产生不良行为。这也是各国课后服务产生的最主要动因。研究发现,青少年犯罪在放学后时间达到高峰,父母的监督和非结构化的课后计划与避免犯罪行为、药物使用、高风险性行为、冒险行

---

① 龙宝新."双减"政策背景下学校课后服务的定位与改进[J].北京教育学院学报,2021(6):1-11.

为和受害风险之间存在关联。① 因此,课后服务能给中小学生提供一个安全、有序的环境,有助于减少和预防青少年犯罪,预防不良后果。此外,课后服务还提供一个可靠、有人监管的场所,让儿童青少年远离危险,避免沾染不良行为习惯。

不过,在各个国家和地区,纯粹的身体看管服务已很难见到。随着家长服务需求的升级,课后服务在发展的过程中,逐渐将作业辅导和看护活动结合起来,既解决了孩子无人看管的问题,又减轻了家长辅导孩子写家庭作业的负担,可谓一举两得,因而这种混合型的服务很快受到家长的普遍欢迎,在各地推广开来。经过几十年的发展,对学生的身体看护和作业辅导已成为课后服务的本体功能、原始功能、基础功能。

(二)发展功能

随着课后服务的深入发展,其功能得到了进一步的拓展,从单纯的看护和作业辅导发展为促进儿童生理、情绪、智力和社会性发展各方面潜能的提升。优质的课后服务使放学后的时间充满了学习和成长的机会,其丰富的内容和多样化的形式对学校教育教学是一种有益的补充,能够给每位儿童提供更多的选择,能够更加充分地发展其兴趣、个性特长以及综合素质。

首先,在促进生理健康方面,课后服务通过提供营养健康的食物和有组织地开展各类体育活动,保证儿童和青少年每天得到合理的饮食和一定强度的体育锻炼,能够有效预防或减轻儿童肥胖,促进其身心健康成长。一些研究结果证实了这一点。比如,维兰德·马克(Wieland Mark)对美国男孩女孩俱乐部"放学后计划"中的体育活动和健康饮食措施展开研究,发现其对预防儿童肥胖具有显著的效果,孩子们对良好营养的重要性以及如何保持健康也有了充分的认知。加州大学洛杉矶分校的一项评估发现,参加加州青少年课后安全和补习项目(ASSETs)的学生比未参加者更有可能在心血管健康、肌肉力量、肌肉耐力和柔韧性等 6 项健身基准中有 5 项达到"健康健身区"。② 可见课后体育项目对青少年身心发展产生了积极影响。

其次,优质的课后服务还能促进学生学业的提升。据统计,2016 年美国约有40%参加学后托管项目的学生在阅读和数学等学业成绩上有所提高,在课堂上的出勤率更高,课堂参与度更高,家庭作业完成情况得以改善,其中长期参加此项目的学生的进步更为明显。

最后,舒适、平等、健康、积极的课后环境能够让儿童和青少年在轻松的氛围中

---

① Kristen Kremer,Brandy Maynard,Joshua Polanin,et al. Effects of After-School Programs with At-Risk Youth on Attendance and Externalizing Behaviors:A Systematic Review and Meta-Analysis[J]. Journal of Youth and Adolescence,2015(3):616-636.

② Afterschool Alliance. Evaluations Backgrounder:A Summary of Formal Evaluations of Afterschool Programs' Impact on Academics,Behavior,Safety and Family Life[EB/OL]. (2011-05-01)[2024-06-30]. https://www.afterschoolalliance.org/documents/EvaluationsBackgrounder2011.pdf.

进行人际互动,从而改善了学生的行为,提高了社交技能,有利于培养他们更好地融入社会的能力,以便应对未来更复杂的人际环境。1998 年,美国联邦教育部和联邦司法部发布的《安全和益智:发挥课外时间的作用》报告指出,有机会在放学后参与课外项目的儿童能更好地调整自我,促进社会性的发展,并且比那些没有获得这种机会的儿童更为快乐。[①]

（三）衍生功能

衍生功能主要包括两个方面,一是弱势群体和社会公平方面;二是妇女劳动力的市场参与方面。具体来说如下。

第一,弥补社会弱势群体,促进教育公平和社会公平。研究证明,校外时间是拉开儿童和青少年发展差距的重要环节。对于出身低收入家庭、农村家庭的弱势儿童和青少年而言,放学后的他们在一定程度上失去了发展的机会。尤其在"双减"政策出台前,校外培训机构制造教育焦虑,孩子奔波于各种补习班,身心俱疲,家庭承受着沉重的经济负担,对于低收入家庭而言,更是雪上加霜。因此,政府通过政策和经费支持来推行普惠性的课后服务,一方面学校向学困生提供有针对性的作业辅导与巩固练习,以改善他们在学业上的不利状况,提高学习结果的公平性;另一方面,学校提供基础的艺体类课后服务,低收入家庭背景的学生从中获益更多,弥补了资源匮乏导致的发展失衡,也能享受到适应自身发展的优质教育资源,从而获得全方位的发展,促进教育公平和社会公平。

第二,减轻家庭后顾之忧,有助于女性参与劳动力市场。课后服务为儿童和青少年提供放学后的安全场所,极大地缓解了家长尤其是母亲在工作时间无法接送和照顾孩子的现实问题。课后服务不仅是每个家庭的需求,更是一个国家经济良性发展的需要。女性参与社会劳动,可以帮助政府解决劳动力供给矛盾,其参与率直接影响着社会经济发展的速度与程度。因此,发达国家纷纷致力于构建灵活、可负担的课后服务体系,以支持学生家长尤其是母亲的就业选择。例如,韩国就通过扩大"小学托管教室"的规模,来促进女性就业人口的增加。据调查,自 2012 年以来,韩国女性就业人口比例一直保持在 50% 以上且逐年增长,2019 年达到 54%。[②]在欧盟,6 至 10 岁小学学龄儿童的母亲的就业率达 70%,在德国高达 75%（欧盟统计局于 2011 年提供的数据）。[③]这无不说明课后服务促进了女性就业,进而对社会经济发展产生了积极影响。

① 周红霞.发达国家小学课后托管政策的比较与借鉴[J].外国中小学教育,2016(6):36-42,29.
② 宋向楠,魏玉亭,高长完.韩国小学托管教室运行机制探略[J].比较教育学报,2021(3):91-104.
③ Christina Felfe, Larissa Zierow. After-School Center-Based Care and Children's Development[J]. The B. E. Journal of Economic Analysis & Policy,2014(4):1299-1336.

第二章 课后服务的理论基础

第一节 关于课后服务价值属性的理论

一、马克思关于人的全面发展学说

(一) 马克思关于人的全面发展学说的主要观点

人的全面发展问题是马克思倾其一生重点关注的一个重要问题,也是马克思主义理论的出发点和最终归宿。随着欧洲工业化和城市化进程的加快,工人阶级队伍日益壮大。受资产阶级的剥削和压迫,工人阶级的生存状况十分恶劣,这引起了马克思的重点关注,进而引发了他对人类社会的发展前途和工人阶级命运的担忧。马克思对资本主义追求的异化劳动持强烈批评的态度,主张为了实现人类社会的发展和个体的幸福,要主动追求个体的自由发展和全人类的彻底解放并自由发展。马克思在独著及与恩格斯合著的经典著作(《资本论》《1844 年经济学哲学手稿》《德意志意识形态》《共产党宣言》)中对人的全面发展进行了多方位的系统阐释,并最终形成了人的全面发展学说的系统理论。

马克思关于人的全面发展学说具有丰富的理论内涵,该理论的具体内容主要包括以下几个方面。

首先,马克思认为,人的全面发展中的"人"应当是覆盖全体人类的,而不是指个别的人、个别的阶层和部分群体。马克思认为个体的全面发展是人类全面发展的前提和基础,个体的全面发展只有在人类整体发展的基础上才有保障,两者互为条件、互为因果、相互影响、相互制约。马克思进而认为,只有人类社会真正意义上进入共产主义社会,才能够实现人的全面发展。

其次,马克思认为,人的全面发展指的是人的综合素质的全面均衡发展。马克思归纳了人的全面发展的四层含义:一是普遍的社会物质交换;二是全面的关系;三是多方面的需求;四是全面的能力。前两个层次属于社会关系的范畴,体现了人的社会关系素养的发展,包括社会关系的和谐和政治经济权利的充分实现。

最后,马克思认为,人的全面发展是逐步摆脱对"物"的依赖而追求人的全面自由的发展。马克思纵观人类发展的历史长河,从社会生产力发展的独特视角,提炼出关于人类社会发展的三大形态理论,即前商品经济社会形态、商品经济社会形态和后商品经济社会形态。最早的是前资本主义社会的前商品经济社会形态,它的基本特征是以"人的依赖关系"为基本特征的自给自足的自然经济形态,个体的人受制于社会生产力水平的低下和自然环境的强大约束力而无法实现全面自由的发展,没有独立性,只能依赖群体生活而生存;当人类进入资本主义社会之后,由于科技的进步和社会生产力的发展,个体的人逐渐摆脱了"人的依赖关系",人类社会逐渐演变为以"物的依赖性为基础的人的独立性"为特征的商品经济社会形态,个体的人转而受制于物的制约,人的个性受到物的限制,同样无法获得全面自由发展,表现为片面发展的人;马克思认为,只有人类进入共产主义社会,即"建立在个人的全面发展和他们共同的社会生产能力成为他们的社会财富这一基础上的自由个性"的后商品经济社会形态,人与人之间形成了"自由人的联合体",个体的人不受强制性的限制,从而最终摆脱了对"物"的依赖,这个时候人才真正意义上成为社会的主人,才可能根据自己的意愿全面自由地发展,最终成为具有独立自由个性的人。

从马克思关于人类社会发展的三大形态理论可知:人的全面发展过程是一个随着科学技术的进步和生产力发展水平不断提高而逐渐从低级向高级演进的过程。在这个演进过程中,人类社会不断克服生产力和生产关系的束缚,不断实现阶段的质变和飞跃,进而实现人的彻底解放和独立自由发展。人的全面发展过程还是人追求真、善、美的过程,是人追求综合素质全面提高的过程,是人追求彻底解放实现自由发展的历史过程。[①]

（二）人的全面发展学说对开展课后服务的启示

马克思关于人的全面发展学说认为,"人的全面发展"内涵丰富,它包括人的身体层面、精神层面、个体层面和社会层面都得到全面、均衡、自由、充分的发展。在这个发展过程中,教育和生产劳动相结合是实现人的全面发展的唯一路径。马克思关于人的全面发展学说是马克思主义理论的重要组成部分,是马克思主义教育思想的核心和灵魂,是社会主义中国制定教育方针政策的理论依据和思想源泉,也是我国开展课后服务的目标和指导方针。

首先,通过教育实现学生的全面发展是马克思主义"人的自由与全面发展"理论的核心要求,也是新时期我国学校教育的历史使命。近年来,我国教育界"双减"政策的实施始终坚持"以生为本"的根本立场,聚焦立德树人的根本任务,始终将促进学生的全面发展和健康成长作为教育政策的出发点和落脚点。作为落实国家"双减"政策的重要举措,课后服务相关政策已经明确表明,课后服务严禁变相补课,而是建议开展各项文体活动,以促进学生身心健康、全面发展,其实质就是为了学生的美好生活而服务,为了学生的全面发展而服务。实现学生的全面发展,是我国"双减"背景下中小学课后服务的价值旨归。

---

① 周春燕.人的全面发展与社会主义核心价值体系[J].齐鲁学刊,2011(6):78-81.

其次,马克思关于人的全面发展学说要求人的个体性和社会性都得到发展。这就意味着学校开展课后服务的内容和形式要避免单一化、同质化,要给学生提供自主选择的机会,从而最终促进学生个体性的发展;学生在享受课后服务的过程中,作为集体活动中的个体,锻炼了社会交往能力,提高了社会适应性,为最终融入社会奠定了坚实的基础,从而实现社会性发展。

最后,马克思关于人的全面发展学说始终认为,实现人的全面发展的唯一路径是教育和生产劳动相结合,这就要求中小学课后服务应该和社会生活实践联系起来,开展多种多样的体育活动、德育活动、劳动教育、社会实践活动等。教育部办公厅颁布的《关于做好中小学生课后服务工作的指导意见》提出的关于课后服务的主要内容与上述要求不谋而合,比如,其特别指出服务内容不仅包括学生写作业、自主阅读,还应包括满足学生全面发展的其他活动,提倡有条件的学校充分整合校外教育资源,开展劳动教育和社会实践活动,将教育与生产劳动实践相结合,从而最终实现学生的全面发展。

二、公共产品理论

(一)公共产品理论的产生及发展

公共产品理论是经济学中的一个重要分支,主要研究政府与市场之间的关系、公共财政体系的构建、公共服务的市场化以及政府职能的转变等问题。这一思想最早发源于古希腊时期,欧洲国家普遍在这一时期出现,其公民政治获得充分发展,有关公共领域的讨论也开始出现。17世纪到19世纪中后期,欧洲社会逐渐确立了自由竞争的市场经济体制,人们逐渐意识到国家具有履行社会公益的职能,这些论述被认为是公共产品理论最早期的朴素思想。

但"公共产品"一词最早出现在林达尔于1919年发表的《公平税收》一文中,其建立的"林达尔均衡模型"认为,人们分摊公共产品的成本与边际收益成比例,即每个人应纳税额应与其从该公共产品消费中所享受到的收益相对等。该模型的建立,在促进西方公共财产理论发展的同时,也对公共选择理论与公共产品理论的发展起到重大作用。

1970年诺贝尔经济学奖获得者、美国著名经济学家萨缪尔森在《公共支出的纯理论》中给"公共产品"下了一个比较经典的定义。他认为,每一个个体在消费某类物品时不会影响他人对该物品消费的增减,该物品即为公共产品。美国2001年诺贝尔经济学奖获得者、经济学家斯蒂格利茨在其畅销多年的大学教科书《经济学》一书中这样定义公共产品:公共产品是这样一种物品,在增加一个人对它的分享时,并不导致其成本的增长(它的消费是非竞争性的),而排除任何个人对它的分享都要花费巨大成本(它是非排他性的)。[①]

---

① 陈宪.中国体制转型期政府微观经济职能的思考[J].上海大学学报(社会科学版),2000(6):62-68.

综上所述,在西方主流经济学界,主要是从消费特征上对公共产品进行界定。西方主流经济学家普遍认为,"非排他性"和"非竞争性"是公共产品的特殊属性,因而在消费上具有"非排他性"和"非竞争性"特殊属性的产品就是公共产品。

（二）公共产品的类型

1965 年,公共选择学派的奠基者布坎南在《俱乐部的经济理论》一文中对公共产品的类型做了进一步的划分。布坎南认为,公共产品不仅包括纯公共产品,还有很多"准公共产品"存在于现实生活中,萨缪尔森只考虑到公共产品在消费数量上的不变性,却没有考虑到消费质量上的变化性,因为从纯公共产品到私人产品是一个"连续光谱",其中还包括具有非竞争性和排他性的以及具有竞争性和非排他性的准公共产品。因此,公共产品又可以根据竞争性和排他性特征划分为纯公共产品和准公共产品两种类型;个体在使用过程中不存在"拥挤效应"的产品,如国防、法律等具有规模经济特征的产品就属于纯公共产品;个体的消费不会影响其他人的消费,而且某些人对这些产品的利用也不会排斥其他人的利用,但超过临界点时,产品的非竞争性或非排他性逐渐消失,此时的公共产品就属于准公共产品。

公共产品理论有助于解决公共产品供给方面的市场失灵问题。由于公共产品的非竞争性和非排他性,市场机制通常无法有效提供,容易出现"免费搭车者"问题,即个体在不支付任何成本的情况下就能够享受到公共产品带来的利益,这会阻碍公共产品的供给和公共利益的最大化。此时,政府的角色就变得尤为重要,需要由政府或社会团体来提供公共产品。对于准公共产品,因它具有有限的非竞争性或非排他性,如政府兴建的公园和公路等,其市场供给可采取政府和市场共同承担的模式。

总体而言,公共产品理论为理解和解决公共产品在供给过程中的各种经济问题提供了理论依据和政策指导,对于构建有效的公共财政体系和促进社会福利的提高都具有重要的参考意义。

（三）公共产品理论对开展课后服务的启示

"双减"政策出台前,课后服务主要由市场化的校外培训机构提供,受其营利本质的驱使,常常过度诱导和渲染"教育内卷",不仅加重了学生的课业负担,还使普通家庭承受着巨大的经济压力。归根结底,还是国家与市场的关系、学校与社会的关系这两对矛盾导致的功能失衡。随着"双减"政策的出台,校外教育培训机构得到了规范治理,及时阻断了市场利用经济资本掠夺教育权益,为教育事业回归公共属性创造了有利条件。因此,将课后服务定位为公共产品,意味着政府将在这项民生工程中承担起主导责任,通过完善制度设计,明确其在经费来源、师资保障、质量监管等方面的重要权责,并通过标准引领、项目资助、购买服务等方式,积极引导社会力量投入课后服务市场,形成以学校为主阵地、社会专业机构共同参与的课后服务供给体系,共同服务于教育目标的实现,促进教育回归学校。

三、教育公平理论

（一）教育公平思想的发展

教育公平自古以来就是人们孜孜不倦追求的教育理想。早在两千多年前,孔子就提出"有教无类""因材施教"的教育教学思想,体现了朴素的教育公平理念。教育公平作为一种现代教育价值取向,是社会公平价值在教育领域的延伸和体现。西方众多教育社会学家在不同的时期提出了不同的理论,其中美国约翰·霍普金斯大学的詹姆斯·科尔曼教授在 1966 年发表的报告《教育机会均等》(又称《科尔曼报告》)中首先提出了著名的教育机会均等的思想,并指出教育机会均等的四个标准,即进入教育系统的机会均等、参与教育的机会均等、教育结果均等和教育对生活远景机会的影响均等。[①] 后来的教育公平理论及教育实践活动都深受科尔曼的教育机会均等思想的影响。

瑞典教育家胡森则通过对"平等"和"机会"这两个概念的界定,分析了教育公平问题。胡森认为,"平等"首先表现为每个人都有不受任何歧视地接受教育的机会,而公立学校尤其要遵守该原则;其次,"平等"是指平等地对待每一个人,无论他的种族和社会地位如何,都应受到平等对待;最后,在制定和实施教育政策时,应当确保每个人都具有平等的入学机会和实现学业成就的机会。[②] 胡森进一步提出,教育机会均等要注重教育起点均等、教育过程均等和教育结果均等。教育起点均等强调人人享有平等的教育权利,国家要通过制定法律法规来保障人人享有受教育的权利,并且不同能力的人要能进入不同性质的学校接受教育;教育过程均等强调教育机会的平等,即国家的教育制度要对每一个孩子都一视同仁,怎样利用这一机会则是孩子和他的家庭的权利,要设法排除客观因素造成的障碍,对所有的孩子都实行一视同仁的教育;教育结果均等是指在重视人的差异性的基础上,让每个孩子都有同等的机会受到不同方式的教育。胡森要求对处于劣势的学生要有更多的补偿教育,以达到教育结果的均等。

美国学者帕森斯作为社会功能学派的代表人物,则运用系统论的思想来研究教育。帕森斯认为,社会是一个具有不同功能和不同层次的复杂总系统,他把教育看作整个社会的一个子系统,教育公平也是社会公平的一部分,因而教育也具有促进社会公平的功能。

哈佛大学教授罗尔斯则从伦理学的角度提出了两个独特的正义原则:平等自由原则、机会的公正平等原则(包括差别原则)。基于社会正义论,罗尔斯认为每个个体都有固定的天赋和社会起点的差异,因此机会均等很难真正实现,但存在这种天赋差异和社会起点差异并不意味着一定要消除,可以用其他的方法减少。差别

---

① 张人杰.国外教育社会学基本文选[M].上海:华东师范大学出版社,1989.
② 易红郡.西方教育公平理论的多元化分析[J].湖南师范大学教育科学学报,2010(7):5-9.

原则就是给低出身、低天赋的人以一定的补偿,缩小他们在社会起点的差距。从教育的视角而言,这是一种强调补偿教育是实现社会公平的核心的学说。从西方教育公平理论的发展角度来看,罗尔斯所提出的正义原则,对于教育资源的合理分配、弱势群体教育环境和生存状况的改善,都是一大贡献。

此外,西方还有一些学者在研究教育公平的同时还关注到了学生能力的差异。例如,斯坦福大学教授诺丁斯提出要尊重学生的个体差异,尊重学生的独特性,平等对待每一个学生,给予每一位学生关怀与体谅,使真正的平等成为可能。美国学者格林则主张,教育机会的均等应当以与学生能力相适应进行分配为原则,要求具有同样能力的人受到同样适宜的教育,而不同能力的人也应当受到不同但最适宜的教育,因为学生个体是有能力差异的。

(二)教育公平的内涵

教育公平从本质上来讲就是人们对教育领域内的人与人之间的教育资源、教育利益、教育权利和教育机会分配的反映评价,是属于教育质量的范畴。教育公平的概念具有一定的历史性、相对性和主观性,其内涵主要包括三个方面,即教育起点的公平、教育过程的公平和教育结果的公平。[①]

1. 教育起点的公平

教育起点的公平首先是指受教育权利的平等,即个体可能会存在民族不同、种族不同、性别不同、职业不同、家庭出身不同、财产状况不同、宗教信仰不同的情况,但每个人受教育的权利是平等的。

教育起点的公平,包含着教育机会的均等。教育机会的均等是指所有进入教育机构和参与教育活动的个体都有平等的发展机会和竞争机会。而对于那些在社会上处于劣势地位的弱势群体,为了使他们获得适合自身发展的条件和机会,可以通过一定的补偿来使其获得和利用教育资源。

2. 教育过程的公平

教育过程的公平是对教育起点公平的延续,强调人们在受教育年限、教学内容、教育设施设备、师资力量等方面应当公平。教育过程的公平反映到具体的教育活动中就是要求各种教育资源的公平投入,在教学过程中,教师对学生要具备一视同仁的态度等。

3. 教育结果的公平

教育结果的公平,是指每个学生在接受一段时间的教育后,其个性和潜能都能够得到充分的发展,其获得的知识水平、能力素养、道德修养等方面都符合其智力水平。它并不强调人人都能达到相同的结果,而是在充分地尊重个体差异的前提下,使每一个人的能力和条件都得到相应的发展,即提供有差别的教育。这和我国提倡的素质教育理念不谋而合。

---

① 张晖.教育公平理论以及在我国的实践[D].济南:山东大学,2006.

（三）教育公平理论对开展课后服务的启示

第一，课后服务要发挥对弱势群体优先满足需求的补偿教育功能。

弱势群体通常包括那些各种原因导致的家庭经济困难的子女、自身存在生理和心理残障的儿童、难以融入社会的少数民族子女以及流动人口子女等。政府为发挥弱势补偿教育的功能，应采取积极干预的方式，先帮助处于劣势的儿童在放学后获得平等的课后服务机会。比如，通过建立专项资助的方式，或者直接对建档立卡、低保等家庭经济困难的学生实行学费减免政策。此外，学校在组织课后服务活动时，应优先保证残疾儿童、留守儿童、随迁子女、家庭经济困难的学生参加课后服务的机会，防止原生差异经过课后服务演变为社会差距，形成布迪厄所揭示的社会不平等的再生产机制，以减少学生在接受教育方面的不公平。[①]

第二，课后服务要尊重学生的个体差异，促进学生个性的充分发挥和潜能的实现。

教育公平中的结果公平并不是要求所有的学生在接受教育后都达到同样的效果，而是促进学生的个性发展和潜能实现，前提是承认和尊重学生的个体差异。这就不可避免地要求课后服务提供多样化的课程，给学生自主选择的机会，以满足他们个性化发展的需求。

第二节　关于课后服务主体的理论

一、协同理论

（一）协同理论的产生

协同理论又称协同学，是由斯图加特大学的名誉教授和理论物理学讲座教授赫尔曼·哈肯（Hermann Haken）于 20 世纪 70 年代提出的。赫尔曼·哈肯教授主要从事激光物理学、非线性光学、固体物理学、统计物理学等领域的研究。不过，他最为世人熟知的还是提出了协同理论。在一次激光理论研究中，他偶然发现激光存在一种典型现象，即当激光远离平衡态时开始由无序转为有序。这一现象引起了哈肯教授的深思，他开始怀疑在其他系统中是否存在类似的现象。为了验证自己的猜想，他研究了不同条件下形成的不同激光的特点，分析了不同领域和现象中存在这种转变的类似性。结果表明，在其他学科中所出现的从无序到有序的转化过程，都存在着和激光转化过程相同或相似的规律。因此，哈肯教授认为："所出现的这些结构都遵从类似于激光、流体动力学和其他系统的无序-有序转变所遵从的

---

① 高巍，周嘉腾，李梓怡."双减"背景下的中小学课后服务：问题检视与实践超越[J].中国电化教育，2022(5)：35-41.

原理。"①

（二）协同理论的主要观点

协同理论是在系统论的基础上对事物和现象进行的一般性规律研究。协同理论的基本观点是：任何事物和现象都是一个复杂的有机整体，其总体上是由若干个相互影响、彼此协同的子系统组成的。协同关系则是指各个子系统之间产生的共同作用结果，也是指各个系统之间联系的综合。协同效应是系统形成有序结构的内部驱动力，是系统进行协同运动的最终诉求。复杂系统中的各个子系统之间通过相互影响、相互制约、相互合作达成有序结构，进而产生"1＋1＞2"的效果。

协同理论提出之后，迅速在自然科学和社会科学领域获得广泛应用。它的实践意义在于提供了一种理解和处理复杂系统问题的新思路，通过促进系统内部各部分的有效协同，可以提高系统的整体性能，实现系统的自我组织和自我优化。协同学影响着科学与社会的关系，符合东西方文明的合作思想，一些社会问题和全球问题都可以用协同学作为理论基础来解决。这对于推动科技、经济、教育的发展，促进社会和谐具有重要的指导意义。

（三）协同理论对开展课后服务的启示

按照系统论的思想，教育活动本身也是一个复杂的系统，它由各个相互影响、相互制约的子系统组成，如政府、社会、学校、家庭等。各个子系统在教育活动中承担着不同的职责，要实现教育效果最大化，就需要通过合理的协商和平衡来协调好各个子系统之间的关系，使各方都能受益。

将协同理论运用于课后服务中，即课后服务系统中各个子系统都要相互配合、整合资源、协调行动，共同实现课后服务目标。具体来讲，政府作为子系统中的重要一环，需要积极制定与课后服务相关的政策法规，整合社会各界资源，吸引多元主体参与，引导课后服务规范、健康发展；学校子系统要在对学生需求进行调研的基础上，设计具有针对性的课后服务项目；家庭子系统要积极支持和配合学校系统，家长可结合自己的专业特长和资源优势参与课后服务；社会子系统则充分地发挥舆论监督的作用，来促进课后服务工作的良性发展。各个子系统各司其职、各尽所能、相互配合，共同保障课后服务工作的顺利进行。②

总之，基于协同理念的课后服务模式，有助于协调教育活动中各个子系统之间的关系，实现系统资源的有机整合，减轻家庭的育儿负担和教师的工作负担，真正助推"双减"政策的落地实施。

二、家校社合作理论

家庭、学校、社会是学生成长的重要场域，只有三者之间紧密联系、互相配合，

---

① 刘迅."新三论"介绍——协同理论及其意义[J].经济理论与经济管理,1986(8):75-76.

② 龚凌琳."双减"政策下上海市小学校内课后服务实施现状及对策[D].上海:上海师范大学,2021.

形成教育合力,才能达到最佳的育人效果。研究表明,在中小学阶段,当学校、家庭和社区共同努力时,学生的成绩会更好,上学更有规律,学习动力也更足。在西方,有关家校社合作的理论与实践可以追溯到20世纪60年代,其中,美国在这方面取得了较为系统的成果。以下介绍美国出现的两种代表性理论:三层次论与四层次论。①

(一) 家校社合作的层次论

1. 家校社合作的三层次论

研究表明,家庭和社区的参与有助于学生的成功和发展,学校和教师必须在规划与实施家长和社区参与实践中发挥领导作用。因此,西方的一些研究者从家庭和社区成员参与学校教育的视角提出家校社合作理论。比如,2008年美国学者钱德勒·巴伯(Chandler Barbour)、尼塔·巴伯(Nita Barbour)和帕特丽夏·史高利(Patricia Scully)等人就以家庭和社区成员参与学校教育的程度为主要依据,划分了最低层面、联合层面和决策层面三种不同的参与程度。每一层面都包含了多种家校社合作样态。

第一,最低层面。最低层面参与的主要特征是学校向家长和社区提出合作要求,家长和社区组织代表支持学校教育。例如,教师要求家长监督学生完成家庭作业,家长和社区成员受邀前来参与学校举办的各种节日庆典、班级活动(如游泳、远足、夏令营)以及特别主题活动(如图书周活动、电子智能活动、青春期特别信息会、高尔夫日等),来支持学生的学校生活。就参与的本质而言,这仅是一种边缘性的参与。在这个过程中,家长承担着学生成长监护人和学习经纪人的角色。

第二,联合层面。联合层面参与的主要特征是家长参与子女的学校教育,比如,家长可以向教室捐赠学习材料、志愿担任课堂辅导员或者在课堂上分享自己的专业领域知识,从而为学校教育教学的日常运作和提高做出贡献。相较于最低层面的边缘性参与,联合层面涉及家长和社区成员参与学校教育的核心活动——课程教学。

第三,决策层面。决策层面的参与处于最高层次。一般会倡导学校成立社区学校咨询委员会,鼓励家长和社区代表参与学校事务的决策活动,如讨论课程的设置、目标的实现及教师队伍的组建等,来充分扮演好儿童利益支持者这一角色。家长和社区成员通过参与学校的决策,为学校的发展做出贡献。

总之,家长和社区成员通过有效参与学校教育,能够让家庭积极贡献他们的经验、见解和知识,从而支持孩子的学习,促进家庭和学校及社区的互助关系发展,增强父母对儿童学校教育和社会教育的责任感,从而促进儿童身心多方面的健康成长。

---

① 张永.美国家校社合作的两种层次理论及启示[J].全球教育展望,2021(3):106-117.

2. 家校社合作的四层次论

2014年,美国马里兰大学教育研究者琳达·瓦利(Linda Valli)、阿曼达·斯特凡斯基(Amanda Stefanski)和鲁本·雅各布森(Reuben Jacobson)等人提出家校社合作的四层次论。他们从合作目的和变革深度上区分了层次不同的四种合作模型。

第一,家庭与机构间合作模型。这种模型是一种最基本的持续性的伙伴关系,目标是在不同机构之间协调服务,即学校和其他机构通过协调支持学生及其家庭的各种服务以扩展学校的教学工作,同时致力于推动家长或监护人尽可能深度参与孩子的教育,拓展家庭参与子女学校生活,如参加志愿者计划,与学校各小组合作等。指引或引导家庭而非提供服务是伙伴关系的显著标志。该模型需要时间和资源投入,但不要求学校组织做出改变。

第二,全面服务学校模型。全面服务学校寻求与社区机构建立富有成效的伙伴关系,以服务于所有青少年儿童及其家庭的需求。全面服务学校超越了第一种模型,它努力整合社区内各种社会服务资源,如学术、健康、医疗等,因此被称作"环绕式"学校。它实际上指与社区机构一起产生一种新的、无缝的机构,重点在于如何打破学校与合作机构之间的壁垒,这就要求合作双方具有共同的愿景、目标和资源,参与合作性决策,并运用其制度性权利基础影响学校组织变革。

第三,全面服务社区学校模型。不同于全面服务学校,全面服务社区学校除了组织变革,还强调学校文化变革的重要性。第二种模型把社区资源引入学校,而全面服务社区学校提倡学校办学民主,倡导学校向社区开放,欢迎社区以多种方式为学校做出贡献。家庭不再只是被服务的顾客,而是不可或缺的、需要发声的合作者。家长们认为,学校文化是由"所有学校利益相关者的信仰、价值观、态度及预期和展示的行为"引导的。当这些信仰和价值观以包容和平等为中心时,所有的家庭都感到自己是社区学校的重要成员。[①]

全面服务社区学校成功的关键是指向更深层次的规范与文化的变革,主要侧重于通过社区参与与实现学校民主化有关的文化主题,打破家长与学校教育者之间的文化和权力隔阂,转变学校领导力,以及在家长和社区成员中培育领导力。在这个过程中,校长的特征和行为对社区和家长的民主参与有重大影响,这要求校长从传统的、等级制的领导角色转变为一种更加协作的角色,授权这些利益相关者共同参与决策和领导,培养与社区的伙伴合作关系。

第四,社区发展模型。社区发展模型是一种最广泛且最具包容性的模型。该模型基于杜威的"学校即社会中心"的主张,学校成为社区成员处理紧迫的政治、经济和文化事务的接触点。学校被看作贫困邻里中最重要的社会机构之一,进而成

① Shana Haines,Judith Gross,Martha Blue-Banning,et al. Fostering Family-School and Community-School Partnerships in Inclusive Schools:Using Practice as a Guide[J]. Research& Practice for Persons with Severe Disabilities,2015(3):227-239.

为变革的主要场所。

超越"环绕式"学校服务,社区发展者投资了与学校相关的一系列服务(如就业、住房、学校、交通)。通过追求强有力社区的目标,社区发展者既寻求改善低收入居民的生活前景,又致力于防止中产阶级家庭外流。

家校社合作的层次论揭示了家庭和社区参与学校教育的不同层次,为区分学校教育过程中不同性质的家庭和社区组织的参与及合作模型提供了理论依据。无论是三层次论,还是四层次论,都致力于追求家庭和社区组织能真正参与学校教育决策,而不同的参与层次或合作模型也反映了他们对学校教育决策产生的不同程度的影响力。只有深度参与才是家校社合作的最高层次或境界,不能深度参与的家校社合作,难以激发参与各方的决策责任感,不属于真正意义上的合作。因此,在家校社合作过程中,参与度、认同度和满意度之间具有相关性,而参与度是关键。总之,家校社合作是为了促进儿童和青少年高质量的学习,而学校作为一种专门的结构化学习环境,在家校社合作中应具有主导作用。

(二) 家校社合作育人的实践模式

在具体实践领域,根据各种家校社合作育人模式的主导方不同,美国家校社合作又可以分为基于学校、基于家庭和基于社区的三种模式。[①]

1. 基于学校的模式

基于学校的模式主要是学校作为教育活动的主导者,将学校场地作为合作育人的主要物理空间,强调学校的正式课程体系和事务管理地位,主动整合家长、社区参与教育活动的决策、策划等,成立"学校委员会""伙伴行动小组"等组织,旨在通过提高学校效能来促进学生个体成长。学校委员会是在中小学校校长领导下建立的家长组织,通常围绕公共议题具体开展组织工作。在这一模式中,校长的引导作用十分关键。

2. 基于家庭的模式

基于家庭的模式强调凸显家长在育人中的优势,尤其针对低收入家长群体。这一模式主张在教育活动中,既不让家长置身事外,也不把他们看作学生问题的根源,而是高度重视家长的联合力量。从具体目标来看,又可分为"利用家长资源"和"开发家长资源"两种类型(家长资源包括时间、技能、知识等)。前者表现为"家长集体参与模式",后者包括"家长学院"以及针对特殊儿童群体的"家长培训项目"等。

3. 基于社区的模式

基于社区的模式旨在通过关注弱势群体,强调社区服务和教育的深度融合,由社区主导,联合各方力量,促进教育和社会公平。社区学校就是从该模式发展而来的一种新型学校。它通过教育系统、非营利部门和地方政府机构之间的一系列合

---

① 曾汶婷.美国基础教育阶段家校社协同育人模式及其启示[J].教学与管理,2022(6):80-84.

作,为学生、家庭和社区整合一系列资源,促进儿童在多个领域的全面发展,包括学业、身体、心理、认知、社会和情感学习。当然,社区学校的服务项目因当地具体情况而异。一般包含四大支柱:①综合的学生支持,如身心健康护理和其他配套服务;②丰富学习时间和增加学习机会,包括延长学时和学年,以及通过以学生为中心的学习来丰富学校课程;③积极的家庭和社区参与,包括提供服务并与家庭成员建立有意义的伙伴关系;④协调学校服务的合作领导实践,并让学校教职工、家庭和社区参与者参与决策。在美国,政策制定者、教育工作者和社区成员越来越多地支持社区学校,将其作为实现儿童全面发展的一种重要方法。

（三）家校社合作理论与实践对课后服务的启示

目前,学校教育、家庭教育、社会教育三者之间的合作问题日益受到党和国家的高度重视。习近平总书记指出"办好教育事业,家庭、学校、政府、社会都有责任",党的十九届五中全会首次提出要"健全学校家庭社会协同育人机制"。近年来,随着中小学生课后服务活动的开展,它成为家校社协同育人的重要实践领域。西方家校社合作理论及实践给我们带来了一些启示。

第一,学校不应该成为课后服务的唯一主体,家长和社区组织也是课后服务的重要参与力量及资源,应该得到充分的重视和利用。只有三方协同参与,构建起主体多元的课后服务体系,才能为学生带来全天候的守护和全方位的发展。在过去相当长的一段时间里,我们尤为重视家校合作,却忽视了社区的重要性。其实社区是联结学校与家庭的重要力量。早在1988年,英国出台的《教育改革法》中就提出利用社区资源促进家校育人的理念。强化社区力量在课后服务中的参与作用,一方面可以充分地调动社区内的退休人员、家长志愿者的积极性,主动地参与课后服务活动,弥补学校师资力量的缺乏;另一方面通过充分利用社区内的各种自然资源、场馆资源,开展社会实践、劳动教育与人文艺术教育,进一步丰富课后服务的形式与内容。总之,家校社协同构成了实现学生全面发展的"育人链条"。通过多元主体参与课后服务,实现课后服务公平、持续、长效的发展。

第二,育人目标的统一性是家校社合作的重要前提。课后服务是落实"双减"政策的一项重要举措,即减轻学生沉重的作业负担和校外培训负担,让教育回归育人初心,促进学生全面发展。确立这一共同目标是实现家校社协同育人的关键。如果没有共同目标的指引,家校社协同育人就像一盘散沙,经不起现实问题的挑战,而且目标异位也会给学生成长和教育事业的发展带来更大的伤害。因此,家庭、学校、社会在协同育人的实践过程中,首要前提是在育人目标上达成共识,确立以立德树人、促进学生全面发展为根本任务的共同目标。[①] 只有在这一初心和信念的指引下,才能形成一股强大的育人合力。

第三,提升参与质量是家校社合作的关键所在。无论是家校社合作的三层次

---

① 李江楠.新时代家校社协同育人的价值定位、现实困境与纾解路径[J].教育导刊,2024(4):21-30.

论,还是四层次论,家校社的合作都是以学校为主导力量的多方伙伴合作关系。因此,提升各方参与课后服务的程度是家校社合作的关键所在。现实的挑战是如何使家长、教师和其他社区成员以适宜的方式深度参与课后服务,这就需要协调好各自的利益诉求。关于这一点,将在接下来的内容中做详细阐述。

三、利益相关者理论

(一)利益相关者理论介绍

利益相关者理论是企业管理领域的经典理论,由美国经济学家爱德华·弗里曼(R. Edward Freeman)于 1984 年在其《战略管理:利益相关者方法》(*Strategic Management:A Stakeholder Approach*)一书中正式提出。传统的股东理论认为,公司的唯一责任就是为股东赚钱,公司没有真正的"社会责任"。股东主要关注的是货币增长,因此股东理论本质上就是一种"不惜一切代价获取更多利润"的经营方式。利益相关者理论则与股东理论截然相反,它认为股东是公司或组织必须服务的众多群体之一,任何受组织或其运作影响的人都被视为利益相关者,包括员工、客户、供应商、当地社区、环保组织、政府组织等。利益相关者理论还认为,组织和公司应努力对所有这些利益相关者负责,这样,组织才能取得真正持久的成功。

根据利益相关者理论,利益相关者代表着多个庞大而多样化的群体,其中一个或多个群体将不可避免地在过程中的某个阶段处于次要地位。同样,某些利益相关者群体会比其他群体拥有更多的权力或影响力,这可能会造成紧张和不和谐。因此,批评者认为各利益相关者群体的需求和利益根本无法得到公平的协调。但支持者认为这个问题在很大程度上可以通过利益相关者管理计划来解决。该计划应详细说明每一组利益相关者的期望以及与利益相关者沟通的规则。此外,利益相关者管理计划应根据利益相关者对项目的影响程度以及他们对项目结果的关心程度,来确定利益相关者的优先级。

总之,利益相关者理论已被广泛运用到企业管理以外的其他公共管理领域。近年来,它也逐渐受到教育界的重视,被用来分析相关的教育问题,它可以帮助我们识别和分析教育活动中涉及的各利益相关群体,如学生、家长、教师、学校、政府、社会机构等,探讨他们之间的相互作用和影响以及权益诉求。

(二)利益相关者理论对课后服务的启示

1. 正确对待各方利益主体的利益诉求

在中小学课后服务领域中,利益相关者群体包括学生、家长、教师、学校、政府、社区、校外培训机构等。课后服务主要是为了解决家长下班时间和孩子放学时间不匹配的问题,并不是一般意义上的学校教育教学服务,仅靠校内教师的力量是根本无法完成的。因此,将利益相关者理论引入学校的课后服务活动中,首先要对不同利益主体急需解决的问题给予足够的关注与回应。

(1)学生的利益诉求。学生作为课后服务的天然利益相关者,其利益诉求体现在:第一,经过数小时的课内紧张学习后,他需要身心的放松和适当的娱乐,这是个体身心发展的基本需求;第二,作为学习者,他有在课后完成老师布置的作业的需求,一方面巩固课内所学知识,另一方面避免老师的批评;第三,学生的成长需要是多方面的,这必然要求学校提供多样化的可供选择的课后服务活动,来满足其个性和兴趣发展的需求。

　　(2)家长的利益诉求。课后服务产生的一个重要的动因就是解决家长下班后无法接孩子的难题,因此家长其实是课后服务的直接受益者。对于课后服务,他们的首要诉求就是课后服务结束的时间尽量与自己下班后接孩子的时间衔接起来,最好是随到随接。另外,作为孩子成长的监护人和学习利益的代言人,他们希望自己的孩子在课后服务中能享受到优质的、公平的教育资源,尤其是在付费的情况下。

　　(3)教师的利益诉求。教师是课后服务活动的直接组织者和参与者。作为学生成长道路上的重要引路人,很多教师受应试教育的影响,会更多地关注学生学业成绩的提升,所以,在课后服务中,多数教师会偏重作业辅导。另外,课后服务占用了教师的休息时间,导致教师的工作时间延长、工作内容增加、工作负担加重,但课后服务的公益性又决定了教师不能获得满意的劳动报酬,所以,很多教师不愿意承担课后服务任务。因此,在课后服务中,教师的利益诉求主要指向学生学业成绩的提升以及付出额外的劳动能获得相应的物质和精神回报。

　　(4)学校的利益诉求。学校既是课后服务政策的执行者,也是课后服务开展的主阵地,同时又是重要的利益相关者。在国家"双减"政策的背景下,学校对课后服务的定位应是促进学生德、智、体、美、劳全面发展的延时服务活动。[①] 但在具体的实践中,学校面临着一定的现实冲突:一方面要贯彻落实政府颁布的相关政策,积极组织课后服务活动;另一方面又要面对师资、经费、场地、设备等资源匮乏的客观条件的制约。在现实矛盾面前,学校在既执行政策又不损害学校自身利益的前提下,只能消极应对,有些学校甚至设置障碍让学生及家长自愿放弃参加课后服务。

　　(5)政府的利益诉求。在课后服务的开展中,政府并不是直接的参与者,而是制度的设计者、规划者和活动的协调者、保障者。课后服务是一项民生工程,政府首先要做好顶层设计,即制定政策法规,来引导和规范各地的课后服务活动。其次,政府具有协调各部门之间关系的作用,以促进课后服务的顺利开展。再次,政府通过进一步完善监管机制,履行监督职能,为课后服务营造良好的生态环境。最后,政府通过下拨一定的经费来保障课后服务。因此,政府的利益相关性主要体现在课后服务政策的制定、对课后服务活动的监管,以及各主体之间的利益协调和经

---

① 　王蓓蕾,陈国华."双减"背景下中小学课后服务实施的冲突与调适[J].教学与管理,2023(12):40-44.

费保障方面,以最终解决"三点半"难题,提高人民群众对教育的满意度。

(6) 社区的利益诉求。社区作为社会的子系统,在课后服务中越来越发挥着重要的作用。其利益诉求表现在:第一,满足家庭托管孩子的需求,为青少年儿童在放学后找到安全的身体看护和活动场所,在降低青少年儿童参与不良行为风险的同时,也为青少年儿童提供学习和发展的额外机会,尤其在社交技能的提升方面;第二,课后服务有助于提高社区内妇女的就业率,提高社区居民的整体收入水平,从而对当地经济产生积极影响;第三,课后服务可以作为社区成员相互联系和交流的平台,进一步增强社区的凝聚力和归属感。总之,社区参与课后服务不仅有助于儿童的个人成长,也有助于社区的整体发展和社会福祉。

(7) 校外培训机构的利益诉求。"双减"政策颁布后,国家对校外培训机构采取了一系列的措施进行规范和治理,比如,对于义务教育学段新的学科类培训机构不再审批通过,对于现有学科类培训机构重新统一登记为非营利性机构,并加强规范化管理,严格限定培训内容和收费标准。但是,只要家长补课的需求客观存在,而且当前供需间仍存在鸿沟,校外学科类培训机构就不会彻底消失。因此,校外培训机构的利益诉求就是想尽办法分得课后服务的一杯羹,来获得一定的经济利益,有些机构甚至私下与家长达成共识,打着"素养培育"兴趣班等名号继续提供学科类辅导。若彻底退出市场,大量的机构老师面临失业压力和风险,家长补课的需求也难以获得充分满足。①

2. 平衡好各方的利益关系

在明晰了各利益相关者的利益诉求后,就要想办法整合各类资源,使各利益相关者都能参与课后服务的决策和实施,相互制约以达到一个平衡点,实现各方的利益最大化,从而使课后服务高效、科学、有序地开展。

研究发现,各利益相关者之间共同利益的重叠程度越高,利益关联程度就越高,协同育人的联结也就越紧密。因此,需要平衡好家校社三方的利益关系,扩大共同利益基础,加深利益关联,这是推动家校社协同参与课后服务的重要基础。②无论是家长、教师,还是学校、政府、社区,他们都有共同的利益,即希望孩子健康成长。这是各方参与课后服务的重要前提。

但需要指出的是,课后服务利益相关者之间有时也会发生一定的冲突。利益相关者因无法确保自身利益而无法形成有机的整体,彼此因为利益的冲突而陷入混乱。比如,家庭和学校之间就会有冲突,表现在家长和学校对课后服务的认识存在一定的分歧,不同家长希望学校提供的课后服务活动类型也不一样,因此学校开展的课后服务并不能满足所有家长的期望和诉求。再比如,教师与学校之间的冲

---

① 祁占勇,方洁.利益相关者视域下"双减"政策执行的多重困境及其纾解策略[J].华南师范大学学报(社会科学版),2023(6):56-71,206.

② 刘邓可.利益相关者理论下社会主体参与家校社协同育人的行动逻辑——基于上海市J社区的个案[J].西北成人教育学院学报,2024(2):13-19.

突。"双减"政策明确规定"课后服务一般由本校教师承担",但现实中,教师的自愿参与在行政主导下难免变成"被参与"。

3. 切实回应各方合理的利益诉求

第一,政府作为课后服务的顶层设计者,要积极倾听来自学校、家庭、教师、学生、社会第三方机构等利益主体关于政策的批评与建议,要尊重与吸纳民众的想法,以"民声"拓宽政策发展的选择空间,使课后服务真正地成为增进民生福祉的工程。

第二,鼓励各地各学校探索"一校一案"的课后服务。学校基于自身的校园文化、办学特色,因校制宜地寻求学校特色发展,促进课后服务的校本化、特色化,规避"一刀切"带来的政策风险。

第三,满足家长和学生的多样化需求。提供丰富多样的课后服务,满足不同学生的发展需求。针对不同层次的学生,提供差异化的课后服务。这就需要学校做很多工作,比如,主动了解家长和学生的需求,结合各方的反馈意见设计、调整课后服务的内容。家长在关心自己需求的同时,也要积极给学校提供协助和反馈。

第四,保障教师的合理利益诉求,激发与保持教师参与课后服务的积极性。通过提高教师的精神及物质待遇,激发深植于教师内心的使命感、责任感、荣光感。

第五,同社区建立"互惠"的伙伴关系。社区不是"被需求的口袋"。学校、家庭与社区应该建立一种"互惠"的伙伴关系,确保在互动中各方都能受益。因此,在合作中,社区可以表达明确的自我利益需求,实现学校、社区和家长各方利益的共赢。以"互惠"为宗旨,社区感受到学校将其视为课后服务平等且有价值的合作伙伴,参与的主体性和责任得到有效激发,更容易实现利益各方的地位平等、价值互补和共同发展。

第六,引导符合资质的非学科培训机构参与课后服务。正视校外培训机构合理的利益诉求,如相关人员的再就业问题。目前一些地方政府已颁布了非学科培训机构准入校园参与课后服务的相关政策,使符合相关资质的机构人员进入校园,以补充校内师资的不足。

第三节　关于课后服务内容和形式的理论

一、需要层次理论

(一)需要层次理论的产生

亚伯拉罕·马斯洛(1908—1970)是美国著名的人本主义心理学家。他从人性出发,对人的需要做了系统的研究,认为人行为背后的动机来源于个体的需要。1943年,他在其著作《人类动机理论》中首次提出需要层次理论,后在《动机与人格》(1954)一书中将其具体表述为生理、安全、爱与归属、尊重以及自我实现五种层次的需要,并在第四层与第五层中间加入"求知需要"和"审美需要"两个层次,这样就构成了完整的七种层次的需要层次理论。

（二）马斯洛需要层次理论的主要观点

马斯洛认为这七种需要具有层次性,从低到高,依次排列,呈金字塔状（见图2-1）。

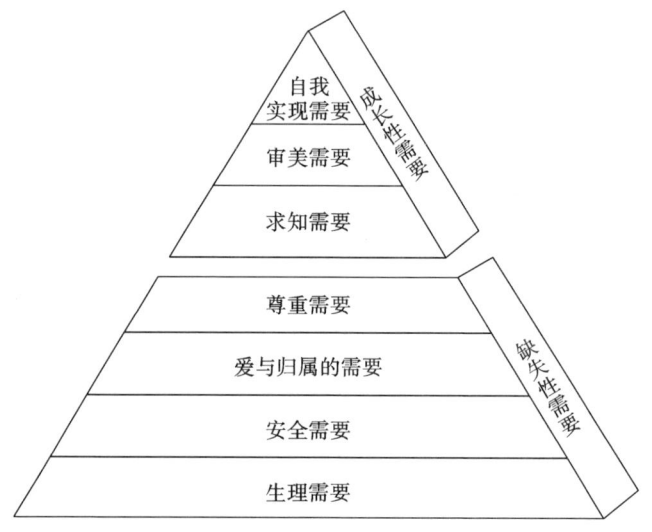

图 2-1　马斯洛需要层次金字塔

生理需要:这是个体最基本的需要,是人作为有机体而存在必须满足的生存需要,如吃饭、穿衣、住行、睡眠等。

安全需要:这是个体寻求免受身体和心理侵害的需要,包括居住环境的安全以及稳定的生活等。

爱与归属的需要:这实际上是人对于交往的需要,比如,需要集体依赖、与他人建立良好的人际关系以及获得友谊、爱情等。

尊重需要:既包括自尊,也包括赢得他人的尊重,如人格尊严、社会地位等。

求知需要:指个体对自身和世界的探索及认知,反映在个体身上指学习的愿望,即对未知充满强烈的好奇心以及努力探究的欲望。

审美需要:指发现美和感受美的需要,反映在个体身上就是对美好事物的欣赏和追求的一种心理。

自我实现需要:人充分发挥自己的潜能,努力实现自我价值,力求达到完美的一种境界。

上述七个层次的关系,具体如下。

第一,高层次的需要须以低层次的需要为基础。只有当生理需要得到基本满足之后,才会产生身体上安全的需要。生理与安全的需要得到满足后,爱与归属的需要就会成为新的需要,如个体渴望有一个朋友圈,融入其中,获得情感的慰藉。

接下来，个人又会产生一种对于自尊和来自同伴认可、尊重的需要：一方面表现为对自己的能力和工作成就等的追求；另一方面也表现为对名誉的渴望。这些需要被满足之后，又会产生求知和探索世界的需要，即学习的愿望，学习的愿望被满足之后，人进一步产生审美的需要。最高一层是自我实现的需要，即人对自我潜能得以充分发挥进而达到更加完美的状态的需要。自我实现的需要只有极少数人才能达到。

第二，就整个人类而言，这七个层次需要像一个金字塔，越往下需要越迫切，越向上人们对其需要的程度就会逐渐降低。一般而言，生理、安全、爱与归属和尊重这四个层次的需要属于人的缺失性动机，源于实际的或感知到的生活环境或自我的缺乏，是人类生活在世界上所必需的，因此又被称为缺失性需要。但求知、审美、自我实现这三个层次的需要并不是人人所必需的，它超越个体的现实需求，受人应该有的存在价值的激励，所以又被称为成长性需要。

马斯洛的有些观点遭到了一些学者的质疑，如高层次需要的产生必须以低层次需要的满足作为基础，即低级需要必须优先满足。事实上，有些人在自己的生命安全受到威胁的时候，仍然会挽救别人。再比如，有时高层次的需要会影响到人们对低层次需要的选择，那些自我实现的需要很强烈的人，往往对自己的衣食住行并不是十分在意，他们更注重精神层次的追求，而对物质生活看得很淡。不过，马斯洛的需要层次理论对于系统地认识人类的需要，以便在管理活动中有效地激发个体的积极性还是具有非常重要的价值。

（三）需要层次理论对课后服务的启示

需要层次理论应用到课后服务活动中，就是指学生在参加课后服务时首先要满足一些基本的需要，若基本的生理需要、安全需要没有得到保障和满足，那么其他的需要就难以被激发，个体的全面发展也无从谈起。所以，开展课后服务活动时，提供的服务内容首先指向学生生活的照料与身体看护服务，即满足他们生理和安全的需要，做好最基本的保障服务。在此基础上，为学生营造轻松愉快的环境、良好的人际氛围以满足学生的情感需要和人际交往需要，发展学生的社会性能力，具体内容指向社会情感学习，再提供丰富多彩的活动，如阅读、科技、体育、艺术、劳动等，给学生展现自己风采的机会，赢得同伴的尊重，以满足自尊和他人尊重的需要，在此基础上，充分发展学生的潜能，为实现学生在全面发展的基础上具有独特的个性这一目标创造充分的条件。

二、生活教育理论

（一）生活教育理论的提出

生活教育理论源于美国著名的教育家约翰·杜威（John Dewey，1859—1952）提出的"教育即生活""学校即社会""从做中学"的观点，他认为最好的教育是"从生活中学习""从经验中学习"。后来我国"伟大的人民教育家"陶行知先生深受其影响,并结合中国当时的社会现状,继承和发展了杜威的教育思想,于1922年在文章《生活即教育》中提出生活教育的理念。他对此的英文解释是"education of life, education by life, education for life",意即"教育融入生活,用生活来进行教育,通过教育来满足生活进步发展需要"。生活教育理论具体包括"生活即教育""社会即学校""教学做合一"三大教育原理,具有丰富的内涵。[①]

(二)生活教育的主要内涵

1. 生活即教育

"生活即教育"是生活教育理论的核心。陶行知先生认为,生活既有对人的教育作用,同时又是教育的具体内容。他强调教育要关注生活本身,反对传统教育过度关注教育本身,而忽视儿童的实际生活。陶行知说:"生活教育是生活所原有,生活所自营,生活所必需的教育",所以"生活即教育,到处是生活,即到处是教育"。教育活动的开展是以社会生活为基础的,社会生活在不断发生变化,因此教育也要随之不断改革创新,这样才能适应和引导不断发生变化的生活。生活的过程也是人通过教育而不断进步和发展的教育过程;生活的过程与教育的过程相伴而生,人的生活水平影响教育水平,反过来教育水平也会影响生活水平。因此,生活本身不仅具有教育的作用,也是教育的内容。

2. 社会即学校

"社会即学校"是指"把全社会看成一所学校",扩大教育场所,扩充教育资源,动员全社会的力量来发展教育事业。陶行知深知,自人类出现,社会就是人类的学校,社会的角角落落都承载着学校的功能。"社会即学校"是"生活即教育"的逻辑延伸。"生活存在于社会每一处,即教育存在于社会每一处;社会就是一个生活场所,也是一个教育场所。"因此,社会就是一所大学校。应把学校的教育与社会紧密联系起来,实行开放式办学,使教育真正发挥作用,封闭办学无法完全实现教育目的。

陶行知正是基于"社会即学校"的办学理念,积极组织学生走出校门、走向社会,让学生将课内书本知识学习与课外实践活动紧密结合,将学校生活与社会实践紧密联系起来,在与自然、社会接触的过程中,逐步融入社会。为此,他亲自创办了晓庄试验乡村师范、育才学校、山海工学团、社会大学等,积极探索学校教育和社会生活联系的规律和途径,构建了深受我国民众欢迎的教育体系。

3. 教学做合一

陶行知特别反对教师"教死书、死教书、教书死"的传统教学模式,也反对学生"读死书、死读书、读书死"的传统学习方法,主张将"教授法"改名为"教学法",实现"教学做合一"。所谓"教学做合一",就是教师教的方法要合乎学生学的方法,学生学的方法合乎生活实践。实践中怎么做,学生就怎么学,学生怎么学,教师就怎么

---

① 王欣艳.陶行知的生活教育理论与初中语文教学的生活化[D].石家庄:河北师范大学,2013.

教,也就是学法要服从于做法,教法要服从于学法。"教学做合一"就是要"知行合一",做到教与学、理与行的有机结合,才能学以致用。

在"教学做合一"中,"做"处于支配地位,它既是一种实践活动,也能够创造新的价值。"做"的内涵十分丰富,既有生产劳动,也有发明创造,还有寻找解决问题的方法。所以,"做"既是社会实践活动,也是创造活动。同时,"做"贯穿于人的一生,思考如何"做"的过程必然伴随着人的思维活动,这个思维活动就是学生"学"的过程。所以,陶行知还进一步提出了"活到老,做到老,学到老"的观点。

（三）生活教育理论对课后服务的启示

"生活即教育"主张生活应当包含教育,教育与生活密不可分。因此,在课后服务中,服务的内容要紧密联系儿童青少年的现实生活经验,通过将校本课程、学科拓展课程、综合实践课程进行有机整合和重构,构建起综合性的课后服务课程体系,弥合课内分科课程教学的局限性,培育学生的跨学科素养,为学生的全面发展助力。

"社会即学校"主张学校教育应打破封闭的办学空间,拓宽学校教育的范围,将其拓展到大自然、大社会和人民群众中去,向大自然、大社会和人民群众学习,形成包括家庭教育、社会教育在内的大教育体系。这必然要求我们进一步拓宽课后服务的场所,丰富课后服务的形式,充分利用社区、场馆、田野等校外课程资源,弥补校内课后服务课程内容来源单一、无法满足学生多样化需求的问题,实现课内和课外充分结合。

"教学做合一"强调教学过程中学生动手实践的重要性,其实质是教学方式的转变,将教师从单纯地教书本知识、学生学习书本知识这种传统的教学方式中解放出来,要求基于实践活动来获得真实的生活经验。所以,在开展课后服务教学时,就要打破"教室托管"的局限性,组织学生走出教室、走向自然、走向社会,开展丰富多彩的实践活动,通过亲自动手操作、亲身体验来习得大量的直接经验,实现真正意义上的生活教育。

三、社会情感学习理论

（一）社会情感学习理论产生的背景

社会情感学习(Social and Emotional Learning,SEL)近年来在全球 K-12 教育（幼儿园到 12 年级的教育,即基础教育）领域引起了广泛关注,尤其在国际中小学心理健康教育课程建设中备受关注。它的兴起主要和青少年犯罪持续增长引起教育工作者的担忧有关。

据美国联邦调查局的统计,美国青少年犯罪率逐年增高。从 1989 年到 1993 年,14 至 17 岁男性青少年杀人罪增加了 165%,因凶杀、强奸、抢劫等暴力犯罪被捕的青少年超过 15 万人,创历史新高。[①] 以上数据表明,美国部分青少年在学校面临着严重的社交、心理和行为问题。为了应对这种挑战,一群教育工作者、研究人员和儿童权益倡导者于 1994 年聚集在费策尔学院(Fetzer Institute)开会,讨论提高学生情感能力、学业表现、生理健康、心理健康及减少问题行为的有效策略。在这次会议上,他们引入了"社会情感学习"这一术语作为概念框架,以提高年轻人的社会、情感和学术能力。1997 年,与会者又发起了学术、社会与情感学习联合会(Collaborative for Academic, Social and Emotional Learning, CASEL),并和美国督导与课程开发协会一起合作开发了《提高社会情感学习:教育者指引》,为 K-12 阶段的教师提供了实施 SEL 的实践策略。

21 世纪以来,联合国教科文组织向全球 140 多个国家发布了实施 SEL 的十大基本原则。之后,社会情感学习在各国得到迅速发展,并取得了良好的效果。已有研究表明,在学校中开设社会情感学习项目能明显减少青少年的社会退缩行为和社交焦虑。[②] 社会和情感发展与学术学习也密不可分。它们有助于培养关键的社交和情感技能,从而帮助儿童青少年变得更快乐、更投入、更有生产力。这为提高学生的学业表现、发展健康的同伴关系以及自我调节和改善情绪奠定了一定的基础。总之,社会情感学习的兴起反映了时代发展对人才培养的新诉求。

(二)社会情感学习理论的主要观点

社会情感学习的概念最早由 CASEL 提出,该组织的创始人之一丹尼尔·戈尔曼(Daniel Goleman)是畅销书《情绪智力》的作者。在戈尔曼提出的情绪智力理论的基础上,CASEL 以社会情感学习的称谓将情绪智力理论应用在教育领域,逐步形成社会情感学习框架,并列出了五种核心的社会情感能力,包括自我意识(self-awareness)、自我管理(self-management)、社会认知(social awareness)、人际交往技能(relationship skills)和负责任的决策能力(responsible decision-making)。[③]

自我意识:指对自身的情绪、个性、目标和价值观有一种较为深刻的自我觉察,包括准确评估自己的长处和局限性,拥有积极的心态、坚定的自我效能感和乐观主义,并且能够认识到思想、感受和行为之间的关系。

自我管理:指管理自己的认知、情绪和行为的能力,重点是能够控制自己的行为,并以所在环境可接受的方式进行调节的能力,具体包括延迟满足、管理压力、控制冲动以及坚持不懈地应对挑战,以实现个人和教育目标的能力。

① 谢惠娟.青少年违法犯罪的现状、成因与社会预防[J].青年探索,2006(5):54-57.

② Vanda Sousa, Patricia Ribeiro Silva, Ana Maria Romão, et al. Can an Universal School-Based Social Emotional Learning Program Reduce Adolescents' Social Withdrawal and Social Anxiety? [J]. Journal of Youth and Adolescence, 2023(11):2404-2416.

③ 王兴,唐丽敏.社会情感学习(SEL)的时代意义与本土化实践路径[J].社会科学前沿,2022(1):86-90.

社会认知:既包括从不同文化背景的视角看待问题,富有同情心和共情能力,也包括理解行为背后的社会规范,知道能从家庭、学校和社区获得资源和支持等。

人际交往技能:人际关系技能会帮助学生建立和维持健康有益的人际关系,并按照社会规范行事。这些技能包括清晰地沟通、积极地倾听、合作、抵制不适当的社会压力、建设性地协商冲突以及在需要的时候能够主动寻求他人的帮助。

负责任的决策能力:指在不同的环境中对个人行为和社会交往做出建设性选择的知识、技能和态度。这需要考虑道德标准、安全问题、风险行为的准确行为规范、自己和他人的健康和福祉,并对各种行为的后果做出现实的评估。

上述五种核心能力相互关联,为个体学习和社会生活的成功奠定了基础。需要特别指出的是,社会情感学习用"学习"替代了"智力",意在强调它是个体通过后天学习可以掌握的一种基本技能,而不是先天就具备的。[①]　就本质而言,它是个体对情绪的管理活动,是促进个体社会性发展的重要过程和基础,是一种个性心理特征,也是学生核心素养的重要组成部分。

(三)社会情感学习对课后服务的启示

社会情感学习理论为进一步丰富我国课后服务的内容及形式提供了新的视角。教育就是为社会培养德智体美劳等全面发展的人才,健全的心智、积极的情感是个体必备的素养。基础教育作为个体成长的奠基阶段,必须高度重视社会情感的教育,一味地进行只注重智育而忽视心理健康的应试教育是不可取的。在课后服务内容中加入 SEL 项目,使得课后项目和暑期学习与家庭和学校一起,可以确保所有儿童和青少年在校内外都获得所需的支持,发展青少年的情感自我调节能力,让其建立积极的情绪效能感和社会责任感,形成健全的个性心理品质,为融入社会并与他人展开良好的合作奠定基础。

从目前的实践来看,我国课后服务中社会情感教育的内容十分缺乏。根据有关调查,大部分学校开展的课后服务课程集中在学科辅导,其次是艺术特长类和体育健康类的课程,心理教育类占比最低,仅为 3.1%。[②]　因此,在课后服务中引入社会情感学习,一方面,课后服务项目通过构建一个独特的环境,青少年可以在这里与积极的成人导师建立联系,可以安全地尝试新事物,有机会获得新技能并发展对某个领域的探索,研究表明,与有爱心的成年人建立富有成效、健康的关系是许多项目的支柱,这对青少年的社交和情感发展至关重要;另一方面,教师通过清晰的教学和示范社会情感能力,来为学生提供实践练习这些技能的机会,在课后服务的各种团体活动和兴趣小组中,建立积极的团体文化,关注师生之间、学生之间的人际交流,帮助学生识别和管理自己的情绪和价值观,培养对他人的同理心和责任

---

① 毛亚庆,鱼霞.如何理解社会情感学习[J].中国电化教育,2024(1):16-22.
② 覃甜甜.促进小学生社会情感能力发展的课后服务课程开发研究[D].南宁:南宁师范大学,2023.

感,建立积极的人际关系。这些关系让青少年有信心探索周围的世界,发现他们的激情,并继续与同龄人和其他成年人建立积极的关系。这不仅有助于学生在校的学业表现和个人成长,也为未来的职业成功、积极的家庭关系奠定了基础。

第三章 课后服务的国际经验

第一节 上学日课后服务的各国做法

一、美国

在美国,课后服务一般被称为"放学后计划"(After-School Programs,ASPs),是美国针对学龄儿童青少年在学校教育结束以外的时间(包括上学前、放学后、假期等)提供的各种活动项目的总称,主要是协助家长给予学龄子女适当的身体保护与关怀,并培养其各方面的能力,如生活技能、学术发展、职业技能、社会情感学习等。其地点主要集中在公益性质的学校、社区、公园等地,同时一些宗教团体也会参与。ASPs的目的是为儿童青少年提供合理利用闲暇时间的机会,并通过在学校放假时提供一个安全、有监督的环境来支持工薪家庭的需求。

(一)美国课后服务的发展历程

美国课后服务的理念诞生于 19 世纪后半叶,经过近一个多世纪的发展,已经形成较为成熟的理论基础与实践模式。Robert Halpern 在从宏观历史视角对美国课后服务进行审视的基础上,将美国课后服务的发展历程划分为三个阶段:产生阶段(19 世纪后半叶),发展阶段(20 世纪初—20 世纪 50 年代),战后恢复和复兴阶段(20 世纪 60 年代—20 世纪 90 年代)。[①]

1. 产生阶段(19 世纪后半叶)

美国课后服务产生于 19 世纪后半叶,主要是一些对生活在贫穷社区的儿童进行身体安全和日常监护的小型"男孩俱乐部"。

此时的美国正处于工业化、城市化加速发展的中期阶段,以纺织业为代表快速发展的轻工业和铁路建设都需要大量的劳动力,因此城市中外来移民人口不断增加,大量的农村人口开始涌入城市,人口城市化进程加快。与成人劳动力相比,雇用童工的价格更低廉,于是这些来自农村和移民家庭的孩子们就被招进工厂,充当了童工的角色。随着社会的发展,人们逐渐认识到,儿童工作会影响正常的身体发育,对其身心健康带来了极大的损害,儿童应该获得教育和娱乐。于是,美国各州

---

① Robert Halpern. A Different Kind of Child Development Institution: The History of After-School Programs for Low-Income Children[J]. Teachers College Record,2002(2):178-211.

相继出台法案,对童工进行全面禁止,同时又颁布相关义务教育法案保障儿童的入学机会,因而大量公立学校逐渐建立起来。然而,随之而来出现了一个新问题,这些贫困的移民家庭的孩子们在放学后经常逃离拥挤破烂的家庭生活环境,涌上街头、四处游荡,无人监督。当时街道上往往充斥着大量危险和暴力因素以及各种诱惑,这无疑增加了儿童受伤、犯罪甚至死亡的风险。于是,一些由私人或慈善团体发起的课后服务项目开始出现,男孩俱乐部(Boys Clubs)成为这一时期最早提供课后服务项目的非营利组织。1860 年,在康涅狄格州哈特福德的四位女性——玛丽·古德温、爱丽丝·古德温、伊丽莎白·哈默斯利和路易莎·布什内尔的共同倡议下,第一家男孩俱乐部成立。她们认为,流落街头的男孩应该有一个积极的选择,因此组建了一家俱乐部。该俱乐部以品格培养作为体验的基石,重点抓住男孩的兴趣,以改善他们的行为,提高他们的个人期望和目标。此后,其他各州也相继成立类似的组织。1906 年,由 53 家男孩俱乐部组成的波士顿男孩俱乐部联合会(Federated Boys Clubs in Boston)成立,标志着这类组织成为美国全国性运动和全国性组织的开始,也扩大了该组织在课后服务领域的影响力。1990 年,该组织认识到女孩也是事业的一部分,便更名为美国男孩女孩俱乐部(Boys & Girls Clubs of America)。

2. 发展阶段(20 世纪初—20 世纪 50 年代)

到了 20 世纪初,进步主义的改革者开始重新解释工薪阶层儿童放学后时间的"问题",认为这也蕴含着机会,利用这段时间可以教育这些孩子,进而最终改善社会。于是他们强烈呼吁政府利用学校场地为学生提供课后服务,但这一建议遭到了当局的否决。第二次世界大战期间,很多女性不得不外出参加工作,儿童的课后服务需求增加,于是地方政府开设了国防日托服务项目。此外,学校、社区也开始提供放学后看护孩子的服务。此时,课后服务得到了一定程度的发展。有关数据显示,美国本土学校在二战期间开设的课后服务项目达 3000 个,服务的学龄儿童达 10 万人以上。[①] 但是,随着战争的结束,这些由学校提供的课后服务项目也结束了它的战时使命。

3. 战后恢复和复兴阶段(20 世纪 60 年代—20 世纪 90 年代)

二战结束后,美国的社会环境发生了翻天覆地的变化,贫困率和离婚率不断攀升,单亲家庭增多,妇女进入劳务市场的数量也在急剧增长,这直接造成了放学后无人管教的学龄儿童的数量增加。加之美国的社会治安环境日益恶化,暴力事件、吸毒事件频发,青少年的课余安全问题再次受到家庭和社会的重视。上述问题的出现,使美国政府逐渐意识到,儿童和青少年的课后教育是基础教育的重要组成部分,政府必须高度重视并切实加强课后教育。于是,在 1998 年,美国国会正式批准"21 世纪社区学习中心"计划(21 Century Community Learning Centers,简称

"21st CCLC"计划），要求学校和社区为儿童提供安全的课余学习场所。"21st CCLC"计划的实施，可以看作美国各州"放学后计划"的开端。2002 年，小布什政府签署了《不让一个孩子掉队法案》（No Child Left Behind，简称 NCLB），重新授权"21 世纪社区学习中心"计划为美国最大的"放学后计划"，旨在为就读于高贫困率和成绩水平低的学校的青少年在非上课时间提供丰富的学习机会。与由社区组织、营利性企业、宗教团体或政府组织（如市政公园和娱乐部门）运营的"放学后计划"不同，"21st CCLC"计划以其全面的课程和对问题青少年学业补习的高度重视而著称，并且大多由学区管理或在学校环境中实施。总之，《不让一个孩子掉队法案》进一步明确了"放学后计划"的合法地位，相关机构的合法利益得到了法律保障，标志着"放学后计划"正式以立法的形式纳入美国的公共服务体系。从那时起，全美范围内开始推广"放学后计划"，范围遍及各个州。据全美最大的"放学后计划"网站"Afterschool Alliance"（课后联盟）统计，2016 年美国中小学生参与"放学后计划"的人数已经占到学生总数的 22%。

（二）美国课后服务的主要类型

由于划分的标准不一，美国课后服务的种类也各不相同。

根据提供课后服务的主体，可分为以下三类。一是公立学校系统（（Public School System）。它是美国目前提供课后服务的主要机构。二是男孩女孩俱乐部（Boys & Girls Clubs of America，BGCA）。这是一个全国性的公益组织，在很多州都有分会，以社区为基础，联邦政府提供资助，由专业人员指导，为儿童在课后提供有趣、安全的环境，发展其基本技能，帮助他们在学业上取得优异成绩，过上健康、有意义的生活。服务内容涉及身心健康、职业规划、青春期教育、少年犯罪预防和毒品预防教育等。截至 2010 年，该组织在全美有超过 4000 家地方俱乐部，向超过四百万男孩和女孩提供服务。三是社会公共服务体系，如公园、图书馆、博物馆等。根据 2020 年美国课后联盟的调查，公立学校提供的课后活动占 50%，男孩女孩俱乐部和私立学校各占 14%，社会公共服务体系（包括公园、图书馆、博物馆等）占 13%，基督教青年会提供的课后活动约占剩下的 9%。[①]

根据其运营目的，Olatokunbo S. Fashola 又将美国的课后服务分为三大类：招收学前儿童和小学 1 至 3 年级学生的日托课后服务项目，主要开展娱乐文化活动，而不注重学业辅导；以学业指导为主的 5 至 18 岁学生"放学后计划"；"学校日延伸"（Extended-Day）类项目，主要在公立学校开展，其内容与公立学校的教学内容紧密相连。[②]

国内学者张丽莉在综合考察美国 K-12 的课后服务主体、工作人员、目标、经费来源、作用等的基础上，将美国课后服务分为三大类型：学校独立承担的项目、社区

---

① 杨红.课后服务的功能与价值——基于美国课后服务的观察[J].教育研究,2022(11):77-88.
② 胡小青.美国加州中小学生课后服务体系研究[D].长沙:湖南大学,2020.

组织管理的项目(Community-Based Organization,CBO)以及学校-社区合作管理的项目。[①]

1. 学校独立承担的项目

由学校独立承担的项目主要包括课外活动、延续学习计划和学龄儿童护理。学校的各项设施在课后服务供给时间内全部开放,以便开展各类课外活动。运动类活动通常安排在周一至周五的下午或星期六,体育馆基本处于全天开放状态。学校的教室、场馆可由教师或学生自由申请,供延时处罚、教师会议、返校参观、展览、戏剧表演、音乐会和舞会使用。

2. 社区组织管理的项目

由社区组织管理的项目包括"灯塔学校"(开放的学校)和"成功之桥"。"灯塔学校"于1991年在纽约推行,并迅速在美国各地流行。其实施是通过学校向社区组织在非上课时段开放校园和场馆,由社区来对学生开展学业辅导、娱乐、体育、艺术、社区服务、毒品预防教育活动,以及适合不同文化背景人群的创造性活动等。"成功之桥"于1991年在印第安纳波利斯开始推行。该项目将学校、社区、公立和私立培训机构进行整合,统一利用学校的教室和场馆在课后时段为学生提供学业辅导、职业发展、艺术和文化、生活技能培训、心理咨询、个案管理、身心健康等课后服务。

3. 学校-社区合作管理的项目

学校-社区合作管理的项目进一步扩展了课后服务供给的伙伴关系,学校被看作整个社区的教育资源,社区被看作促进学生学业成绩和青少年发展的重要场域。在这一场域中,高水平的教育质量和学生素养的综合发展被视为一个统一的目标。由学校-社区主导的项目有三种模式:儿童援助协会的"学校安置所"项目、大学援助项目、"CoZi"学校(以James Comer和Edward Zigler命名,他们的理念融合在这个项目模式中)。

(三)美国课后服务的目标

美国的课后服务最初只是为了帮助经济拮据的移民家庭解决儿童放学后无人照看的问题,特别是对年幼的男孩和女孩提供照顾和保护,目标相对单一。随着社会经济的发展,其服务群体不断扩大,课后服务的目标也日益丰富,具体而言体现在以下几个方面。[②]

第一,为儿童青少年提供一个安全、受监督的课后环境。美国课后服务计划的首要目的就是预防青少年犯罪、减少其他校外问题以及药物使用。"Fight Crime: Invest in Kids"2019年的报告显示,下午2点到6点是青少年犯罪的高峰期,而课后计划可以将青少年犯罪的风险转化为机遇,在确保青少年的人身安全的同时帮

①　张丽莉.美国K-12课后服务类型研究及启示[J].教学与管理,2022(5):81-84.
②　胡小青.美国加州中小学生课后服务体系研究[D].长沙:湖南大学,2020.

助他们充分发挥自己的潜力。①

第二,丰富课后时间的学术机会,以提高学生的学业成绩。优质的课后服务为学生提供了有趣的阅读书籍,举办了丰富的读书活动,传授了提升学生阅读信心和阅读频率的有效读书技巧。课后服务还提升了学生的课堂出勤率和学习投入,改善了学生对学校的态度,减少了退学率。除此以外,课后服务会对作业进行监督指导,帮助学生提高作业质量,进而提高学生的学业成绩,尤其是在阅读和数学方面,课后活动对学生产生了积极的影响。具体而言,在阅读方面,对小学低年级和高中阶段的学生的影响最为显著;在数学成绩的改善方面,对初中和高中在校生产生的效果最为显著。

第三,促进学生的社会情感发展,提升儿童青少年的社会交往能力。课后服务机构可改善学生在学校的行为举止,比如,学生在班级表现较好,与同伴或老师友好相处的,可以进一步增强社交能力;课后服务机构提供了一个更安全、轻松的社交环境,让学生在没有压力的情况下与他人相处,增强社交自信心。

第四,加强学校、家庭、社区之间的协作。许多课后服务项目会吸纳家长、社区工作者参与,让家庭、社区在教育方面投入更多,学区经费的使用效率更高,从而使社区资源得到有效利用,家校社协同育人的效果更好地得以发挥。

(四)美国课后服务的主要内容

就所提供的服务内容而言,美国课后服务的运营机构不一样,侧重点也有所不同。例如,由公园和娱乐机构运营的项目可能会强调体育、艺术、舞蹈或其他娱乐活动,而由学校运营的项目可能在提供学术支持方面拥有相对更多的资源。另外,在美国各州,服务内容也不完全相同。这不仅需要根据服务对象的年龄、种族、兴趣等来确定,而且还需要结合所在社区的资源,尽可能满足学生的个性发展,让"以学生为中心"的理念得到充分体现。因而,美国课后服务的内容大致可分为学业提高类、艺术体育类、社会与情感学习类、STEM、综合教育类几大课程项目。

1. 学业提高类课程项目

该项目包括补习课程、阅读写作等内容。这类课程的设置主要是为了促进学生学业成绩的提高,从而在学业上缩小不同儿童之间的差异。其课程形式多样,有单独辅导、小组学习等,并辅以校内课程,如开设小型图书馆、开办阅读报告会、举办脚本和新闻写作活动等来提高学生阅读与写作的基本能力。有关调查显示,超过2/3的"放学后计划"会对学生进行家庭作业辅导,虽然家庭作业辅导并非课后服务的重要组成部分,但它是课后计划存在的一大意义,也是项目与学校教育直接联系的形式之一。

---

① Chris Neitzey. Two New Bills in Congress Aim to Support Young People[EB/OL]. (2024-04-22)[2024-06-12]. https://www. afterschoolalliance. org/afterschoolSnack/Two-new-bills-in-Congress-aim-to-support-young-people-through_04-22-2024. cfm.

2. 艺术体育类课程项目

该项目以培养学生的多元智力为目的,包括音乐、舞蹈、戏剧、美术、视觉艺术、球类运动等各种类型的活动。此类课程在市场上所需费用较多,中低收入家庭的孩子往往无法承担高昂的学费,因而这类项目可以在一定程度上帮助他们增加艺术学习的机会,弥补艺术体育类教育机会上的不公平。中低收入家庭的孩子从中得到的收益更大。

3. 社会与情感学习类课程项目(SEL)

CASEL(Collaborative for Academic,Social and Emotional Learning,学术、社会与情感学习联合会)将社会与情感学习定义为儿童和成人获取并有效应用必要的知识、态度和技能的过程,通过这些知识、态度和技能,理解并管理情绪,设定并实现积极的目标,感受并表现出对他人的同情,建立并维持积极的关系,并做出负责任的决定。① 社会与情感学习类课程项目为青少年制定了广泛的学习目标,其中包括社交、情感和品格发展,还提供了一个独特的环境,在这里,青少年可以与富有同情心、理解力,情绪稳定、积极向上的导师建立积极的情感联系,学会人际交往技巧和处理冲突的能力,并有机会学习新技能和掌握某一领域的知识,从而培养出快乐、积极、具备创造力的个性素养。

4. STEM 课程项目

该项目把原来分散的科学、技术、工程和数学(Science,Technology,Engineering and Math)集合起来,合成一个新的整体类课程,简称 STEM。它强调提高学生的科学素养、技术素养、工程素养、数学素养以及在复杂的情境中解决问题的能力,以便学生将他们在课堂上学到的知识与未来的职业生涯联系起来,同时培养 STEM 领域的新一代问题解决者。美国政府尤为重视 STEM 教育,已将其提升到国家战略层面,出台了与 STEM 教育相关的政策法规,从制度上进行保障,并进行了大量的资金投入。该课程的教学由包括科学家、工程师、医疗保健专业人员等具有 STEM 领域专业知识的专家或其他志愿者担任。目前 STEM 教育课程的覆盖面越来越广,为了保证更多的低收入家庭学生也能参与这个课后服务项目,很多项目都降低了费用甚至免费。

5. 综合教育类课程项目

该项目主要是指全面教育,为学生适应将来的生活、环境,获得安全及职业必备的知识和技能,帮助学生为成年做好准备。比如,在环境教育上,引导学生爱护环境,保护自然;在社会生活教育上,增强学生的社会责任感;在安全教育上,帮助学生认识到健康生活的重要性,提高判断力,做到不吸烟、不酗酒等。此外,还为学生提供了将来踏入社会所需要的相关技能课程,如演讲课程、时间管理课程及领导力课程等。

---

① 李德显,史艳欣.论社会情感学习视域下的师生交往[J].教育导刊,2022(10):5-12.

（五）美国课后服务的场所

在选择服务地点时，美国的课后服务普遍遵循"就近就便"的原则。根据《21世纪社区学习中心 2018—2019 年度评估报告》，美国超过 80％的课后服务学习中心都建立在公立学校。① 由此可见，美国的"放学后计划"中，课后服务的主要实施地点是公立学校。此外，学校还经常与社区合作，为满足学生全面发展的需要，将校内活动与校外活动结合起来，共同开展课后服务活动。有时，私人建筑、公共场馆等也成为课后服务的场所。这不仅使学校和当地社区的各种设施得到了充分的利用，节省了经费和时间，而且学生的交通安全也得到了很好的保障。

（六）美国课后服务的保障措施

1. 资金来源

美国"放学后计划"目前的资金主要来自三个方面，包括家长缴费，联邦、州和地方政府拨款，其他（如慈善机构、企业团体、宗教组织和私人的资助等）。根据课后联盟的调查数据，76％的经费由父母交纳。② 因此，父母支付的费用占了最大比例。"21st CCLC"计划是唯一专门用于支持当地课后、课前和暑期学习计划的联邦资金来源。该计划通过州教育机构提供的赠款为 150 多万青少年及其家庭提供服务。每个州都根据其在低收入家庭学生的 Title Ⅰ（"一号标题法案"）资金份额获得补助金，用来支持当地的学校和社区组织，为高贫困、表现不佳的学生提供课后服务。③ 比如，2000 年以来，美国课后项目呈爆炸式的增长，就得益于政府拨款。联邦政府为"21 世纪社区学习中心"发起了一项价值 10 亿美元的倡议，加利福尼亚州为课后项目增加 4 亿美元，各大基金会也将课后服务项目置于他们资助的范畴，其中包括美国男孩女孩俱乐部。该俱乐部也从 1997 年的 1800 家增加到了 2008 年的 4000 家，数量翻了一番。④ 为了提高课后服务质量，项目组织者还会想办法吸引商业机构和非营利机构的捐助，比如，美国知名百货公司 JCPenny、Robert Wood Johnson Foundation 等，这些机构的捐赠主要用于项目研究、场地设备、学生交通补贴、奖学金、相关人员薪酬和培训等。⑤

尽管政府的拨款在增加，各大基金会也在积极资助，但由于参加"放学后计划"的大部分费用由父母承担，还是给家庭带来了沉重的经济负担，这导致美国近几年

① 徐珊珊，邱森，宋萑. 打造高质量中小学课后服务的国际经验——以美国"放学后计划"为例[J]. 中国教师，2022(2)：38-41.

② 徐珊珊，邱森，宋萑. 打造高质量中小学课后服务的国际经验——以美国"放学后计划"为例[J]. 中国教师，2022(2)：38-41.

③ 高紫旋. "CORPS"视角下中美非营利组织参与课后服务模式的比较研究[D]. 上海：上海师范大学，2023.

④ Barton J. Hirsch，Nancy L. Deutsch，David L. DuBois. After-School Centers and Youth Development：Case Studies of Success and Failure[M]. Cambridge：Cambridge University Press，2011.

⑤ 闫静. 美国青少年"学后托管项目"的实施及启示[J]. 教学与管理，2019(27)：118-121.

参加课后项目的人数在下降。据统计,美国参加课后项目的儿童人数从2014年的1020万降至2020年的780万。家长在谈到参加课后项目的障碍时,最常提到的是课程费用、交通问题和课程的可用性。其中57%的家长表示费用是孩子不参加课后项目的原因之一。① 不过,对于低收入家庭,政府会通过临时救助计划和家庭经济困难的"奖助学金"制度,尽可能保障低收入家庭的子女有机会参加课后项目。

2. 师资保障

美国各州明确要求服务机构管理者要具备相应的资格,规定工作人员和学生的比例不能超过1∶15。工作人员主要是学校老师,也有在校大学生、社区人员、课外中心管理人员、高中学生、家长、外包机构人员等。比如,洛杉矶课后服务项目BEST主要为洛杉矶168所小学的26000名儿童提供服务。它的规模很大,有1800名工作人员,其中34%的人正在大学攻读教育学位。为了进一步充实课后服务师资,该项目还积极从当地社区招募大量的员工。

3. 法规政策保障

美国联邦政府和州政府颁布了一系列与课后服务相关的法案、议案和政策制度。1998年,联邦政府通过国会设立了专门资助"放学后计划"的"21世纪社区学习中心"计划("21st CCLC"计划),并将其写入《初等和中等教育法》(*Elementary and Secondary Education Act*),这是美国全面推进课后服务必不可少的法律基础。除了国家层面上的法律保障,各州还结合本地实际,对相关项目的法规政策及时进行更新和完善,为普遍获得优质、负担得起的课后计划奠定了坚实的基础。例如,加利福尼亚州就制定并试行了《学龄儿童社区托管法》,对儿童上学前后的看护服务场所安排、资金来源、具体执行情况等作出具体规定。康涅狄格州设立了"课后计划补助金",为幼儿园和义务教育阶段的学生提供教育和丰富的娱乐活动,2014—2015年度的年度报告显示,该计划为大约6000名学生提供服务。新墨西哥州通过了一项综合教育法案,该法案专门创建了一个扩展学习时间的计划,如果学校满足每学年190天这一条件,则为每位学生提供额外的资助,为学术学习或课外充实提供课后计划机会,并为员工提供至少80个小时非教学专业发展培训。总之,通过这些政策法规,明晰了课后服务的性质和价值,引导课后服务发展的方向,指导各种课后服务项目的运营,从而保障课后服务的规范化运行。

4. 组织保障

美国的课后服务机构五花八门,既有政府机构,也有民间机构。这些组织联合起来,形成一个强大的联盟,推动各个课后服务机构之间互相学习、互相合作,实现资源互补。当面临重大危机时,为争取共同权益或协商解决问题,联盟就会充分发挥其作用。例如,成立于2000年的课后联盟(Afterschool Alliance)就是全美最大

---

① America After 3PM Health and Wellness. Promoting Healthy Futures: Afterschool Provides the Supports Parents Want for Children's Well-Being[R/OL]. [2024-10-30]. http://afterschoolalliance. org/documents/AA3PM/AA3PM-Healthy-Futures-Report-2022. pdf.

的课后服务非政府组织,其使命就是确保所有儿童和青少年都能获得可负担的优质课后课程。为此,课后联盟通过呼吁社会团体或私人捐助来获取资金来源,已为1000万余名学生提供了课后服务。当美国政府出现公共资助危机时,课后联盟也会联合全国各地的课后服务机构,将课后服务的成果积极展示给决策者,以影响政府的决策行为。此外,还通过与高校、研究机构广泛合作,形成一套相对完善的评价机制,确保课后服务工作健康有序开展。再如,美国暑期学习协会(NSLA)跟踪并应对影响联邦、州和地方各级暑期学习机会的政策问题,目标是确保尽可能多的儿童和青少年获得高质量的暑期学习机会,特别是那些最需要这种机会的儿童和青少年。NSLA 还与美国各地的研究人员合作,调查低收入家庭儿童和青少年在夏季面临的差异、影响,以提出扭转夏季学习损失的解决方案。[1]

5. 质量保障

美国各州制定了明确的课后服务质量标准。以堪萨斯州为例,课后服务质量评估包括五个类别:运营、规划、关系、家庭参与和专业发展。每个类别又细化为若干评价指南和相应的评价工具,构成了完整且极具操作性的课后服务评价体系。以"规划"为例,它具体包括 5 项评价指南。

指南 1:计划提供一个情感安全的环境,促进所有参与者在身体、社交、情感和认知方面的积极成长和发展。

指南 2:计划提供丰富的、有意义的和吸引人的体验,以加强学习,促进学生成功,并为青少年的发展提供机会。

指南 3:计划通过与学校、社区和志愿者的外联活动来支持学习。

指南 4:日程安排反映了所服务的青少年、家庭和社区的需求。

指南 5:该计划为青少年积极发声提供了一个平台。

上述 5 项指南,又分别细化为若干评价指标展开具体的评价。以指南 2 为例,它有 13 个评价指标。具体的评价工具见下表。[2]

堪萨斯州课后服务质量评估工具示例

评价指标	绩效水平					当前目标	6 个月目标	12 个月目标
活动反映计划的使命和理念	1	2	3	4	5	○	○	○
以项目为基础的活动鼓励青少年的创造力,促进自我表达	1	2	3	4	5	○	○	○

① National Summer Learning Association. Research and Policy[EB/OL]. [2024-07-20]. https://www.summerlearning. org/research-and-policy.

② Kansas Enrichmentnetwork. Kansas Afterschool Program Quality Guidelines and Assessment Tools [DB/OL]. [2024-12-24]. https://kansasenrichment. net/wp—content/uploads/2021/08/KEN_Guidelines_2021. pdf.

续表

评价指标	绩效水平					当前目标	6个月目标	12个月目标
体验机会让青少年接触不同的学习途径	1	2	3	4	5	○	○	○
为需要帮助的青少年提供高质量的学业辅导	1	2	3	4	5	○	○	○
多样化的学习选择为青少年提供了选择和追求兴趣的机会	1	2	3	4	5	○	○	○
情感安全的环境鼓励青少年尝试	1	2	3	4	5	○	○	○
定期为青少年提供机会,让他们在活动中发挥主人翁精神并引以为豪	1	2	3	4	5	○	○	○
每天都有足够的、适合青少年年龄的用品和材料	1	2	3	4	5	○	○	○
按年龄或技能水平划分活动	1	2	3	4	5	○	○	○
为青少年提供个人、小组和集体活动的机会	1	2	3	4	5	○	○	○
青少年有机会领导他人并体验不同程度的自我管理	1	2	3	4	5	○	○	○
年长的青少年有机会辅导和指导年幼的青少年	1	2	3	4	5	○	○	○
青少年有机会对概念和经验进行反思	1	2	3	4	5	○	○	○

总之,美国的课后服务质量评估旨在为课后服务人员提供一套指导原则和自我评估工具,让他们在努力为社区中的青少年提供高质量的计划、有意识的支持和机会时参考。定期的质量评估可以让组织领导者规划并优先考虑干预措施,有利地保障了课后服务的质量。

二、英国

在英国,校外护理(Out-of-School Care)是一个通用术语,指在上学前、放学后、学校放假期间的全天,由学校、社区中心、教堂和托儿所等机构提供创造性的游戏环境,对4至14岁的儿童进行生活照料和看管服务。[①] 它主要包括在英国教育标准局(Ofsted)监管下的正规服务,如上学前的早餐俱乐部(Breakfast Club)、课后俱乐部(After-School Club)、假期俱乐部(Holiday Club)或游戏计划(Play Scheme)以及全日制护理(Full-time Care)、儿童保育员(Childminders)、亲朋邻里等提供的非正式服务。[②] 它们旨在帮助家长平衡工作与家庭之间的关系,同时为儿童提供一个安全、有趣的场所,让他们在专业人员的照料下度过课外时间。

---

① Fiona Smith, John Barker. Commodifying the Countryside: The Impact of Out-of-School Care on Rural Landscapes of Children's Play[J]. Royal Geographical Society, 2001(2):169-176.

② 张忠华,杨会聪.英国学龄儿童课后服务的发展与借鉴[J].教育科学研究,2021(11):11-17.

（一）英国课后服务的发展阶段

作为最早实行课后服务的国家，英国课后服务的发展经历了以下几个阶段。①

1. 慈善服务时期（中世纪—文艺复兴前）

英国的课后看护最早起源于中世纪。为了传播福音，发扬平等、博爱的基督精神，教会为无人照看的残疾儿童、孤儿及流浪儿提供免费的读书与唱歌的场所，由教职人员和社会上的爱心人士充当照顾者。这类慈善看护团体及看护学校在当时的英国相当流行。宗教改革后，英国大多数教会组织的财产被政府没收，其社会救助力量逐渐减弱，原有的救济责任也在很大程度上改由社会慈善团体和政府承担。总体来看，此时期的课后服务形式和内容都比较单一，整体质量低下。

2. 过渡时期（文艺复兴—20 世纪 80 年代）

教会主体在课后服务领域逐渐式微后，在很长一段时间内，课后服务活动是由政府与慈善团体共同承担的。政府通过财政支持来发挥自己的作用，慈善团体也借助慈善募捐、招募志愿者等方式来为儿童课后服务贡献力量。

20 世纪，由于两次世界大战的影响，政府无法提供财政援助，对儿童看护服务的支持被迫中断。尽管政府缺位，课后服务的需求却没有消失，甚至有了进一步的增长。20 世纪 60 年代，家长们感到无法凭借单一的力量来满足孩子的课后护理需求，便自发联合起来，在热心儿童公益的民间慈善团体的支持下，创立了具有自助互助性质的"幼儿游戏班"。运营费用由家长、慈善组织、福利院等捐赠，孩子们的母亲轮流值班，在借来的教堂、旧学校等场所为孩子提供每次 2~3 小时的照顾服务，早上和晚上各一次。服务形式以游戏活动为主，满足家长和儿童的课后服务需求，以此来加强孩子关于社交和生活的知识与技能的学习。在正规完善的看护学校无法提供服务的情况下，该项目满足了儿童课后服务的需求，社会效益显著，获得了英国社会各界的广泛认可，政府也开始重视其作用。数年后，全国约有四分之一的"幼儿游戏班"得到了政府提供的资金支持。

3. 现代时期（20 世纪 90 年代以来）

20 世纪 90 年代初，英国校外护理还是一项边缘化、发展不足的服务，全国只有不到 350 家课后俱乐部。在女性劳动力增加、经济结构调整、技能短缺和福利改革的共同作用下，校外护理被推上了政治议程的当务之急，逐渐转变为英国儿童生活中一项日益重要的服务。1989 年，英国政府出台《儿童法》。该法规定，地方当局有责任通过提供一系列适合儿童需要的服务，来促进并保障其辖区内儿童的福利。此外，还规定了地方当局与受照料儿童有关的职能，如每个地方当局应为其区域内有需要的儿童提供日托服务，地方主管当局还要为照顾日托所儿童或陪伴这些儿童的人士提供培训、咨询和指导。1997 年，政府又制定了旨在建设课后服务俱乐部的《国家儿童保育战略》，明确承诺在未来扩大这项服务，计划投资 3 亿

---

① 周力国，吴曹祯姝.英国课后服务评析及其对我国启示[J].社会治理，2022（3）：44-52.

多英镑,用于在 2003 年之前新建多达 30000 个校外俱乐部。这些政策措施的直接结果是校外护理服务在整个 20 世纪 90 年代后半期急剧扩大,并在英国各地继续发展。比如,在英格兰和威尔士,校外俱乐部从 1990 年的 350 个增加到 2002 年的约 5000 个。①

进入 21 世纪,英国政府推出了一系列政策来加强学校在课后服务体系中的作用。2005 年,为了效仿美国"学校日延伸"的做法,教育部发布了《扩展学校:为所有人提供机会和服务计划书》,认为组织良好、安全且能激发兴趣的课前和课后活动能为儿童和青少年提供更广泛的体验,并能真正改变他们在学校的表现,并承诺到 2010 年,所有儿童和青少年都应有机会参加各种课外活动,为他们提供可能需要的额外支持,帮助他们充分发挥潜能。该计划自启动以来,提供了超过 1.67 亿英镑的资金,为最贫困地区的学校在正常上课时间之外提供广泛的服务或活动,以帮助满足学生、家庭和当地社区的学习和发展需求。此后,2013 年的"更负担得起的儿童保育"计划提到要整合校内外资源,更新课后服务设计,为学龄儿童提供涵盖通识教育、看护辅导和拓展活动等内容的综合性服务。2015 年,政府进一步明确了正规课后服务机构具有直接联系学校场地的权利,当正规机构提出在课后时间使用学校场地的要求时,学校应予以支持和配合。同时,为了提升课后服务的可获得性,政府通过直接财政补贴的形式,支持学校课后服务的持续运营与场地设施的维持工作。尽管如此,2023 年 5 至 14 岁儿童使用正规托儿服务的比例也仅为 32%;难以支付托儿费用的父母占比达 34%,创下自 2014 年以来的最高纪录。②为此,2024 年 1 月,在第一届 DfE(Department for Education)和 UNOOSA(The United Nations Office for Outer Space Affairs)论坛会议上,英国教育部提出投资 2.89 亿英镑,用来支持地方政府与小学、独立的托儿所等机构合作,扩大小学生托儿服务的供应,目标是让所有有需要的小学生家长都能在当地获得从早上 8 点到下午 6 点的托儿服务,以确保父母有足够的时间从事全职工作,或者有更多的时间从事灵活工作。但小学学龄儿童的家长仍需付费才能享受这一服务,因为该计划旨在增加托儿服务的供应,而不是对托儿服务进行补贴,符合条件的家长可通过信贷托儿服务获得费用支持。③

(二)英国课后服务的主体

经过多年的发展,英国课后服务发展出一套极具特色的课后服务体系,即在政

① Fiona Smith, John Barker. Commodifying the Countryside:The Impact of Out-of-School Care on Rural Landscapes of Children's Play[J]. Royal Geographical Society,2001(2):169-176.

② Department for Education. Childcare and Early Years Survey of Parents[EB/OL].(2024-07-25)[2024-08-06]. https://explore-education-statistics. service. gov. uk/find-statistics/childcare-and-early-years-survey-of-parents/2023.

③ Department for Education. National Wraparound Childcare Programme[EB/OL](2024-01-18)[2024-07-16]. https://outofschoolalliance. co. uk/sites/default/files/OOSA%20Forum%20Slides. pdf?_ga=2. 106500167. 559008782. 1719980357-222878294. 1719980357%2018th%20January%2024.

府主导、非营利组织协同下，由学校和私人供应商组成供给主体，根据家长需求来向儿童提供课后服务，教育标准局负责定期对课后服务机构进行考核与评价，英国政府与地方当局则每隔一段时间对课后服务进行民意调查，以便及时调整相关政策（见图3-1）。[①]

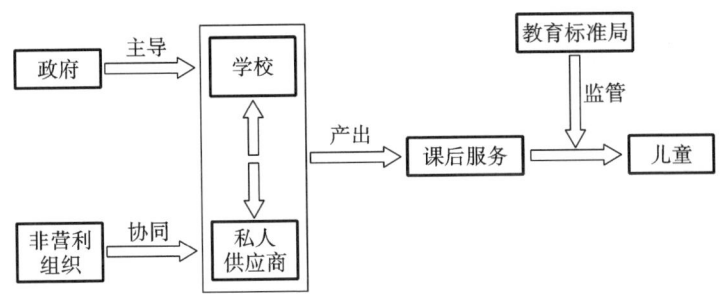

图 3-1　英国课后服务体系

因此，英国课后服务根据其提供的主体分为如下三类：第一类是学校提供的课后服务，即学校教职工在校内开展，以教室、体育馆、美术室等为主要场地，在服务内容上多以早餐俱乐部、课后俱乐部为主；第二类是私人供应商与教会、慈善机构与志愿团体等非营利组织雇用工作人员提供的课后服务，其场地选择更为灵活多样，在服务内容上相比于学校也更丰富，多为假期俱乐部；第三类则是以学校为主体、多方合作的课后服务，由私人机构和社会团体负责提供具体服务内容，向学校支付在其校舍活动的费用并通过学校渠道进行宣传，家长通过学校对课后服务的内容进行选择。

（三）英国课后服务的类型

在英国教育标准局（Ofsted）登记注册并接受其监管的正式课后服务主要有以下几种类型。

1. 扩展学校（Extended School）

扩展学校是指学校适当延长开放时间，由学校和有合作关系的校外机构在学校场地内提供一系列课后服务和活动，以帮助满足儿童、家庭和更广泛社区的需要，主要包括学习支持、家庭作业俱乐部、体育活动、艺术戏剧、信息和通信技术、家长和家庭计划、社区使用校舍等。学校的扩展活动旨在支持学生学习、提高学校教育水准和推广健康的生活方式，使学校能够与更广泛的社区成员密切合作。由于环境安全且熟悉，再加上国家补贴的原因，其收费标准相对较低，大部分家长会选择扩展学校的课后服务。在英国，绝大多数学校（94%）都会提供这类课后服务。[②]

① 陶享荣，刘梅梅.基于公共价值的英国课后服务体系的特征及启示[J].外国教育研究，2022（9）：49-63.

② Emma Wallace，Kate Smith，Julia Pye，et al. Extended Schools Survey of Schools，Pupils and Parents [EB/OL].（2012-07-03）[2024-06-20]. https://dera.ioe.ac.uk/10621/.

2. 早餐俱乐部(Breakfast Club)

早餐俱乐部是在学校开放时间之前提前上班、需要有人照看孩子的父母的最佳选择。它在儿童上学前提供早餐及活动,一般集中于 07:30—09:00 这一时间段(不同地区学校略有差异)。服务内容包括两个方面,一是为儿童提供早餐;二是在这一时间段开展活动。每顿早餐均有健康配比的各种食物,包括华夫饼、贝果、水果面包、煎饼、麦片、吐司、果汁、牛奶、水和水果等,以保证学龄儿童上午的能量供给。"早餐会"一般由一名工作人员监督,他会努力让它成为孩子们进行社交的场合,并在孩子们自己动手制作和准备早餐的过程中,发展他们的独立性。另外,还会安排一些安静的活动,包括集体游戏和在正式上学前能放松一下的活动。[①] 比如,纽伯勒儿童早餐俱乐部早上 7:45 开门营业,营业至早上 9:00,具体活动安排如下。

07:45 儿童俱乐部开放。

07:45—08:30 儿童到达,提供早餐,让儿童自由玩耍。

08:20—08:25 儿童有机会在室外操场上奔跑,培养其健康积极的生活方式。

08:30 打包早餐,也是早餐截止时间。

08:35—08:45 收拾房间,请孩子们收拾好自己的物品,准备离开俱乐部。

08:40 由一名儿童完成晨间检查表。

08:45—09:00 带孩子们到自己的班级。[②]

3. 课后俱乐部(After-School Club)

课后俱乐部一般由政府、志愿组织或私营机构来运作。它们通常设有线上网站,网站会标明俱乐部的服务形式、内容和收费等,家长可以根据自己的需求在网上进行选择。[③] 通常在放学后 15:30—18:00 为儿童提供创造性游戏活动来开发其潜力,主要内容包括帮助孩子完成家庭作业,聆听孩子的朗读以及各类娱乐活动、兴趣小组等。娱乐活动主要针对低年龄段儿童(3 至 6 岁学龄前儿童),内容有艺术与手工、戏剧与音乐、合唱团、桌面游戏等。兴趣小组主要针对高年龄段儿童(7 至 14 岁学生),以俱乐部形式开展,包括家庭作业俱乐部、球类运动俱乐部,机器人俱乐部、STEM 俱乐部等。

4. 假期俱乐部(Holiday Club)

假期俱乐部则负责组织学生的假期活动,如复活节假期和暑假活动,它有时也会被称为"游戏计划"(Play Scheme),时间一般为上午 8:00 至下午 6:00。假期俱乐部种类繁多,有私营机构在校内运营的,也有在校外场所运营的,如教堂等,还有

---

① Kidz Enterprise. Breakfast Club—Daily Price from ￡4.00-￡6.75[EB/OL]. [2024-06-16]. https://www. kidzenterprise. co. uk/clubs/breakfast-club.

② Newborough Kidz Club. Breakfast-Club[EB/OL]. [2024-06-20]. https://www. newboroughkidzclub. co. uk/breakfast-after-school-club/.

③ 张忠华,杨会聪.英国学龄儿童课后服务的发展与借鉴[J].教育科学研究,2021(11):11-17.

在社区运营的;俱乐部开展的活动丰富多彩,有公共场馆的参观体验、户外运动等。除了有组织的各类活动,俱乐部每天也会安排一些放松时间,以"自由选择游戏"为原则,允许孩子们根据自己的意愿做自己的事情。

上述几种类型是向英国教育标准局提出申请并正式登记注册的课后服务机构,这些机构依法接受英国教育标准局的监管。当然,也有一些机构会同时提供两种及以上的服务,如布兰普顿儿童俱乐部于 2010 年在英国教育标准局注册。它位于布兰普顿村小学,同时开设了早餐俱乐部、课后俱乐部和假期俱乐部,专门为 4 至 11 岁的儿童提供丰富多彩的活动。早餐俱乐部和课后俱乐部在周一至周五学校上课期间营业,时间为上午 8 点至上午 8:55,下午 3:05 至下午 6:00,提供茶点、新鲜水果、蔬菜、手工艺、户外游戏、电视/视频、Wi-Fi、桌上足球、台球、乒乓球、棋类游戏、拼图、乐高等。俱乐部有 15 名儿童保育员,工作人员需要获得游戏工作、儿科急救和基本食品卫生方面的 NVQ 2 级和 3 级证书。该俱乐部 2014/2015 年度被英国教育标准局检查评定为"优秀"。假期俱乐部在大部分学校假期以及大部分教师培训日开放,一般运营 9 周,时间为星期一到星期五上午 8:00 至下午6:00。[①]

除此以外,还有民间自发组织成立的、未在英国教育标准局注册过的机构或个人提供的课后服务,以其时间灵活、距离近等优势吸引受众,而且由于规模较小,未纳入有关部门的监管体系,如课后保姆、保育员和祖父母护理等,在英国课后服务中发挥了重要作用。

（四）英国课后服务的师资

在英国,提供正式课后服务的主体是教师。课后服务人员的资质是影响课后服务质量的一个重要因素,因此,英国政府对师资有明确的规定,对于在英国教育标准局注册的早餐俱乐部、课后俱乐部和假期俱乐部,工作人员配备比例取决于所照管儿童的年龄,如规定 3 至 7 岁年龄儿童的师资配比为 13∶1,对于 8 岁以上儿童,规定在服务的任何时间至少要有两名工作人员值班,比例为 10∶1。[②] 除了儿童与工作人员比例,英国教育标准局对照管这些儿童的工作人员的资质也提出要求:首先,明确从事课后服务的教师要有教育学位、青年工作者等认证;其次,课后服务人员要有在职培训经历及工作经验,即具备履行其职责所需的技能和经验,还必须具备每节课所需的其他技能或经验,如必须持有 12 小时儿科急救证书、接受过儿童保护培训、接受过食品卫生培训、完全掌握英语等;最后,针对学龄儿童服务人员,设定了最低资格水平,二级（中级）要求有约一年的工作场所培训,三级（高级）需要两年以上关于专业技术和管理的相关培训,合格方可上岗。

---

① Brampton Kids Club. Holiday Clubs[EB/OL].[2024-06-18]. https://bkcltd. co. uk/holiday-clubs/.
② 陶享荣,刘梅梅. 基于公共价值的英国课后服务体系的特征及启示[J]. 外国教育研究,2022(9):49-63.

（五）英国课后服务的经费来源

在英国,课后服务费用的主要承担者是家长。家长根据家庭收入情况、服务内容、服务质量、儿童年龄以及服务的可获得性来自主选择课后服务类型。在几种正式的课后服务类型中,假期俱乐部收费最贵,每天服务 8～10 小时,周平均费用达到 137.41 英镑,早餐俱乐部在每天上学前服务 1～2 小时,周平均费用 15.65 英镑,课后俱乐部每天放学后服务 3 小时,周平均费用 55.8 英镑。高昂的服务费用给家长带来了沉重的经济负担。因此,英国政府在加大对课后服务专项资金拨款力度的同时,积极呼吁企业、慈善机构及志愿团体等进行捐助,利用多方渠道筹措资金来保证课后服务的正常运行。政府也会通过"以补代发"的福利政策来保障弱势群体的家庭子女也能享受到优质的课后服务。补助的形式包括对课后服务人员的鼓励扶持金、家长申领的免税照顾与通用福利。

1. 鼓励扶持金

对于愿意从事课后服务的人员,政府为其补助 250 英镑(约合人民币 2200 元)用于启动扶持,包括培训费用、英国教育标准局的申请注册费用和保险费用等。[①]

2. 免税照顾

免税照顾(Tax-free Childcare)是儿童课后服务补助的主要形式,由家长在教育标准局统一入口申领。免税照顾适用于没有享受工作税收抵免与通用福利且有 11 岁及以下儿童(若是残疾儿童则为 16 岁及以下)的家庭,家长如果平均每周至少挣不低于全国最低工资的 16 个小时的生活工资,可以选择免费获得 30 小时的延长津贴或工作税收抵免(免税托儿服务)。符合条件的家庭每年最高可为每个孩子申请 2000 英镑的托儿费(若是残疾儿童,每年最高可获得 4000 英镑),包括早餐俱乐部、课后俱乐部和假期俱乐部的费用。具体的操作是:符合条件的家长通过 GOV. UK 网站建立一个在线托儿账户,家长每向该账户存入 8 英镑,政府就会立即再向该账户充值 2 英镑,全年最多可充值 2000 英镑。然后,家长就可以使用托儿账户中的资金支付在免税儿童保育机构的儿童保育费用。[②]

3. 通用福利

通用福利(Universal Credit)的使用人群是正从事有偿工作或次月开始工作的父母,如果孩子使用了在英国教育标准局注册的服务机构提供的托儿服务,包括假期俱乐部、课后俱乐部和早餐俱乐部,则可以为孩子申请托儿费用,直到他们年满 16 岁。通常是家庭先支付托儿费用,然后再向 Universal Credit 提出申请,Universal Credit 会返还部分费用,返还比例最高可达 85%。具体返还的金额,取决于家庭的收入。每个评估期(每个月)获得的最高金额为 1 名儿童 1014.63 英

① 陶享荣,刘梅梅.基于公共价值的英国课后服务体系的特征及启示[J].外国教育研究,2022(9):49-63.

② Out of School Alliance. Tax-Free Childcare and OSCs[EB/OL]. [2024-07-20]. https://www.outofschoolalliance. co. uk/tax-free-childcare.

镑,2 个及以上的儿童可获得 1739.37 英镑。但需要指出的是,通用福利不能与免税照顾同时申领。[①] 详见表 3-1。

表 3-1　英国政府对家庭托儿服务的补贴费用、条件

类型	对象	条件	补贴标准	备注
免税照顾	11 岁及以下儿童(若是残疾儿童则为 16 岁及以下)	家长平均每周至少挣不低于全国最低工资的 16 个小时的生活工资	政府补贴 20%,每个孩子全年最多可获得 2000 英镑,残疾儿童每年最高可获得 4000 英镑	不能同时享受工作税收抵免与通用福利
通用福利	16 岁及以下的儿童青少年	家长正从事有偿工作或次月开始工作	最高可获得 85% 的托儿费用补贴,家庭每个月获得的最高金额为 1 名儿童 1014.63 英镑,2 个及以上的儿童 1739.37 英镑	不能同时享受免税照顾

(六) 英国课后服务的评估监管

1. 评估内容

英国教育标准局(Office for Standards in Education,Ofsted)是为各年龄段学习者提供教育和技能服务的机构,也是负责监督、检查、评估和指导儿童保育工作和青少年服务机构的部门,是英国课后服务质量的唯一评定者。它主要从三个方面对课后服务进行评价。[②]

第一,课后服务的灵活性。首先是时间的灵活性,英国课后服务涵盖上学前、放学后以及假期上午 8 点到下午 6 点的任意时间;其次是场所的灵活性,充分利用社区资源,如公共场馆、多功能室等,为儿童提供不同类型的课后服务;再次是覆盖范围的灵活性,课后服务覆盖到每一个家庭,家长可就近、便捷选择;最后是内容的灵活性,选择的多样化决定了每个儿童可根据自身需求选择课后服务内容。

第二,课后服务质量。目前还缺乏关于过程质量的可测量数据,其质量主要通过以下三个方面评定:一是儿童与工作人员比例(child to staff ratio);二是最大群体规模(maximum group size);三是工作人员资格(qualification of staff)。

第三,可负担性。首先,让课后服务对于家长来说更容易获得且能够负担得起;其次,鼓励新的课后服务提供者进入市场并接受直接监管,将资源集中于支持儿童的需求;最后,通过支持较弱的课后服务提供商来促进市场竞争,贯穿学龄儿

---

① Department for Work and Pensions. Universal Credit Childcare Costs[EB/OL]. (2024-04-08)[2024-07-16]. https://www.gov.uk/guidance/universal-credit-childcare-costs.

② 陶享荣,刘梅梅.基于公共价值的英国课后服务体系的特征及启示[J].外国教育研究,2022(9):49-63.

童课后服务的全过程。

2. 评估过程

具体而言,教育标准局对课后服务机构教育质量的评估活动为开展检查活动、提供评估结果。

1) 展开检查活动

检查员进入俱乐部后,通常会开展以下检查活动。①

(1)检查员与管理人员和其他工作人员交谈,了解俱乐部的管理情况,参观儿童使用的俱乐部所有区域。

(2)检查员陪同工作人员在放学时到学校接孩子。

(3)检查员与儿童和家长进行交谈,了解他们对课后服务机构办学质量的看法。

(4)检查员抽查一些重要文件,包括工作人员的适宜性证明以及安全保障和急救培训证书等。

(5)检查员通过观察儿童的活动,就游戏、学习和进步的情况进行讨论。

(6)检查员审查机构的自我评估文件。

2) 提供评估结果

教育标准局总督学在对课后服务机构检查评估后,必须就以下事项作出书面报告。②

(1)教育机构对其服务的儿童福祉的贡献。

(2)教育的质量和标准。

(3)所提供的教育在多大程度上满足了所接收的各类儿童的需要。

(4)与教育有关的领导和管理的质量。

最后对上述四个方面给出评价等级。

三、德国

德国的"课后服务"(Außerunterrichtliche Angebote)主要包括由全日制学校组织以及与课后托管中心共同承担来为所有儿童和青少年提供的良好的全天看护和教育服务,在促进学生全面发展的同时,帮助父母协调工作与家庭的关系。③

(一)德国中小学课后服务的发展历程

根据对现有文献资料的梳理,德国的课后服务诞生于19世纪70年代,其发展历程大概可以划分为如下几个阶段。

---

① Ofsted. Inspection Report 2020 [R/OL]. (2020-02-05) [2024-07-15]. https://bkcltd. co. uk/wp-content/uploads/2020/02/ey413650-inspection-report-2020. pdf.

② Legislation. gov. uk. Childcare Act 2006 [EB/OL] (2008-09-01) [2024-07-12]. https://www. legislation. gov. uk/ukpga/2006/21/section/50.

③ 黄旖旎. 德国校内课后服务政策研究[D]. 上海:上海师范大学,2023.

1. 19 世纪后半叶—二战前

德国的课后服务诞生于 19 世纪 70 年代。1872 年 7 月,德国埃尔朗根大学教育学教授施密德·施瓦岑贝格(Schmid Schwarzenberg)在埃尔朗根创立了"向日葵男孩托管中心"(Knabenhort Sonnenblume),这是德国最早的学龄儿童课后服务机构。该中心以"儿童教育"为核心理念,为贫穷家庭的男孩们提供了一个课后监管与陪伴的家园,他们可以在这里进行简单的劳动或做体操、唱歌、绘画、阅读等活动,直到父母前来接走。随着"向日葵男孩托管中心"的成功运行,德国各大城市也相继创办了男孩托管中心。课后托管中心在德国被社会广泛接受,随后第一个女孩托管中心也在柏林建立。至 20 世纪上半叶,德国已有 950 个课后托管中心。[①]1911 年,"德国青年福利中心"在德累斯顿召开了第一届儿童保育会议,商讨如何解决"无人看管的学童"问题,最后提出将课后托管中心作为青年福利机构。[②] 经半个多世纪的发展,德国中小学课后服务已初步形成由国家青少年福利部门主管,各市、区政府以及教会、福利组织提供,对因父母工作在课后无法得到监管和教育的学龄儿童进行监督并陪伴学生完成学校作业,有一定的师资质量保障措施的体系。

2. 二战后—20 世纪 90 年代

二战结束后,德国分裂为德意志民主共和国(东德)和德意志联邦共和国(西德)。课后服务也随着德国的分裂发生显著变化。因东德西德不同的意识形态与社会经济状况,课后服务在两地呈现出明显的差异。

在东德,课后托管中心虽然仍承担为学生提供课后服务的任务,但其性质已由社会教育机构转变为学校教育的组成部分,并逐渐显现出正规性、全国性、受众广、公益性的特点。随着社会对课后服务需求的激增,课后托管中心受到政府的高度重视,不仅被纳入义务教育体系,直接由教育部负责,而且得到了立法上的肯定。1959 年,课后托管中心被纳入《学校法》(Schulgesetz),以立法的形式规定学龄儿童接受课后服务的权利。因此,在组织结构上,课后托管中心不再属于社会教育机构,无论它是设在学校还是其他空间,都变成了学校教育不可分割的部分。在服务内容方面,除了沿用传统课后托管中心提供的生活照料、作业辅导、兴趣特长培养等外,还增加了公民教育,并安排合唱、社会劳动等集体活动,以培养学生的社会主义责任感。

但在西德,课后服务的开展并不理想。由于缺少有效的政策支撑、正确的教育理念,课后托管中心的课后服务制度被严重弱化,服务范围也在不断缩小,课后托

---

① 于博,杨清溪.德国课后服务体系:发展历程、现实模式及价值取向[J].比较教育学报,2022(3):37-49.

② Ralf Augsburg. Hort und Ganztagsbildung in Sachsen [EB/OL]. (2013-09-13) [2024-07-16]. https://www. ganztagsschulen. org/de/kooperationen/kooperationen-und-partner/hort-und-ganztagsbildung-in-sachsen. html? nn=605460.

管中心被定位为福利机构,专门为生活条件困难、来自单亲家庭或具有移民背景的儿童提供照料活动,社会对它的接受度并不高。

3. 两德和平统一——全日制学校改革前

1990年,随着两德的和平统一,德国的中小学课后服务迎来新的发展契机。前东德各州全面并入联邦德国,其课后服务的理念与经验也融入其中,联邦政府开始加强对课后服务立法的支持与保障。1991年,德国《社会法典第八部——儿童与青少年专业工作法》(Sozialgesetzbuch Ⅷ—Kinder and Jugendhilfe)开始实施,明确了课后托管中心的任务及目标,指出课后服务是青少年的一项法定福利,应该负责促进儿童养成独立的、有社会责任感的人格;支持和补充家庭的教育和化育任务;帮助父母兼顾好外出工作和照顾孩子的关系。[①]

4. 全日制学校改革以来

长期以来,德国都有重视家庭教育的传统。因此,曾经德国的大多数学校都是半日制学校,学生只在上午接受学校正规教育,中午就放学,学校并不提供午餐服务。但这需要父母中的一方(多半是母亲)兼职或无业在家照料孩子。后来由于经济的发展,"双薪父母"越来越多,为了兼顾父母工作和家庭生活的需求,德国的全日制学校应运而生。因此,最初的全日制学校是在教育、培养和照顾儿童的指导原则下发展而来的。进入21世纪后,经济合作与发展组织(OECD)的国际学生评估项目(PISA)研究成为德国全日制学校迅速发展的重要政策推动力。2000年,德国学生首次全面参加PISA项目测试,结果却非常糟糕。学生在阅读、数学以及科学这三项方面的测试成绩均在OECD平均分之下,而这些科目在培养学生的重要技能方面无疑起着核心作用。这一事件引发了德国教育界和舆论界的强烈震惊,甚至被冠名"PISA震惊"[②]。对此,德国政府开始反思半日制学校缩短学生在校时间引起教育质量下滑的问题,2001年12月,教育部长会议决定共同努力提高德国教育系统的质量,包括采取措施扩大全日制学校和课外计划,以扩大个人教育和支持机会。这一改革得到了"未来教育与托管"(IZBB)投资计划的资金支持,从2003年到2009年,全国范围内共有8262所学校获得了IZBB资金的支持。2011/2012学年,德国54.3%的小学和初中普通教育学校已经提供全日制课程。[③] 德国的课后服务也由原来的公益性托管中心提供转为由全日制学校与课后托管中心共同负责,并且呈现出全日制学校逐渐承担主要责任的趋势。

2020年,德国教育和文化事务部长常设会议及青年和家庭事务部长会议通过的《发展和扩大初中全日制合作教育建议》明确指出,全日制合作教育有助于为学

① 于博,杨清溪.德国课后服务体系:发展历程、现实模式及价值取向[J].比较教育学报,2022(3):37-49.

② 黄旖旎.德国校内课后服务政策研究[D].上海:上海师范大学,2023.

③ Bundesministerium für Bildung und Forschung. Begleitforschung[EB/OL].[2024-10-12]. https://www.ganztagsschulen.org/de/forschung/einfuehrung/einfuehrung_node.html.

生提供深入的个人支持和个人发展,也有助于在教育平等和机会平等方面使个体出身与教育成功脱钩。在初中阶段组织合作式全日制教育计划,需要学校和青少年福利系统(包括青少年工作/校外青少年教育)之间的共同建设与合作。在此基础上,来自体育、文化、商业、协会和志愿者等领域的其他重要教育合作伙伴,可以对教育计划进行补充,从而更好地满足青少年的兴趣和发展需求。学校管理层全面负责学校全日制课程的组织和实施,教师作为各学科教学和教学法的专家,负责(专业课和补习课)的实施。总之,德联邦各州已充分认识到提供全日制教育的必要性,并一直持续扩大全日制学校的规模。2017 年,1162269 名学生就读于全日制学校;到 2021 年,这一数字已上升至 1367877。2021 年,联邦政府又出台《全天支持法》,规定了儿童获得全天支持和照顾的法定权利,并决定将这一权利逐步扩大,计划从 2029/2030 学年起,一至四年级的每名儿童都有权在每个上学日获得 8 小时的全日支持和照顾。除了在数量上扩大全日制教育和保育计划外,联邦政府还认识到对儿童和青少年的个人支持产生影响的并不是全日制学校的延长时间本身,而是延长时间内提供的服务质量。因此,2023 年 10 月 12 日,德国教育和文化事务部长常设会议决议通过了《进一步提高小学学龄儿童全日制学校及其他全日制教育和保育计划教学质量的建议》,各州就什么是良好的全日制教育达成一致意见,并在全日制教育和儿童保育计划的教学设计,全日制课程的管理和组织,活动时间安排,学校和非学校利益相关者的合作,工作人员与儿童、家长的合作,全日制学校和保育服务机构、青少年福利服务机构的合作,儿童生活和学习空间的设计以及全日制教育质量审查等 12 个方面提出建议,其目的是为高质量的全日制课程应包含的内容提供具体指导,从而使全日制学习成为真正意义上的教育和保育课程,为进一步提高全日制正规和非正规学习的质量提供动力。[①]

（二）德国课后服务的类型

由于联邦制的国家结构,德国各联邦州的课后服务模式不尽相同,总体有如下三种。

1. 全日制学校(Ganztagsschulen)独立承担型

全日制学校独立承担型是指学生放学后,直接由所在学校提供课后服务。2004 年,各州教育和文化事务部长常设会议在出于统计目的给全日制学校下的定义中,就什么是全日制学校达成了基本共识,其认为全日制学校包含三个核心特征:每周至少提供三天、每天至少七小时的全日制课程;为参加全日制课程的学生提供午餐;全日制活动是在学校管理层的监督和负责下组织开展的,并与非学校组

---

① Kultusministerkonferenz. Empfehlungen zur Weiterentwicklung der pädagogischen Qualität der Ganztagsschule und weiterer ganztägiger Bildungs und Betreuungsangebote für Kinder im Grundschulalter [EB/OL]. (2023-10-12) [2024-07-17]. https://www. kmk. org/fileadmin/Dateien/veroeffentlichungen _ beschluesse/2023/2023_10_12-Ganztag-Empfehlung. pdf.

织密切合作,在概念上与课程相联系。①

例如,沃尔施塔特 IGS 学校(IGS Wörrstadt)就是一所全日制学校,自 2005/2006 学年起提供全日制课程,从上午 8 点到下午 4 点,学生们在全日制班级中共同学习。该学校的目的是为儿童和青少年提供更多的支持,让他们有更多的时间发现自己的兴趣和倾向,并通过与同龄人一起做事情来发展这些兴趣和倾向。在这所全日制学校的教学楼里,学生们可以使用根据全日制学校的要求而专门改造的房间,如食堂、安静室、娱乐室等。在学习时间,学校会安排孩子们熟悉且通常亲自教他们的老师来监督。午休时间和工作小组活动则由外聘人员和学校的两名教育专家组织。学校加强与外部伙伴、协会和俱乐部的持续合作,不断丰富全日制教育计划。食堂提供健康多样的午餐,学生每天可以在两种菜单中选择,一份素食菜单和一份清真菜单。午休时间有专人看管,学生可进行各种游戏、运动和休息活动。下午的活动包括 Sam S,AG 计划或学习时间等各种内容。Sam S,即"学生与学生合作",是一种同伴学习概念,具体指来自高年级组的学生接受培训后成为学习辅导员,在全日制学校的学习时间与低年级学生一起学习。② AG 计划(AG-Angebote),一般在星期二早上 7 点和周四早上 8 点或 9 点进行。周二的项目有柏林-AG(十年级)、SV-AG、编织、合唱团、综合乐队、弦乐团、舞蹈俱乐部(六至九年级)、学校救护车服务(从七年级开始)、调解员(从五年级开始);周四的项目有机器人技术、中文、阅读俱乐部、社交俱乐部、足球俱乐部、花园/烹饪、创意俱乐部、剧院、学校辅助医务人员培训。③

2. 半日制学校(Halbtagsschulen)与课后托管中心(Hort)合作型

半日制学校与课后托管中心合作型是指学生从半日制小学放学之后,再到配套的课后托管中心接受课后服务。有些课后托管中心设在学校,但有独立的校舍,有些则与学校使用同一校舍(双重用途)。在课后托管中心的学生可以吃午饭,以及得到家庭作业的辅导,服务时间持续到 16 点或 17 点。不过,课后托管中心也经常会和课外活动合作伙伴开展合作,如体育俱乐部、音乐学校、女子俱乐部等,以便更好地开展教育和保育服务,满足儿童和青少年的需求。

3. 混合型

混合型是指该地区既有将原隶属于校外福利机构的公益性托管中心纳入全日制小学,由小学统筹安排承担课后服务的情况,又有维持半日制学校与公益性托管

① Kultusministerkonferenz. Empfehlungen zur Weiterentwicklung der pädagogischen Qualität der Ganztagsschule und weiterer ganztägiger Bildungs und Betreuungsangebote für Kinder im Grundschulalter [EB/OL]. (2023-10-12) [2024-07-17]. https://www. kmk. org/fileadmin/Dateien/veroeffentlichungen _ beschluesse/2023/2023_10_12-Ganztag-Empfehlung. pdf.

② IGS Wörrstadt. Ganztagsschule[EB/OL]. [2024-11-03]. https://gfg-woerrstadt. de/ganztagsschule.

③ IGS Wörrstadt. AG-Angebote[EB/OL]. [2024-11-03]. https://gfg-woerrstadt. de/ag-angebote.

中心合作来开展课后服务的情况。此类型适用于德国的大部分联邦州。①

（三）服务时间

为满足不同家庭的需求，德国课后服务在时间上具有一定的开放性，提供不同的时间段供家长选择。全日制学校不仅可在周一至周五的上学日提供课后服务，也可以在假期提供课后服务。其中，上学日的课后服务划分为早间服务、午休时间服务、下午服务与晚间服务四种类型。假期是指国家规定的节假日，如秋假、复活节、寒暑假等，在此期间，都可为学生提供长时段的课后服务。② 家长可以根据自身的工作时间提前进行申请，保证了家庭和事业的高度兼容性。

（四）服务内容

德国追求优质的课后服务，在课后服务内容的设计方面尽可能做到涵盖范围广泛且全面。以全日制学校为例，在课后服务时间里，学校为学生们提供健康午餐、个性化学习指导、各类实践活动与文娱活动，充分满足儿童的兴趣和需要。根据德国营养协会的标准，全日制学校为儿童提供健康午餐，全日制教育和保育服务的餐饮理念是对儿童福祉的重要贡献；个性化学习指导旨在满足学生个体的日常学习需求，为有意愿的家长和学生提供个别指导与个人支持，从而有助于减少基于其背景的教育差异；实践活动强调促进解决问题的能力；文娱活动引导学生积极地安排空闲时间，培养兴趣。所有活动由学校工作人员和（或）课外活动合作伙伴的工作人员组织，学生的参与可以是强制性的，也可以是自愿的。例如，巴伐利亚州的全日制学校在课后服务时间会提供强制性的学习时间或家庭作业监督，以加深学生所学知识。除了拓展学习和支持机会外，德国的课后服务还会通过组织各种活动加强儿童青少年的社交技能和个性。例如，Schenkelsberg（申克尔斯堡）从2011 年开始提供全日制服务，通过教师和来自卡塞尔地区的课外合作伙伴提供舞蹈俱乐部、吉他俱乐部、艺术俱乐部、写作工作坊、计算机俱乐部等。③

此外，为弥补全日制学校和课后托管中心在人员、场地、资源等方面的不足，政府鼓励全日制学校、课后托管中心与青少年福利系统（包括青少年工作/校外青少年教育）之间的共同建设与合作。在此基础上，来自体育、文化、商业、协会和志愿者等领域的其他重要教育合作伙伴对教育计划进行补充，以增强课后服务的有效性与实践性。比如，柏林的 Schule an der Dahme 是一所开放的全日制学校，自2013 年推出课后服务，依靠课外合作伙伴及其专业知识实施了大约 23 个活动项目，包括键盘俱乐部、嘻哈、表演艺术、花园俱乐部、烹饪、体育青年俱乐部等。每周

① 于博，杨清溪.德国全日制小学课后服务模式研究——以柏林州为例[J].外国教育研究，2022(5)：34-46.

② 黄旖旎.德国校内课后服务政策研究[D].上海：上海师范大学，2023.

③ Schule Schenkelsberg. Kultureller Schwerpunkt［EB/OL］.［2024-11-03］. https://www. schenkelsbergschule. de/kultureller-schwerpunkt.

有四天,学生可以在下午选择上述活动项目。其中体育青年俱乐部是体育和青年社会工作协会的一个项目;嘻哈、表演艺术等由音乐学校或其他企业、组织来实施;花园俱乐部则由学校和 Kreuzberg 公主花园合作。①

（五）服务人员及其资质

德国参与中小学课后服务的人员构成较为复杂,既包括课后托管中心与全日制学校的教师,也包括家长志愿者、体育和文化教育等机构的教育专家。由于不断增长的课后服务需求,全德范围内需增加专业师资力量才能保证课后服务,有机构预测 2029/2030 学年需招聘约 57000 名托管人员。② 多元化的组织者和师资决定了课后服务的多样性与灵活性。但无论类别,他们都需要达到各联邦州关于课后服务从业人员资质认证法案的标准后才可以上岗。比如,柏林州的《社会职业认可法》(Sozialberufe-Anerkennungsgesetz)对从业人员的学历、专业背景、实践经历等进行了详细的规定。教学专业人员与学生的比例在 1∶20 左右。除了需要达到法定标准外,德国所有联邦州都十分重视教育工作者的职前教育与职后培训,以确保课后服务从业者的资质达到相关要求。

（六）服务费用

作为欧洲福利国家的代表,德国有着全球最大而健全的社会保障体系之一,早已将课后服务作为社会福祉的组成部分,因而德国课后服务经费的主要来源是国家财政经费。③ 国家财政经费主要由联邦政府经费和州政府经费构成。为支持全日制学校的发展,通过"未来教育与托管投资计划"项目,德国已累计向各联邦州提供 40 亿欧元的资金。

由于在实践过程中场地、师资愈发紧张、资金短缺、机构数量不足的问题日益严重,为保障课后服务稳定的经费来源,德国也会根据学生家庭收入与所选择的课后服务项目酌情收取一部分课后服务费用,不足的部分再由政府补贴。据统计,德国每个家庭在课后托管服务方面的花费平均每月约 50 欧元,在德国人均税前月收入 4000 欧元中,占比较低。④ 此外,还有相应的费用减免政策,如家庭中有多个子女,每个子女的费用分摊应相应地减少:有两名子女的家庭减少到 80%,有三名子女的家庭减少到 60%,有四名及以上子女的家庭减少到 50%;对于一至三年级的学生,在假期期间免费提供托儿服务。

① Ralf Augsburg. Schule an der Dahme:Ganztagsangebote als Lernorte[EB/OL]. (2019-06-21)[2024-07-17]. https://www. ganztagsschulen. org/de/ganztagsschule-vor-ort/schulportraets/schule-an-der-dahme-ganztagsangebote-als-lernorte. html? nn=605460.

② 余雅风,褚天.德国学生托管制度的规范重点、特征及其启示[J].中国教育法制评论,2022(2):176-187.

③ 于博,杨清溪.德国全日制小学课后服务模式研究——以柏林州为例[J].外国教育研究,2022(5):34-46.

④ 陈曦慧.德国课后托管服务经费来源政策现状及启示[J].教学与管理,2023(9):73-76.

　　综上,德国课后服务体现了如下特点。首先,德国社会始终将课后服务视为政府责任,联邦政府及各州在全日制学校改革前后都投入了大量的经费,同时还建立了一套公平的课后服务经费分摊机制,根据不同家庭的收入情况、子女数量以及选择的课后服务类型综合设定了各家庭需要分摊的费用,凸显了课后服务的公益性。

　　其次,兼顾家庭和儿童的需要,突出课后服务的需求导向。德国全日制学校基于对教育和所有儿童和青少年需求的理解,不断扩大规模以及延长儿童和青少年在全日制学校学习的时间,给儿童和青少年(特别是那些需要特殊教育和支持服务的儿童)提供个性化支持与社会学习的可能性。在兼顾社会发展、儿童看护、兴趣培养的同时,有效促进不同阶层学生的共同发展,缓解家长工作与看护孩子的冲突。

　　再次,通过丰富课后服务的内容,突出教育价值,而不仅仅是保育。德国全日制学校课后服务在内容上进行了精心的设计,它将学生的认知、社会、情感、运动和创造性活动合理地混合在一起,并在一天中按不同的强度和顺序进行,通过灵活的时间结构提供广泛的学习机会,为个人提供更多支持,避免了课后服务沦为简单的看护的尴尬局面,确保课后服务教育价值的充分发挥。[①]

　　最后,全日制学校与保育计划的提供者以主动、开放的态度与青少年福利组织、其他课外合作伙伴深入合作,建立强有力的伙伴关系,以突破学校人员、场地、资源的限制,提供灵活的时间和开放的学习体验空间,开辟了多样化的教育天地,为儿童和青少年创造更多的学习支持和课外实践的机会。

四、澳大利亚

　　澳大利亚的课后服务通常称为课外看护(Out-of-School-Hours Care,OSHC)或学龄儿童看护(School Age Care,SAC),主要指为 5 至 12 岁的学龄儿童在放学前、放学后和假期提供游戏和娱乐活动,满足儿童生理、心理、情感、娱乐、创新力等发展需求的服务。[②] 澳大利亚的课外看护融合了社会性、教育性和娱乐性,但聚焦点在看护与娱乐上,而非学业教育,它包含在澳大利亚“儿童看护”和“儿童保育”教育中,由澳大利亚儿童教育与保育部管理。[③]

(一)澳大利亚课后服务的发展历程

　　自 20 世纪 70 年代产生,澳大利亚课后服务到现在已有近 60 年的发展历史,

　　① 林兰馨.德国中小学课后服务体系镜鉴[EB/OL].(2022-10-21)[2023-12-10].https://zfd.zisu.edu.cn/info/1094/2994.htm.

　　② Fay Hadley,Manjula Waniganayake,Zinnia Mevawalla,et al. Keeping Children Safe in Out-of-School-Hours Care:Perceptions of Staff and Managers of One Provider in Sydney,Australia[J].Child Abuse Review,2021(30):318-331.

　　③ 唐科莉.澳大利亚:课外托管的重点是看护和娱乐[J].上海教育,2016(11):32-37.

主要经历了三个阶段。[①]

1．起步阶段(20世纪70年代)

二战之后,澳大利亚开始大力发展经济,国内工作机会大增,大批妇女涌入劳动力市场,澳大利亚的妇女就业率不断上升,双职工家庭的数量日益增多,解决学生的课后时间与父母下班时间的冲突成为一个主要问题,儿童课后看护服务出现巨大需求,于是课后服务机构应运而生。1972年,澳大利亚社会经济学家伊娃·考克斯在新南威尔士开创了第一个"草根"小学生课后服务中心,这是具有私人、民间性质的第一个澳大利亚儿童课后服务机构。[②] 由于缺乏组织性和规范性,澳大利亚政府开始干预、引导儿童看护以及课后服务的工作,政府也为小学学龄儿童的非营利性社区课后服务提供资助。最初课后服务的主要目的是满足儿童的娱乐和社交需求,随着联邦政府参与资助服务,满足工作父母的儿童保育需求成为重点。[③]

1974年,澳大利亚宣布成立儿童委员会,对所有课后服务机构进行有计划的管理,负责相关政策的制定。同年12月,儿童委员会开始向课后服务投入资金,以财政补贴的形式向各地课后看护中心拨款,但资助额度非常有限。1975年由政府开办的第一个儿童课后看护服务机构兼娱乐中心成立;1976年,澳大利亚的儿童保育办公室(Child Care Office)也随之成立,主要负责全国儿童课外看护中心的管理。

在此阶段,政府虽然开始重视和参与管理课后服务的工作,也给予一定的资助,但因提供的资金极其有限,儿童课外看护服务仍然处于较低水平。

2．规范阶段(20世纪80年代)

20世纪70年代末、80年代初,澳大利亚社会安全部针对儿童课外看护服务,尤其是资金资助问题,进行了讨论与研究。1986年社会服务部联合联邦公共服务委员会提出了《校外看护、假期看护及高危娱乐场所管理经营计划》,对澳大利亚国内儿童课外看护服务的资金来源、计划运营、质量标准等作出了具体规定。这份文件第一次系统地对儿童课外看护的各方面作出明确要求,是一份具有里程碑意义的政策文件,使得澳大利亚课后看护进入规范化发展之中。[④]

在这一阶段,澳大利亚明确了对课后看护服务的政策规定,推动了此项目在全国范围内的规范发展,获得政府资助的儿童课后看护服务机构数量也迅速增加。

3．发展阶段(20世纪90年代至今)

为减轻低收入家庭的课外托管服务负担,1990年7月,政府首次为使用课前、

① 曾佳怡,刘宇航.澳大利亚课后服务制度设计及实施成效研究[J].社会治理,2022(3):65-72.

② 代俊,庞超.澳大利亚儿童课外看护教育服务与启示[J].外国中小学教育,2012(7):18-22.

③ Helen Moyle,Paul Meyer,Ann Evans. Outside School Hours Care Services in Australia 1996[R/OL]. [2024-10-15]. https://www. aihw. gov. au/getmedia/685f4b5e-d761-415d-86d8-5f41d83256b2/oshcsa96. pdf. aspx? inline=true.

④ 唐科莉.澳大利亚:课外托管的重点是看护和娱乐[J].上海教育,2016(11):32-37.

课后托管服务的家长提供特别课外托管费减免。从 1992 年起,在全年看护模式下资助的假期看护服务也可享受此类费用减免。1994 年 7 月,联邦政府又推出了"托儿现金退费",13 岁以下儿童的家长可申请该退费。与此同时,政府还逐渐扩大对托管机构的资助范围,在 1999 年之前,只有非营利组织,如社区组织、地方政府、宗教和慈善组织以及根据州和地区立法成立的学校董事会或理事会,才有资格在学校之外获得 CP(联邦托儿计划资助)。但从 1999 年 7 月起,私营机构也可以接管现有的由联邦资助的课外托管服务,并以其自身的名义接受 CP 资金资助。1994 年至 1997 年间,CP 资助的课前、课后托管机构数量增加了约 31%,从 1415 家增至 1859 家,而在全年托管模式下,受资助提供假期托管服务的机构数量也增加了近两倍,从 221 家增至 635 家。从 1994 年至 1997 年,使用课前、课后托管服务的儿童人数估计增加了 27%,而使用假期托管服务的儿童人数估计增加了 25%。[①]

随着课后看护服务的快速发展,澳大利亚开始重视课后服务质量的提升。2009 年,政府发布了能够确保国家儿童课后服务与教育优质状态的《早期儿童教育与保育国家质量框架》(以下简称《国家质量框架》)。除此之外,澳大利亚在课后服务的内容方面也加大了管理力度。2011 年政府颁布了《我的时间,我们的空间:澳大利亚学龄儿童看护框架》,目的在于继续将学龄儿童课外看护服务的内容规范化,确保儿童获得高水准、优质的教育与服务,培养儿童综合性个人能力,最大限度地发挥他们的潜力,并为未来的成功奠定基础。这是澳大利亚政府第一次以法律文件的形式确定课后服务的教育内容,为公立机构、私立机构乃至整个市场提供了基础性的参考。

由于政府政策的出台、人们关注度的高涨、机构资金的稳定,澳大利亚的儿童课外托管与课后服务需求不断增加。据统计,2018 年就有超过 450000 名儿童参加 OSHC。[②] 总之,澳大利亚课后服务经历了无政府组织到有政府参与的状态,在整个国家与社会中开始占据一定地位,其发展不仅体现出政府的管理作用,也体现出政策的干预作用。

(二)澳大利亚课后服务的主体

澳大利亚的儿童保教机构分为全日托、家庭日托、课外时间托管、居家托管、临时托管等多种类型,具体可归入三类承载主体。[③]

---

① Helen Moyle, Paul Meyer, Ann Evans. Outside School Hours Care Services in Australia 1996[R/OL]. [2024-10-15]. https://www. aihw. gov. au/getmedia/685f4b5e-d761-415d-86d8-5f41d83256b2/oshcsa96. pdf. aspx? inline=true.

② Ruth K. Crowe, Yasmine C. Probst, Rebecca M. Stanley, et al. Physical Activity in Out of School Hours Care: An Observational Study[J]. International Journal of Behavioral Nutrition and Physical Activity, 2021(18):127-135.

③ 曾佳怡,刘宇航. 澳大利亚课后服务制度设计及实施成效研究[J]. 社会治理,2022(3):65-72.

1. 学校

有些学校成立专门的委员会对课后服务进行管理,保障儿童在安全、舒适的环境下得到照顾。不同类型的学校,如公立学校、私立学校、独立学校、天主教学校等,在课后服务的内容设置上各有特色,但课后服务的规划、实施与监管则都是由学校委员会统一负责。由学校管理课后服务可以避免接送儿童产生的安全、成本问题,同时熟悉的环境及工作人员能够促进课后服务实施的连贯性及一致性。[①]

2. 社区

澳大利亚儿童课外看护服务的一个特点是以儿童住所就近为原则。有些看护服务机构往往与社区联系紧密,甚至就在社区中进行,因此社区课后服务也成为主要方式。[②] 社区由于靠近家庭或父母工作地点,更方便家长下班后接送儿童,也能使儿童安全得到一定的保证,而且儿童还可以广泛参与社区活动。

3. 社会服务机构

澳大利亚的课外看护机构既有设立在学校内部的,也有设立在社区内部的。据 1997 年统计,澳大利亚有三分之二以上的课前、课后、假期托管的机构在学校提供服务,其次是在社区建筑和"其他地点和房屋",仅有 5% 的假期托管服务在教堂提供。但这并不能满足社会与家长的课后服务需求,因此,社会服务机构是弥补有限资源的又一主体。社会服务机构的课外看护往往根据家长与儿童的需求,提供多样化、专业性的辅导与活动,有针对儿童学业的课外辅导,也有培养儿童特长的兴趣班。这类社会服务机构配有更专业的教师,提供高质量的服务,但收费也较高,家长需要投入更多的费用。

(三)澳大利亚课后服务的内容

澳大利亚课后服务以看护、娱乐为主,在此基础上提升儿童课外技能、归属感、成就感,因为其认为儿童只有在一个安全可靠的环境中,才会冒险探索所处的物质环境,其福祉和发展才能得到最好的支持。《我的时间,我们的空间:澳大利亚学龄儿童看护框架》承认游戏和休闲在儿童学习和发展中的重要性,强调儿童学习并不限于任何特定的时间或地点。该框架还认识到社交和情感发展以及交流在游戏和休闲学习中的重要性,并为确保所有学龄儿童在保育环境中的优质体验奠定了基础。因此,课后服务除了对儿童进行安全照看外,还需要开展一定的游戏与休闲活动,例如,体育、手工、科技、戏剧、烹饪、阅读、音乐、社会与情感学习等内容。服务时间一般为下午 3:15—6:00。有些课后服务机构除了提供课后托管外,还提供课前托管(通常为上午 7:30—8:30)和假期托管(通常为上午 7:30—下午 6:00)。但是,随着时间发展,小学生在知识教育方面的成绩不尽如人意。在国际学生评估项目(PISA)测试中,澳大利亚中小学生的阅读素养、数学素养、科学素养均位于十名

---

① 王雨萌.澳大利亚中小学课后服务研究[D].桂林:广西师范大学,2023.

② 代俊,庞超.澳大利亚儿童课外看护教育服务与启示[J].外国中小学教育,2012(7):18-22.

开外,与国际相比具有一定的差距。所以,澳大利亚课后服务有从看护、娱乐转向辅导、教育的趋势。[①]

(四)澳大利亚课后服务的师资要求

作为一项专业化的工作,澳大利亚课后服务对服务人员的数量、资质、专业水平和技能等方面都有严格的规定。师生比、教职员工的受教育程度是衡量服务机构质量的重要指标,同时也影响着课后服务的过程质量。在课后服务机构师生的最低比例方面,各州有些许不同,西澳大利亚为1∶10,首都领地为1∶11,其余各州为1∶15。师生比越高,意味着一名老师负责的儿童人数就越少,师生互动就会更为频繁,儿童在社交能力、服从性、合作性和学业方面的表现就会更好。此外,课外看护人还应该具备相应的资格。第一,从事课后服务的每两人中至少有一人进行过注册教师资格认证。澳大利亚的一些研究证明:儿童保育和教育质量与工作人员的资质水平存在正相关。具体来说,教师资格与更好地支持儿童发展方面有关,包括支持儿童的语言推理、监督和组织活动的安排、为儿童提供丰富多彩的社交体验,以及营造温馨、友好的互动环境。[②] 第二,急救资格。学龄儿童课后服务机构必须拥有一名获得急救资格、心肺复苏资格、参加过过敏反应管理和紧急哮喘管理培训的人员,以备不时之需。第三,可从事儿童工作的审查证明。拟从事课后服务的人员须接受相关机构的背景审查,合格后方可从事与儿童服务相关的工作。部分州学龄儿童课后服务机构的负责人还应向拟应聘人员的推荐人或知情人了解情况,以了解应聘者的知识、技能、性格和品行等方面的情况。[③]

(五)澳大利亚课后服务的经费来源

澳大利亚课后服务经费以政府财政支持为主。

建立和运营课后服务机构所需的费用,由政府财政拨款和私人出资两大部分构成。[④] 就政府财政拨款而言,资金主要来源于联邦和州政府,由联邦政府为正规课后服务机构的前期建立下拨固定的款项,如前期的建设支出、购买各种学习材料等,后期的管理运营所产生的费用则由州政府负责,包括教职工的工资、后期维护的费用等。两级政府财政补贴相互独立,从两个方面保证了各个正规课后服务机构的顺利运营。

比如,社区儿童保育基金(CCCF)就是政府为存在障碍的课后服务机构提供的补助金,尤其适用于弱势群体地区和偏远地区以及土著社区。它主要包括以下六部分:特殊情况补助金(用于发生意外情况时帮助服务机构继续营业)、弱势社区补

① 曾佳怡,刘宇.澳大利亚课后服务制度设计及实施成效研究[J].社会治理,2022(3):65-72.

② Matthew Manning,Susanne Garvis,Christopher Fleming,et al. The Relationship between Teacher Qualification and the Quality of the Early Childhood Education and Care Environment[R]. A Campbell Systematic Review,2017(1):1-82.

③ 史自词.澳大利亚学龄儿童课外服务体系建设研究[J].比较教育研究,2022(3):45-51,60.

④ 杨瑛中.小学课后服务的比较研究——以美国、澳大利亚、中国为例[D].南京:南京师范大学,2019.

助金(帮助贫困和弱势社区的服务机构营业,并增加接受保育的儿童人数)、有限供应补助金(帮助服务机构在弱势群体地区和偏远地区建立新的服务)、限制性补助金(用于帮助贫困和弱势社区已确定的服务机构持续运营)、有限制的扩展补助金(用于资助在获得保育服务机会有限的偏远地区建立主要由土著主导的新的服务机构)以及"连接开端"计划(旨在帮助土著/托雷斯海峡岛民儿童获得最佳的人生开端)。①

另外,为了鼓励更多的学生参加课后服务,政府还会通过下列举措对学龄儿童课后服务进行财政补助。

1. 课后服务补贴

据澳大利亚课后服务补贴 2024 年第一季度的报告,87.2% 的课后服务平均小时收费上限为 12.02 澳元(澳大利亚 2024 年第一季度平均每小时课后服务费用见表 3-2)。澳大利亚政府在课后服务补贴方面的总支出预计为 33.6 亿澳元,9.7% 用于使用课后服务的家庭。②

表 3-2　澳大利亚 2024 年第一季度平均每小时课后服务费用

州/领地	新南威尔士州	维多利亚州	昆士兰州	南澳大利亚州	西澳大利亚州	塔斯马尼亚州	北领地	首都领地
费用	A$8.6	A$9.65	A$8.1	A$7.55	A$10.75	A$9.7	A$8.4	A$11.75

资料来源:澳大利亚教育部。

为了减轻工薪家庭的课后服务费用,让更多的家庭享受高质量的课后服务,改善服务的可偿付性,澳大利亚政府推出了课后服务补贴(CCS),帮助家庭支付课后服务费用。CCS 通常支付给课后服务机构,课后服务机构将其作为费用减免转给家庭。课后服务机构必须获得政府的批准,才能代表家庭领取 CCS。家庭也要符合一定的资格标准,才可获得课后服务补贴。一个家庭可获得的 CCS 金额取决于家庭年收入、家庭中接受课后服务儿童的数量及年龄、家庭活动水平、家庭使用的服务类型等。③

首先,家庭年收入是影响儿童享受课后服务补贴额度的最重要因素之一。澳大利亚教育部会根据家庭收入估算出家庭的 CCS 百分比。家庭的 CCS 百分比对应的就是政府将补贴的相应金额。表 3-3 是 2024 年澳大利亚家庭的 CCS 百

① Australia Government Department of Education. Community Child Care Fund[EB/OL]. [2024-10-05]. https://www. education. gov. au/early-childhood/community-child-care-fund.

② Australia Government Department of Education. Child Care Subsidy Data Report—March Quarter 2024[EB/OL]. [2024-08-08]. https://www. education. gov. au/early-childhood/early-childhood-data-and-reports/quarterly-reports-usage-services-fees-and-subsidies/child-care-subsidy-data-report-march-quarter-2024.

③ Australia Government Department of Education. Child Care Subsidy 2024[EB/OL]. [2024-08-15]. https://www. education. gov. au/early-childhood/child-care-subsidy.

分比。①

表 3-3 2024 年澳大利亚家庭的 CCS 百分比

家庭年收入	CCS 百分比
83280 澳元	90％
83280 澳元以上至 533280 澳元以下	从 90％开始递减,家庭年收入 每增加 5000 澳元,补贴比例降低 1％
533280 澳元及以上	0

由此可见,家庭年收入为 83280 澳元时,可享受 90％的补贴,每增加 5000 澳元,补贴比例降低 1％,当家庭年收入为 533280 澳元及以上时,不再享受补贴。

其次,家庭中接受课后服务儿童的数量及年龄。家庭中有一个以上的 5 岁及以下儿童接受服务,其第二个孩子和更小的孩子可获得更高的补贴。兄弟姐妹不一定要参加同一服务才能获得更高的补贴。但是,当一个家庭的年收入达到或超过 365611 澳元时,第二个和更年幼子女的高额补贴就会终止。

再次,家庭活动水平是影响补贴时数的因素。家庭活动水平包括父母参加工作、参加经批准的教育或学习课程、接受培训提高工作技能或改善就业前景以及参加志愿服务等。家庭需要从事上述其中至少一项活动才能获得 CCS。以两周为一个时间单位,每个家庭每两周可获得的补贴时数取决于他们的活动水平。活动水平越高,家庭可获得的补贴时数就越多。澳大利亚服务机构会考察父母双方的活动水平,根据活动水平高低来确定家庭的补贴时长。家庭活动水平分为四种,具体见表 3-4。②

表 3-4 家庭活动水平及对应补贴时数表

每两周家庭活动时数	每名儿童每两周可接受的补贴时数
少于 8 小时	如果家庭年收入高于 83280 澳元,则为 0 小时 如果家庭年收入为 83280 澳元及以下,则为 24 小时
8 至 16 小时	36 小时
16 至 48 小时	72 小时
超过 48 小时	100 小时

每个家庭获得的补助时间与家庭活动时间呈现一定的阶梯特征。比如,家长每两周家庭活动时数在 8 小时以下,家庭年收入在 83280 澳元以上时,无法获得补

---

① Australia Government Department of Education. Family Eligibility and Entitlement 2024[EB/OL]. [2024-07-15]. https://www. education. gov. au/early-childhood/child-care-subsidy/family-eligibility-and-entitlement.

② Australia Government Department of Education. Family Eligibility and Entitlement[EB/OL]. [2024-07-15]. https://www. education. gov. au/early-childhood/child-care-subsidy/family-eligibility-and-entitlement.

助时间;而家庭年收入在 83280 澳元及以下的家庭,可以获得 24 小时的补贴。家庭活动时数在 8 至 16 小时的,可以获得 36 小时的补贴;家庭活动时数在 16 至 48 小时的,最高可获得 72 小时的补贴;家庭活动时间大于 48 小时的,可获得 100 小时的补贴。

最后,服务类型会影响补贴。澳大利亚政府并没有设定课后服务的收费标准,也不要求服务机构按小时收费,但规定了各种服务类型的每小时收费上限。其中,学龄儿童享受课后服务的每小时费用上限为 12.5 澳元。

2. 额外课后服务补贴(ACCS)

额外课后服务补贴(ACCS)旨在为面临困难或挑战的家庭提供额外的儿童早期教育和护理费用帮助,是有需要的家庭在获得课后服务补贴的基础上额外获得的补贴。ACCS 共有四类,一个家庭可获得的 ACCS 金额取决于他们所符合的资格类别。这四个类别如下。

第一,儿童福利补贴,适用于照顾有可能遭受严重虐待或忽视的儿童的家庭。服务提供者代表家庭申请儿童福利补贴,家庭不能自己申请。

第二,祖父母补贴,适用于领取收入补助金的祖父母,他们是孙辈的主要照顾者。这类家庭可申请祖父母补贴。

第三,临时经济困难补贴,适用于遭受临时性重大经济压力的家庭。

第四,过渡性工作补贴,适用于工作过渡期的父母或照顾者。[①]

此外,为了保障有发育障碍的儿童的看护服务需求,帮助他们从家庭护理过渡到其他护理类型,政府还出台了全纳支持计划(ISP)。该计划通过量身定制的支持和资助服务,帮助有额外需求的儿童参与教育和保育,为他们提供与发育正常的同龄人一样的学习和发展机会,确保所有儿童都有真正的机会接触、参与并取得积极的学习成果。该计划向获得课后服务补贴(CCS)批准的服务机构开放,居家护理服务机构不能申领相关资助。[②]

(六)澳大利亚课后服务的质量保障

澳大利亚政府一直很重视课后服务的质量保障,为此制定了一系列重要文件,为课后服务提供了一种全国性的监管、评估和质量改进方法。其中,《国家质量标准》(NQS)作为《国家质量框架》的核心部分,为澳大利亚的课后服务设定了较高的国家基准。它包括 7 个对儿童发展至关重要的质量领域。这 7 个领域为教育计划与实践领域、儿童健康与安全领域、物质环境领域、人员配置领域、与儿童的关系领域、与家庭及社区的关系领域、领导和治理领域。每个领域下又包含 2～3 个标准以及具体的要素,共计 15 个标准、40 个基本要素,组成了一套全面、细致的课后服

---

① Australia Government Department of Education. Additional Child Care Subsidy[EB/OL]. [2024-10-22]. https://www.education.gov.au/early-childhood/additional-child-care-subsidy.

② Australia Government Department of Education. Inclusion Support Program[EB/OL]. [2024-10-22]. https://www.education.gov.au/early-childhood/inclusion-support-program.

务评价指标体系。以第 3 个领域"物质环境领域"为例,NQS 要求物质环境安全、适宜,并提供丰富多样的体验,以促进儿童的学习和发展。具体的标准和要素见表 3-5。[1]

表 3-5　NQS 关于物质环境领域的标准和要素

物质环境领域		
标准 3.1	设计	设施的设计适合服务的运作
要素 3.1.1	适用性	室内外的空间、建筑、装置和设备适合其用途,包括支持每个儿童的出入
要素 3.1.2	维护	房舍、家具和设备要安全、清洁、维护得当
标准 3.2	使用	服务环境具有包容性,能提高儿童的能力,支持儿童探索和游戏式的学习
要素 3.2.1	包容性的环境	对室内外空间进行组织和调整,以支持每个儿童的参与,让每个儿童都能在建筑内和自然环境中获得高质量的体验
要素 3.2.2	支持游戏式学习的资源	资源、材料和设备可以一物多用,数量充足,让每个孩子都能参与游戏式学习
要素 3.2.3	对环境负责	关注环境,支持儿童成为对环境负责的人

各州和领地的监管机构依据《国家质量标准》的 7 个质量领域对课后服务机构进行评估和评级。评估一般会在课后服务机构开始运营的 9—18 个月后进行。服务提供者先展开自我评估并给出质量改进方案。评估开始的第 1 周,监管机构将进行实地考察。对于不需要实地考察的部分评估,监管机构可提前 1—5 天发出通知,以谈话代替考察。在信息收集的过程中,监管机构还可以通过书面、电话或视频会议等方式联系服务提供商,要求其提供信息。考察结束后的 3—5 周,监管机构向服务机构提供评估和评级报告草案。服务机构可就报告中任何与事实不符的地方提出反馈意见。随后,监管机构发布最终报告和最终评级通知。服务机构可选择在规定的审查期限内申请对最终评级进行审查。审查期结束后,最终评级结果将在澳大利亚儿童教育与保育质量管理局(ACECQA)的在线平台发布。对课后服务机构的质量评级,划分为五个等级:优秀(excellent)、超出国家质量标准(exceeding national quality standard)、符合国家质量标准(meeting national quality standard)、接近国家质量标准(working towards national quality standard)和不达标(significant improvement required)五个等级。[2] 质量评级可以为家庭给

---

① ACECQA. Quality Area 3-Physical Environment[EB/OL]. [2024-06-07]. https://www.acecqa.gov.au/nqf/national-quality-standard/quality-area-3-physical-environment.

② ACECQA. Assessment and Rating Process[EB/OL]. [2024-06-10]. https://www.acecqa.gov.au/assessment/assessment-and-rating-process.

孩子选择合适的课后服务提供重要参考。从 2014 年到 2018 年,澳大利亚课后服务机构总体评级符合或超过国家质量标准的比例从 62％上升到 78％、超过国家质量标准的比例从 26％增长到 33％[①],反映出澳大利亚课后服务的整体水平在不断地提升。

五、韩国

在韩国,课后服务一般指在"放学后学校"(방과후학교)和"小学托管教室"(초등돌봄교실)为中小学生提供的教育服务活动。早在 20 世纪 70 年代,韩国就出现了"学习室",用于放学后对儿童进行保育和看护,但此时,课后托管尚未被纳入政府公共教育服务体系。[②] 一直到 1995 年,金泳三政府通过《5·31 教育改革案》,启动小学放学后托管教育公共政策方案,设立"放学后学校",并开始为需要照看的学生提供正规教育以外的课后服务。在过去约三十年的时间里,韩国课后服务公共政策不断调整,为提升课后服务质量提供了有利的制度保障。

(一)韩国课后服务政策的演进历程

学者宋向楠、魏玉亭、高长完基于公共政策价值视角,在对韩国课后托管政策进行全面考察的基础上,将其演进历程划分为福祉政策期、教育政策期和国政课题期三个阶段。[③]

1. 福祉政策期(1995 年—2003 年)

长期以来,韩国社会深受儒家传统思想的影响,民众普遍崇尚学历,因此极其重视教育。教育是优胜劣汰社会的关键驱动力,学业成绩是个人考入一所好大学进而取得社会进步和阶层提升的重要工具。因此,教育文化成为一种精英主义的文化。家长担心自己的孩子无法出人头地,便不惜一切代价,让孩子在校外补习机构中接受数学、科学、韩语以及标准大学入学考试的培训。家庭的地理位置和社会经济状况,导致城市地区的孩子比农村地区的孩子更容易获得高质量的教育,从而引发了一系列的社会矛盾,这引起了韩国政府的高度关注。

1995 年,韩国教育改革委员会在教育改革方案中提出开展"放学后教育活动",这成为韩国课后托管政策的雏形,其目标是将学生的课外补习需求转向学校内部,使学生在校内也能享受到价格低廉的课外辅导服务。在教育改革委员会提出托管政策构想后,托管政策最先由保健福祉部落实。1996 年,保健福祉部又开始在部分社区的福祉馆内开设小学保育教室,后来将场所逐渐扩大到学校,把校外

① Linda J. Harrison, Fay Hadley, Sue Irvine, et al. Quality Improvement Research Project[R/OL].[2024-10-28]. https://www. acecqa. gov. au/sites/default/files/2020-05/quality-improvement-research-project-2019. PDF.

② 王彦丽,吕君. 韩国小学课后托管政策及其启示[J]. 当代教育科学,2018(9):23-26,55.

③ 宋向楠,魏玉亭,高长完. 韩国小学课后托管政策及其启示——基于公共政策价值分析的视角[J]. 外国教育研究,2021(10):32-51.

的看护和课外辅导需求吸收到校内,并用低廉的费用满足学生与家长的需求。

小学保育教室的管理主体一直是保健福祉部,因此,这一时期的托管政策被认为是福祉政策,而不是教育政策。

2. 教育政策期(2004 年—2016 年)

随着育儿环境的变化,如核心家庭的强化和从事经济活动的妇女人数增加,社会对保育的需求逐渐增加。但保健福祉部力量薄弱、托管规模小、单日运营时间短,导致放学后和学校假期期间的儿童保育存在缺口,需要通过学校与社区之间的合作,提供密集的托儿服务,于是,将小学保育教室的政策升级为教育政策并交由教育部门管理是新时期的必然选择。2004 年,教育部将保健福祉部管理的"小学保育教室"与教育部的"放学后教育活动"整合,宣布并试行在小学低年级开设"放学后教室",这意味着韩国课后托管政策进入了教育政策期。

2006 年,韩国政府在全国中小学全面实行放学后教育政策。同年 6 月,政府发布了《促进公共教育正常化及限制提前教育的特别法令》,将"特技、特长与适应能力培养教育""放学后教室""分层次补课"三种教育项目并称为放学后教育政策。其中,针对小学一、二年级学生的放学后教育活动称为"小学托管教室"政策,主要为来自双职工家庭、低收入家庭、单亲家庭的儿童开展教育活动;针对小学三年级至高中生的放学后教育政策称为"放学后学校"政策,开展课后补充学习和特长活动。[①]

此后,政府通过强化财政支援,不断扩大托管教室规模。比如,2014 年,韩国追加设置"小学托管教室",开发并试行特色化课程体系,提高运营质量和专业化水平,"小学托管教室"数量达到 10966 间。2015 年,韩国确立"高满意度小学托管教室"运营计划,扩大服务群体,鼓励三年级以上学生参加"放学后学校"的衔接型托管教室。2016 年 5 月,韩国教育部发布《放学后教育政策促进方案》,以提高学生对放学后教育政策的参与度。

3. 国政课题期(2017 年至今)

在经历了托管服务的"教育政策期"后,小学课后托管教室的数量有了一定的提高,但仍不能满足民众的托管需求,忽视了"就近托管"的社区托管优势。托管服务重点关注一、二年级学生,托管时间无法和家长的下班时间相吻合。另外,托管服务缺乏统一标准,课程质量不高,托管服务乱象丛生。在供给不足的情势下,课外补习机构仍是托管组织的重要依托。高昂的课外补习费用造成了家庭严重的经济负担,进而衍生出一系列社会问题,如出生率持续低迷、学龄人口不断减少。为了重构公立教育体系,2018 年 4 月,文在寅政府将"构建全天托管体系"定为国政课题,宣布逐步将"小学托管教室"扩大到小学所有年级,并同时推进内部化措施,建立和运行政府联合工作组,促进中央政府和地方政府之间的合作,计划 2022 年

---

① 尹艺璇.韩国放学后教育政策研究[D].延吉:延边大学,2021.

投资约 1.053 万亿韩元,用于提供托儿教室,并扩大小学课后托管场所的数量。

通过《放学后教育政策促进方案》和"全天托管"等政策,韩国放学后教育政策得到了进一步完善,在实践中也不断地采取措施来扩充公共服务基础设施、增加从小学生到高中生的综合教育托管服务内容、构建起农村地区与学校之间的联系和合作体系。

总之,自放学后教育作为一项教育改革措施于 1995 年 5 月 31 日推出,并在卢武铉政府时期发展为一项创新的教育制度以来,课后服务从教育部转到了市、道教育部门,从而走上了权力下放的道路。目前,韩国各市、道教育部门,教育支持机构、地区和学校以各种方式运作该系统。虽然历届政府对课后服务政策目标的重视程度不同,但都包括补充学校教育功能、缩小教育差距、降低教育成本、实现社区学校管理、扩大儿童保护和照顾范围等。目前政策重点逐渐从补充公共教育转向学校与社区合作,目标是通过改变放学后教育的功能和角色,回应时代和社会发展的需要。

(二)韩国课后服务的类型

韩国的放学后教育政策由"放学后学校"和"小学托管教室"两部分组成,两者互为补充,形成了集课后辅导、特长教育和生活照顾为一体的课后服务体系。对这两种类型的课后服务介绍如下。

1."放学后学校"

"放学后学校"是在正常上课时间之外(包括周末、法定节假日和学校假期),由校长根据学校情况以及学生和家长的需求和选择,在收费和资助的基础上组织的教育和看护活动。它旨在通过与当地社区合作,为学生提供多样化和创造性的教育体验,建立以学生为中心的未来教育的社区联动课后学校。[①] 一般由韩国小学四、五、六年级和初中、高中阶段的学生自愿参加。目前,"放学后学校"已在韩国各地普及。据韩国教育部统计,2016 年,韩国"放学后学校"小学学校参与率高达 99.8%,学生参与率达 65.9%。[②]

1)"放学后学校"的目标

"放学后学校"的目标包括:根据学校的层次和学生的发展特点,开设以需求为导向的各种课程,为学生的成长量身定制计划,降低教育成本;扩大低收入人群享受免费教育权的范围,支持以边缘地区为中心的文化内容,缩小教育差距;通过与当地社区和教育捐助方的联系,开展计划运营,实现运营实体的多样化;加强行政和财政支持,强化课后支持中心的作用,加强市、道教育部门的问责制。[③]

① Jeollanamdo Office of Education. 2023 방과후학교 운영 길라잡이[R/OL]. [2024-11-07]. https://www.jne.go.kr/common/nttFileDownload.do? fileKey=d97a606a99cef01cd283382a4f33ccfa.

② 王彦丽,吕君.韩国小学课后托管政策及其启示[J].当代教育科学,2018(9):23-26,55.

③ Jeollanamdo Office of Education. 2023 방과후학교 운영 길라잡이[R/OL]. [2024-11-07]. https://www.jne.go.kr/common/nttFileDownload.do? fileKey=d97a606a99cef01cd283382a4f33ccfa.

2)"放学后学校"的课程

学校可根据学生和家长的需要,开设各种课程,包括特长与能力类、基础学科教育类和保育活动等。特长与能力类课程主要指音乐、美术、体育、信息技术、职业教育等项目,学生按照个人兴趣、特长来自由选择,从而发展学生的个性,培养其实践能力和创新能力。基础学科教育类课程主要从学生需求出发,培养学生在韩语、英语、数学、社会、科学等基础学科方面的自主学习能力。但是,严禁进行课本解题训练及赶超学校进度的学习。其中一、二年级的英语课后活动以游戏和活动为基础,以语音和语言为中心,时间安排适当,以培养学生对英语的兴趣。每周最多200分钟(40分钟×5节课),具体视学校和当地情况而定。保育活动主要包括出勤管理、生活指导、安全指导和学生辅导。出勤管理指通知家长学生的迟到和缺勤情况,鼓励出勤等。生活指导指针对学生的参与态度、生活态度、卫生保健等进行管理。安全指导指预防安全事故,提醒学生关于安全回家方面的注意事项。学生辅导指与放学后活动相关的辅导活动,要求在校内进行,禁止校外的个别辅导、小组辅导和家访。如果学生需要膳食,也可在学生辅导计划中列出。

各学校还可结合本地和本校的实际情况,开设各种有特色、有竞争力的课程。比如,京畿道砥平中学是一所规模较小的学校,共有3个班级,为了开展适合每个学生的放学后活动,学校全体成员沟通合作,策划并开展了"达乐教室计划",意思是根据学生的需要和选择,为他们提供丰富多彩、寓教于乐的放学后活动,让来自小规模学校的学生实现梦想,快乐成长。具体内容见表3-6。[①]

表3-6　京畿道砥平中学放学后活动内容

核 心 能 力	教育重点课题	放学后活动	
		项目	计划
创造性思维能力	赋权学校	基础教育	韩语、英语、数学等
沟通技能		加强教育	韩语、英语、数学、中文、音乐、美术等
自我管理能力	建设未来学校	职业、性格	烹饪、道德、广播舞蹈等
审美敏感性		艺术	吉他、大提琴、长笛、初级小提琴、中级小提琴、艺术教室等精彩的器乐表演课程
知识信息加工能力	与社区携手不断发展	科学、技术、信息	木工、科学、观鸟等Scratch编程课等
社区(群)能力		体育	乒乓球、五人足球等

---

① 教育部,한국교육개발원. 2023 년％20 방과후학교％20 우수사례잡-방과후돌봄부문(중학교)％205.％20 경기도％20 과평중학교. pdf [EB/OL].[2024-10-16]. https://www.afterschool.go.kr/prize/prizeList.do.

　　"放学后学校"的活动坚持学生自愿的原则,禁止强制参与。对于弱势学生,还会量身定制计划,并提供心理、学习、职业辅导,以克服其习得性倦怠。为了管理课程质量,提高学生和家长的满意度,学校会通过各种方式进行评估,包括公开课程运作情况、进行学生和家长满意度调查以及开展课程评价,并在网站上公布结果。

　　3)"放学后学校"的运营形式

　　"放学后学校"由校长根据学校情况和学生及家长的需要,经校董事会商议后自主运作。校董事会(或学校管理委员会)就"放学后计划"的运作及由受益人承担的开支等事宜进行商议。校董事会在委托公司时,可成立放学后活动小组委员会,以确保活动运作的透明度和公平性,在审议时,也可听取放学后活动小组委员会事先审查的结果。具体来说,"放学后学校"有两种运营形式:个人授权和外包。

　　个人授权指学校自主雇用外聘教师开展放学后活动。学校主要通过教育(支援)机构的导师库、网站公告等方式进行招聘。校长应根据教师选拔计划,经学校管理委员会审议(协商)后选拔教师。外聘教师要提交体检表,无虐待儿童等相关犯罪史。教育(支援)机构或学校应努力为外聘教师的工作创造条件,以提高课后活动的质量。

　　外包指学校可在学校管理委员会的审议下,将全部或部分放学后活动委托给一家公司运营,以满足学生和家长的需求,并减轻学校教师的工作负担。具体的操作程序见表3-7。[①]

表3-7　"放学后学校"外包操作程序

步骤	操作程序
准备	①课后活动需求调查(对象为学生、家长) ②制订(年度)"放学后学校"运行计划
审查-审议	③对"放学后学校"(年度)运行计划的审查和咨询(学校管理委员会): 课程组织计划(提供的课程、业务数量等) 课程费用计算细节(包括导师费用计算的合理性) 供应商选择计划(方法、程序、评估计划、招标书等) 成立小组委员会时,小组委员会应对上述项目进行调查和审查,并向学校管理委员会报告结果 ④电子招标或合同
遴选和签约	⑤评估承包商的建议书 ⑥选择承包商并与之签订合同(校长)
业务	⑦课程申请 ⑧课程运作和信息披露(学校快讯)
评估-返回	⑨业务评估 ⑩结果披露和反馈

---

　　① Jeollanamdo Office of Education. 2023 방과후학교 운영 길라잡이[R/OL]. [2024-11-07]. https://www.jne.go.kr/common/nttFileDownload.do? fileKey=d97a606a99cef01cd283382a4f33ccfa.

4)"放学后学校"的师资

学校或教育(支援)机构应从当地社区选拔有能力胜任课后活动的在职教师、外聘教师、志愿者以及社会上其他被认为能够胜任课后活动的人力资源(军人、农民、企业家等)来开展课后服务。教育(支援)机构和课外活动支援中心可通过巡回讲师来支持农村放学后学校,以振兴农村课后服务。因此,"放学后学校"的师资力量总体上由本校教师和外聘教师构成。据统计,2016 年,担任基础学科教育项目教学的教师中,本校教师占 27.3%,外聘教师占 72.7%;但在艺体教育项目的教师中,只有 10.5% 是本校教师,89.5% 是外聘教师。[①] 由此可见,外聘教师是"放学后学校"的师资主体。为了保障和提升课后服务师资质量,教育(支援)机构可对"放学后学校"的优秀教师给予转正、晋升和加分奖励,学校在人事政策上也应对负责课后服务的教师予以倾斜,并且对校长、副校长、课后工作负责人进行课后管理培训。培训方式包括讲座、工作坊、讨论、演讲、研讨会、实地考察等。与此同时,政府还鼓励学校聘任专职课后服务教师,以确保课后服务计划的有序运作。

5)"放学后学校"的学费

"放学后学校"的学费以受益者负担为原则。教育(支援)机构和地方政府可为低收入家庭学生或农村"放学后学校"提供资助。"放学后学校"的学费是指受益人参加放学后活动的费用,包括辅导费、购书费和住宿费等。为尽量减轻受益人的负担,"放学后学校"的学费低于私立教育机构的学费,并通过学校通知和网站公布学费信息。教师的费用应由学校管理委员会根据课程的课时数、选修该课程的学生人数、课程内容等因素进行审议(协商)后,确定适当的发放标准。教师的费用在年底结算享受税收优惠。如果学校班主任和任课老师在"放学后学校"提供与其主要工作相关的课程(如入学咨询或职业指导),则不能领取额外费用。根据韩国教育部的支援计划,低收入家庭学生根据家庭收入情况优先享有免费参加课后学习的权利。

简而言之,"放学后学校"符合韩国当前教育改革的理念,旨在提升学生的学习成绩和艺体能力等综合素质。

2."小学托管教室"

"小学托管教室"是由韩国政府全额财政拨款的一项教育福利政策,主要为双职工家庭、低收入家庭、单亲家庭等的小学生在上学日的课后时间或寒暑假期间提供弹性照顾和教育服务。

1)"小学托管教室"的目标

"小学托管教室"旨在减轻双职工家庭、低收入家庭、单亲家庭等的育儿负担及"私教育"费用,缓解家长的经济负担,充分满足弱势家庭学生放学后教育的需求,缩小不同阶层之间、不同地区之间的教育鸿沟,促进教育公平。同时也为学生在放

---

① 王彦丽,吕君.韩国小学课后托管政策及其启示[J].当代教育科学,2018(9):23-26,55.

学后提供安全的场所,并通过丰富多彩的、高水平的教育项目促进学生的生理和认知发展。

2)"小学托管教室"的类型

按照托管时间的不同,"小学托管教室"一般分为"晨托班""下午班""晚托班""与学校联合开办的课后(小众)托管班"等。①

晨托班主要服务于因提前上学而需要在正常上学日之前接受照顾的小学一至六年级学生。考虑到学校条件和目标学生的托管需求,开放时间至上学为止,集中在普通教室和托管专用教室。可以根据学校条件,利用各种人员,包括教育捐赠者、志愿者、家长和志愿教师。使用志愿者作为服务人员时,必须事先对其进行犯罪背景调查,如果满足要求则向其颁发委托证书。托管教室的学生人数应在 20 人左右,可以不分年级。组织的活动有阅读活动、体育活动(跳绳、足球等)、数字素养活动(编码、计算机素养等)、单人园艺等。

下午班根据家长需求和学校情况,从小学一、二年级逐步扩大到所有年级的双职工家庭、低收入家庭、单亲家庭、多子女家庭、多元文化家庭的学生,以及教师推荐的学生。开放时间为放学后的 17:00 至 19:00,学校也可根据家长需求和托儿条件调整开放时间,单间教室的学生人数应在 20 人左右。课程内容注重游戏,根据各年级的特点和学校条件,开展各种"个人活动"和"小组活动",来促进学生创造力和个性的发展(见表 3-8)。个人活动是学生在专职人员、学校教师、志愿者等的支持和监督下独立开展的活动。"小组活动"则是由外聘教师和志愿教师组织开展的艺术和创意课程活动,每天至少开展一次或每周任意时间共五次,在校内外免费举办。如果家长要求开办营利性的托管课程,经学校管理委员会商议后,可另行组织单独的课程。

表 3-8　"个人活动"和"小组活动"的课程内容

类　型	课　程　内　容
个人活动	学生在"小学托管教室"工作人员的支持和监督下独立自主地开展的活动。例如家庭作业、日记、阅读、绘画、写作、观看 EBS 等
小组活动	由教师为托管学生开展艺术和创意课程活动,如传统游戏、生活体育、创意机器人、乐器表演、趣味烹饪、戏剧、亲子体验活动、角色扮演项目、安全教育等,上述活动有的可在校内开展,有的在校外的各种场所开展

晚托(延长)班服务于一至六年级参加过下午班的有额外托管需求的学生。运营时间为 17:00(或 19:00)至 20:00,也可根据学生、家长的需求和学校的实际情况,灵活调整开放时间(如延长至 22 点)。地点在综合教室,一个班级的学生人数

---

① 한국교육개발원. 초등돌봄교실 운영 길라잡이(개정판 2024)[R/OL]. [2024-09-26]. https://www.jje.go.kr/board/download.jje? boardId＝BBS_0000047&menuCd＝DOM_000000106002009002&paging＝ok&startPage＝1&dataSid＝1220696&command＝update&fileSid＝1260031.

应在 20 人左右。如果人数少于 5 人,可考虑与当地托管机构合作。学生原则上应在家长陪同下返家,如无家长陪同,应提前指定替代人员(成人)陪同。晚托班围绕学生能够自主参与和喜欢的活动来组织活动,如简单的练习、游戏、观看教育广播等,以及根据学校情况制订的集体活动计划,见表 3-9。

表 3-9　晚托班活动安排示例

时 间	周一至周五
17:00—17:40	自由选择游戏
17:40—19:00	晚餐及休息
19:00—20:00	日记、媒体活动、个人爱好、回家
或	
18:00—19:00	晚餐及休息
19:00—20:00	安全指导(观看 DVD)、传统游戏、体育游戏、表现性游戏、教区游戏、EBS 教育计划、家庭作业、阅读、个人活动和回家

与学校联合开办的课后(小众)托管班针对参加一项或多项课后活动,但没有参加下午班的学生,开放时间为放学后,可根据学校情况和课后活动时间灵活选择地点,如专用教室或组合教室(普通教室、图书馆),避免使用科学教室等需要细心管理设施的教室。一个班级的学生人数不应超过 20 人。它与下午班的不同之处在于无点心或膳食、无免费计划。师资来源较为多元化,包括志愿者、家长等。必须对志愿者进行犯罪背景调查,无犯罪记录并获得聘书才符合要求。他们管理学生的课余活动和志愿活动,并利用学校和社区资源,组织小众活动。

3)"小学托管教室"的师资

"小学托管教室"的师资主要由托管专任教师、本校教师、助教和志愿者等组成。各校按照市、道两级教育主管部门的规定,再根据自身需求调整相关人员的招聘和录用标准。人员的聘用必须通过公开招聘、文件审查、面试等程序,原则上应录用持有 2 级以上保育教师资格证书的人员,来确保"小学托管教室"运营的专业性。

4)"小学托管教室"的经费来源

总体而言,放学后教育项目的实施经费由政府财政拨款和家庭共同分担,一定程度上可减轻家长对放学后教育活动的花费,"小学托管教室"提供的主食、零食等费用,一般由家长负担,但是针对弱势群体等财政支援对象,政府无偿提供。此外,政府无偿提供每天 1 个以上的托管教室基本活动。除此以外,当家长提出提供其他活动的要求时,所产生的费用由家长承担。弱势群体如果要参加额外活动,可享受政府的减免政策。[①]

---

① 宋向楠,魏玉亭,高长完.韩国小学托管教室运行机制探略[J].比较教育学报,2021(6):91-104.

六、日本

长期以来,日本的课后服务活动主要集中在小学阶段,由厚生劳动省主管的"放学后儿童俱乐部"和文部科学省主管的"放学后儿童教室"这两个项目组成。"放学后儿童俱乐部"以未满10岁的儿童为对象,侧重于儿童保育,主要面向双职工家庭儿童、残障家庭儿童等放学后无人看护的儿童,在放学后提供合适的游戏和生活场所,助其健康成长,一般在保育园、学校等地实施。"放学后儿童教室",则以全体小学生为对象,侧重于文教培育,一般在小学、公民馆、儿童馆等地实施,目的是在放学后或休息日给儿童营造安全健康的休息场所,并鼓励社区居民参与其中和儿童交流互动,开展各类活动。[①] 两者从最初的单独实施到最后两部门联合推动实施,其间经历了大半个世纪。本小节将从政策的变动中来探讨日本课后服务的发展历程。

(一)日本课后服务的发展历程

1. 萌芽阶段

日本课后服务萌芽于二战前的儿童保育活动。1938年厚生劳动省成立,主要负责社会福利与劳务等事项,以保障普通民众的福利。其主管的"邻保馆"专门为贫困儿童提供保育服务,即在离园时间后继续为保育园内的儿童提供照顾活动。二战后,该场所承担起对流浪儿童与贫困儿童的看护照顾职责,还提供文化活动与社会教育活动,以确保孩子们受教育的权利。"邻保馆"作为课后服务组织的前身,具有很强的福利性质,也被一些学者视为"儿童馆"的前身。

2. 福利部门与教育部门单独实施阶段

1) 厚生劳动省的"放学后儿童俱乐部"

二战后,为了防止青少年不良行为的产生,急需对战争孤儿等进行教育与保护,而针对一般儿童的保护则需要在法律的制定与保障下推进。在这种背景下,日本政府于1947年颁布了《儿童福利法》,这被视为日本课后服务制度化的开端。该法第六条对厚生劳动省管理的"放学后儿童健全养育事业"(后称"放学后儿童俱乐部")做出了明确界定,"放学后儿童健全养育事业"是针对在小学就读、大体未满10岁、其监护人因工作关系白天不在家的儿童,依据政令规定的标准,在放学后利用儿童福利机构等为其提供适当的游戏和生活空间,致力于儿童健全养育的事业。[②] "儿童馆"作为厚生劳动省主管的儿童福利机构,理所应当地成为开展"放学后儿童健全养育事业"的重要场所。

20世纪60年代初,随着学龄儿童母亲中工作人数的增加,"学童俱乐部"开始

---

① 王子钒,韩俊魁,周力国.日本"放学后儿童计划"的政策体系及运行状况[J].社会治理,2022(5):77-83.

② 卢德平.中国弱势儿童群体:问题与对策[M].北京:社会科学文献出版社,2007.

出现,起初以家长和监护人等自愿经营的形式在城市和乡村建立,后来也出现了市政当局补贴的项目。随着"放学后儿童保育"计划开始在全国推广,"学童俱乐部"根据当地实际情况也以各种方式发展起来。1976 年,厚生劳动省成立"放学后儿童俱乐部"。此时,厚生劳动省开始提供政府补贴,作为对"家庭外儿童"的照顾和健康成长措施。"放学后儿童俱乐部"的规模随之逐年扩大,其经营地点和形式也日趋多元化。随着 1998 年《儿童福利法》的修订生效,"放学后儿童健全养育事业"成为法律规定的一项服务。

2004 年,日本政府又出台政策把"儿童馆"的管理纳入"指定管理者制度",即之前委托民营的管理方法将由"指定管理者制度"来推行,"儿童馆"的服务对象范围逐渐扩大,从原来仅限于 10 岁以下的学龄儿童拓展到包括婴幼儿和青少年,服务时间也被延长等。至此,"放学后儿童俱乐部"取代"放学后儿童健全养育事业"的名称,作为"儿童馆"保育的重要课题,在场地及人力的保障方面获得了政府的支持,旨在为放学后儿童的身体保健、安全和情绪稳定以及通过游戏活动培养儿童的独立性、社交性和创造性提供支持。

2) 文部科学省的"放学后儿童教室"

和厚生劳动省管理下的带有福利性质的儿童保育政策相比,文部科学省推动下的课后服务出现的时间要稍晚一些,且更强调看管之外的教育功能性目的。

日本 1947 年的《教育基本法》第七条"社会教育"中明确规定,国家及地方公共团体必须通过设置图书馆、博物馆、公民馆,并利用学校设施或以其他适当的方式来努力推进教育活动的开展。这些规定明确了国家和地方公共团体在社会教育和家庭教育方面应承担的责任和义务,其根本目的在于能够充分利用各种机会和场所,为所有国民的文化教养提升提供有利的环境。[①] 此后,政府又陆续颁布《社会教育法》(1949 年)以及《地方教育行政组织经营法》(1956 年)等,在青少年、成人教育活动的场所、经费、人员,学校教育与社会教育的联合,地方教育行政部门如何有效地引入社区资源参与学校管理等方面做出细致的规定,为课后服务的发展奠定了政策基础。

20 世纪 60 年代,日本进入了经济快速发展时期,女性入职率不断提升,儿童课后照顾的服务需求量也逐步扩大,由此出现了大量在地方自治团体主导下开展的课后照顾服务。20 世纪 70 年代以后,日本经济高速发展给社会带来的后遗症逐渐明显,不婚、晚婚的趋势逐步引起了少子化问题。加之公立学校过度均等制度导致教育的单一化和灌输式状况,严重扼杀了学生的个性和创造力。为了缓解过度的社会竞争,解决学校教育的单调化、学生创新思维能力的落后等问题,日本于1972 年提出了"宽松教育"与"学校週 5 日制"的基本想法,倡导"宽松与充实、宽松与趣味"的理念。尽管进行了由于低出生率和旨在缓解高度竞争和僵化的教育制

---

① 朱文学.日本小学校外教育体系概述[J].上海教育科研,1997(12):29-31,39.

度的"宽松教育"改革,但学生进入高中和大学的竞争并没有因此而减少。在高中和大学的过渡阶段,日本家庭面临着两个重大的关于学生未来职业生涯的决定。除了决定就读哪所学校外,家庭还必须决定是否需要投资于私人补习课程,以增加成功进入理想学校的机会。因此,课外补习机构至少从 20 世纪 70 年代起,就大规模地为日本家长和学生提供了更为成熟的择校模式。而在当时,日本政府并未能适当地回应在教育扩张过程中民营企业提供的教育支持,导致补习教育行业规模的不断扩大。日本总务省调查结果显示,学习塾从 1981 年的 18683 所攀升至 1991 年的 45856 所,其数量一度超过了公办中小学的整体数量。①

2001 年,日本修订了《社会教育法》,明确规定在市町村政府条件允许的前提下,学校和社会教育机构应该在放学后和节假日继续开放,为学生提供必要的学习空间和活动场所。这为后期推行"放学后儿童教室"奠定了基础。此外,作为社会教育场所的公民馆也成为儿童活动场地在全国开放。

2004 年,针对青少年问题行为日益严重、社区和家庭教育能力下降等紧迫问题,以及一系列涉及儿童的严重事件,文部科学省启动了一项为期 3 年的紧急计划,于 2004 年至 2006 年实施了"社区儿童教室促进项目"。具体而言,在当地社区成年人的合作下,利用学校放学后和周末的空余教室和其他设施为儿童提供紧急或应急教育,旨在确保儿童在放学后和周末有地方开展各种实践活动,同时为儿童与当地居民的交流活动提供支持,促进社区儿童教育系统的发展。该项目是"放学后儿童教室"项目的前身,针对"所有儿童",旨在通过儿童的社会参与和交流来丰富当地社区。2007 年,政府的支持机制发生了变化,在"社区儿童教室促进项目"的基础上设立了"放学后儿童教室",作为补贴项目。② 此后,"放学后儿童教室"在全国迅速普及,数量从 2007 年的 6201 间逐年增加到 2013 年的 10376 间。③

总之,这一时期是日本课后服务在福利与教育政策推动下的发展时期,厚生劳动省和文部科学省各司其职、鲜少有交集。厚生劳动省制定了基于民生立场以解决育儿支持问题为目的的课后服务政策,具有福利性和保障性。文部科学省课后服务的推进则随着学校与社区的联动而深化,通过调动社区资源、积极开展社区支持学校的课后服务,凸显了社区服务的教育性特点。

3. 两部门联合推进阶段

2007 年,日本文部科学省、厚生劳动省联合推出了有关建立课后服务综合制度的一项新政策——"放学后儿童计划",这是日本课后服务制度发展的新起点。

---

① 屈璐.日本课后服务的场域建构研究[D].上海:华东师范大学,2019.

② 藤後悦子,岩崎智史.放課後子ども教室のスタッフが抱える困り感と問題解決に向けての工夫－都内 S 区の調査結果より－[J].未来の保育と教育-東京未来大学保育・教職センター紀要,2017(特別号):79-88.

③ 市川麗,山口豊一.「放課後子ども教室」に通う児童の放課後子ども教室享受感に関する研究-遊び支援プログラムの実践を過して－[J].教育実践学研究第 18 号,2014(3):29-44.

该计划要求在日本各市,由教育委员会牵头与福利部门合作,原则上在所有小学为儿童创造一个安全和健康的放学后场所,并以综合或协调的方式推动"放学后儿童教室"和"放学后儿童俱乐部"项目。同时,通过当地居民的参与,开展学习、体育、文化和艺术类的活动,并为儿童提供与社区居民互动交流的机会。在政策的驱动下,"放学后儿童教室"的数量在全国范围内迅速增长。2016 年,日本所有公立小学的"放学后儿童教室"实施率达到 54.3%,共有 16027 间教室投入使用。[1]

　　"放学后儿童教室"和"放学后儿童俱乐部"的数量和有使用需求的儿童人数大幅增长,面临的挑战也更加突出。因此,为了帮助双职工家庭克服"小一困境",担负起为社会培养下一代人才的责任,让所有的学龄儿童都能安全、放心地度过课余时间,并获得丰富多彩的体验和活动,厚生劳动省和文部科学省于 2014 年联合推出了"放学后儿童综合计划",建立新的放学后儿童保育制度,同时,以实施新的儿童保育制度为契机,日本进一步扩大服务对象的年龄范围。为了确保"放学后儿童俱乐部"的质量,厚生劳动省先后在 2014 年、2015 年又制定了《课后儿童健全育成事业的设施和运营标准》《"放学后儿童俱乐部"运营指南》,其中《"放学后儿童俱乐部"运营指南》已被日本政府划定为国家标准,于 2015 年 4 月起实施。考虑到"放学后儿童俱乐部"运作的多样性,政府明确这些标准的性质不是"最低标准",而是"国家标准规范",以引导其朝着理想的方向发展。各市町村根据这些业务指南,定期检查辖区内"放学后儿童俱乐部"是否正常、顺利地运营,并提供必要的指导和建议。[2]

　　2018 年 9 月,文部科学省与厚生劳动省在回顾了"放学后儿童综合计划"进展状况后,再一次联合发布了"新放学后儿童综合计划",其目的在于全方位地解决双职工家庭在儿童教育以及幼小衔接方面遇到的困惑。新计划提出,要在 2023 年末消除"放学后儿童俱乐部"等候名单上的儿童人数,并提供共计约 152 万个名额。截至 2023 年 5 月 1 日,在"放学后儿童俱乐部"注册的儿童人数增至约 145.7 万人,仍有约 16000 名儿童在排队等候,但俱乐部的数量低于最初的预测,新计划提出的目标很难实现。因此,为了改善儿童的福祉,促进共同工作和共同养育,2023年 12 月 25 日,儿童和家庭厅与文部科学省两个部委举行了"关于放学后儿童的一揽子计划"会议,重申将在放学后儿童措施方面开展合作,包括为等待入学儿童采取措施。比如,除在不妨碍学校教育的范围内利用空余教室外,还将促进校内专用教室和学校图书馆的分时利用、体育馆和学校操场的有效利用以及其他封闭式学校设施的利用,还提出扩大"放学后儿童俱乐部"专职人员的配置,改善"放学后儿

　　① 藤後悦子,岩崎智史.放課後子ども教室のスタッフが抱える困り感と問題解決に向けての工夫－都内 S 区の調査結果より－[J].未来の保育と教育-東京未来大学保育・教職センター紀要,2017(特別号):79-88.

　　② 厚生労働省.放課後児童クラブ運営指針解説書[EB/OL].(2016-12-12)[2024-09-09]. https://www.city.tsukuba.lg.jp/material/files/group/66/290905manual.pdf.

童俱乐部"工作人员的待遇等。①

简而言之,日本课后服务在发展过程中,文部科学省推行的"放学后儿童教室"与厚生劳动省推行的"放学后儿童俱乐部"从单独实施变成二者联合实施,不但整合了课后服务资源,将日常生活照料和加强学业教育相结合,使二者的功能得以相互补充,还采取了一系列措施,不断地扩大场所,力图让所有儿童都能安全、可靠地度过课余时间,并获得丰富多彩的体验和活动。目前,"放学后儿童教室"和"儿童俱乐部"不仅成为孩子们课后的安全去处,也是孩子们与父母在一起的地方。在这两个地方,孩子们到达时都会互相问候"欢迎回家"和"我回来了",其目的就是代替父母"在家照顾孩子"。②

(二)日本课后服务整合后的内容

尽管"放学后儿童俱乐部"和"放学后儿童教室"在服务对象、实施场所、活动内容、师资构成、运营时间以及资金来源方面进行了全面整合,但需要指出的是,事实上这两个项目在某些方面并没有取得实质性的整合。

1. 服务对象

在两项"放学后计划"整合之前,"放学后儿童教室"以全体小学生为对象,"放学后儿童俱乐部"则为来自双职工家庭里未满 10 岁的儿童(一般为 1 至 3 年级)为对象。整合后,"放学后儿童教室"的服务对象由全体小学生扩大到全部儿童,即把在校特殊儿童群体也包含在内,"放学后儿童俱乐部"项目也把服务对象扩大到所有双职工家庭中上小学的孩子,即 1 至 6 年级的小学生,具体见表 3-10。③

表 3-10　令和 5 年各年级注册"放学后儿童俱乐部"人数

年　级	一年级	二年级	三年级	四年级	五年级	六年级
人　数	44.5 万人	40.6 万人	31.2 万人	16.9 万人	8.3 万人	4.3 万人
占　比	30.5%	27.9%	21.4%	11.6%	5.7%	2.9%

另外,2015 年,文部科学省又专门推出了针对初中生的课后服务项目——"地域未来塾"。该项目是在"促进学校、家庭和社区合作计划"的资助下成立的,主要以因家庭经济原因而在家学习有困难或没有养成良好学习习惯的初中生为对象,通过调动大学生以及有教学经验的地区居民志愿者力量,给予初中生免费的学习

①　こども家庭庁・文部科学省. 放課後児童対策パッケージ[EB/OL]. (2024-01-09)[2024-11-08]. https://www.cfa.go.jp/assets/contents/node/basic_page/field_ref_resources/418fc3c2-44ae-4f5c-82e1-aa392893a2a1/a8b26db0/20240109_councils_houkagojidoutaisaku_418fc3c2_06.pdf.

②　島本篤. COVID-19 下における放課後子ども教室・放課後児童クラブの現場報告・分析——「宙吊りになる児童の権利と生」アガンベンの議論を中心に参照して[J]. 東京大学大学院教育学研究科基礎教育学研究室紀要第 48 号,2022(7):57-67.

③　こども家庭庁. 令和 5 年放課後児童健全育成事業(放課後児童クラブ)の実施状況[EB/OL]. (2024-01-09)[2024-11-08]. https://www.cfa.go.jp/policies/kosodateshien/houkago-jidou.

辅导。这是一种由政府组织的公益性课后服务项目。①

由此可见，日本课后服务的服务对象主要为小学生，但近几年开始将其外延扩展至中学生，让更多的学生成为课后服务的受益者。

2. 服务场所

整合前，"放学后儿童俱乐部"项目实施的主要场所是儿童馆和小学，"放学后儿童教室"的实施场所主要在小学。随着几次整合计划的出台，都强调要最大限度地利用公立学校的相关设施，推进在小学校内联合实施的一体化。对此，一些学校的空闲教室被改建为"放学后儿童俱乐部"，如 2017 年 5 月，全国公立小学和初中共有 2152 间空余教室被改建为"放学后儿童俱乐部"（小学 2142 间，初中 4 间，义务教育学校 6 间）。② 2023 年"放学后儿童俱乐部"约 52％在小学内实施，约 9％在儿童馆，13.2％在公共设施，其他场地占 25.8％，年龄较小的儿童（1 至 3 年级）约占总数的 80％。在同一小学内，"放学后儿童教室"占 50.8％。③ 由此可见，一体化实施以来公立小学是日本课后服务开展项目中利用最多的空间。

除学校场地外，儿童馆是日本课后服务实施的第二大空间。1947 年，日本《儿童福利法》颁布，正式确定了儿童馆的法律地位，为本地区儿童提供游戏、学习活动，也为儿童会、母亲俱乐部等团体开展活动提供服务。"放学后儿童俱乐部"是儿童保育的重要内容，儿童馆为其提供了场地及人力支持，其数量在几十年间实现了成倍的增长。截至 2016 年，日本全国共有 4637 所儿童馆，其中公立 2681 所，民营 1956 所。55％的儿童馆内已设置了"放学后儿童俱乐部"项目。④

公民馆是日本课后服务推广的另一个重要空间，是日本开展社会教育的主要场所，由文部科学省主管。公民馆的雏形出现于明治时期，成立之初是作为推进地方改革运动的基地。二战后，公民馆的主要职能转变为针对农村地区的社会教育实践场所。20 世纪 60 年代后，随着城市化的进程，公民馆逐渐从"农村型"向"都市型"转型。如今，公民馆不仅体现其社会教育机构的职能，还兼具社会福利机构职能，除了地区居民老年人利用之外，部分公民馆开始承担起辅助家庭教育以及解决课后真空时间有效利用问题的职能。2017 年文部科学省与厚生劳动省的统计数据表明，"放学后儿童教室"在公民馆实施的比例占 17％，"放学后儿童俱乐部"在公民馆中的实施比例约占 7.9％，仅次于小学和儿童馆。⑤

总之，两个"放学后计划"的实施场所以小学校区为主，儿童馆和公民馆为辅。

① 文部科学省.教育の支援を必要とする方へ[EB/OL].（2018-07-08）[2024-09-08]. http://www.mext. go. jp/a_menu/shougai/kodomohinkontaisaku/1369105. htm.

② 文部科学省,放課後子供教室の取組・現状・課題について[EB/OL].（2018-11-02）[2024-09-09]. https://www8.cao.go.jp/kisei-kaikaku/suishin/meeting/wg/hoiku/20181102/181102hoikukoyo01.pdf

③ こども家庭庁.令和 5 年放課後児童健全育成事業（放課後児童クラブ）の実施状況[EB/OL].（2023-12-25）[2024-11-12]. https://www. cfa. go. jp/policies/kosodateshien/houkago-jidou.

④ 屈璐.日本课后服务的场域建构研究[D].上海:华东师范大学,2019.

⑤ 屈璐.日本课后服务的场域建构研究[D].上海:华东师范大学,2019.

3. 服务内容

随着"放学后儿童综合计划"的推进,日本课后服务的内容扩展至学习帮助类、活动体验类、传统游戏类、体育运动类以及生活指导类等。[①] 比如,千叶县木更津市的"放学后儿童教室"利用小学课后时间的空闲教室和操场,培养心智健全的社会儿童,由当地社区的成年人担任讲师,提供各种实践活动,并与当地居民开展交流活动。具体有孩子们与父母、教师和社区里的其他成年人一起玩传统游戏(如高跷、独角戏、剑术、象棋、围棋等);在当地居民的指导下,开展儿童体验课程,如手工制作(如竹制工艺品和游乐设施、字母绘画、自由木工),以及高尔夫、躲避球、羽毛球等体育活动。[②]

当然,各地区还可结合本地资源开展体现本地区特色的课后活动。比如,"放学后儿童教室 SEKI"是"放学后儿童教室"和"放学后儿童俱乐部"在同一设施内举办的课后服务。它以体验式学习为中心开展了一些特色活动,如与小学合作开展了"稻田种植课堂",与家长合作组织了"买票坐火车"社会体验活动。此外,还利用空中天文馆开展专门的星空观测。[③]

4. 资金来源

课后服务的推进离不开资金的支持。目前,"放学后儿童俱乐部"采用国家、都道府县、市町村三方分别承担 1/3 预算经费的模式运营,家长如果要参加需另行付费。"放学后儿童教室"也是采用国家、都道府县、市町村三方分别承担 1/3 预算经费的模式,即原则上免费,不再向学生家庭征收额外费用。目前,日本政府把这两个项目统一为"放学后儿童计划促进项目",并向都道府县、指定城市和核心城市拨款。各都道府县政府将以与国家政府相同的方式统一补助,教育委员会与国家政府和各市町村一起办理所有行政手续。[④]

5. 参与人员

日本课后服务强调学校与地区联和推进。"放学后儿童俱乐部"与"放学后儿童教室"的具体运行离不开学校、家庭、社区、企业、大学、非营利组织等的合作。因此,其参与者不仅吸纳学校教师、地区普通居民、民间教育工作者、大学生、文化艺术团体等多样化人才作为各种项目活动的实施者,还要配备"放学后儿童支援员",专门指导和落实课后服务期间儿童的托管与教育工作。和标准较宽松的志愿者招

---

① 张亚飞. 主要发达国家中小学课后服务研究[J]. 外国教育研究,2020(2):59-69.

② 木更津市教育委员会生涯学习课. 木更津市放课后子ども教室[EB/OL]. [2024-09-11]. https://manabi-mirai. mext. go. jp/search_case/files/29kasetukomyu_1_2_29103. pdf.

③ 学校と地域でつくる学びの未来. 放课后子ども教室いきいきキッズ応援团 SEKI による活动[EB/OL]. [2024-09-11]. https://manabi-mirai. mext. go. jp/search_case/files/27_hyousyoujirei_74_mie. pdf.

④ 厚生劳働省. 放课后児童クラブと放课后子ども教室について[EB/OL]. [2024-09-16]. https://www. mhlw. go. jp/shingi/2009/02/dl/s0224-9d_0060. pdf

收标准相比,"放学后儿童支援员"的准入条件更为严格,有着清晰的任职资格标准。[1] 政府规定"放学后儿童支援员"首先须取得保育专业资格、社会福祉专业资格或教育职业资格中的任意一项国家专业资格证书。此外,政府还面向大学生开辟了特殊通道,规定高校毕业生只要有两年以上儿童福利事业或类似课后服务工作相关经验并获得地方行政单位资格许可者,以及社会福祉学、心理学、教育学、社会学、艺术学、体育等专业的毕业生均能获取任职资格。[2] 此外,课后服务经营者应确保提供培训机会,以增加"放学后儿童支援员"资格持有人数,使他们努力掌握了解儿童发展、支持儿童游戏和日常生活所需的知识和技能。

6. 质量保障

长期以来,日本政府一直特别重视完善儿童保育措施和儿童的健康成长。随着"放学后儿童教室"和"放学后儿童俱乐部"数量的不断攀升,政府对课后服务质量也日益重视。根据修订的《儿童福利法》,厚生劳动省于 2014 年 4 月颁布了《课后儿童健全育成事业的设施及运营标准》,进一步推动在日本全国范围内确保课后服务达到一定的质量水平的工作。自 2015 年 4 月起,"放学后儿童俱乐部"将基于此标准制定各市町村的运营条例。文部科学省又考虑到"课后儿童俱乐部"业务的多样性,明确"课后儿童俱乐部"应保障儿童群体的游戏和生活环境及业务内容的标准,新制定了《"放学后儿童俱乐部"运营指南》。该《指南》已被日本政府采纳为国家标准,于 2015 年 4 月 1 日起实施。考虑到"课后儿童俱乐部"运作的多样性,政府明确这些标准的性质不是"最低标准",而是"国家标准规范",以引导其朝着理想的方向发展。该《指南》从"放学后儿童俱乐部"的目的、作用及要素、项目目标,儿童的发展,"放学后儿童俱乐部"发展支援说明,"放学后儿童俱乐部"的管理,学校与社区关系,"放学后儿童俱乐部"设施设备、卫生和安全措施以及改进工作场所的职业道德和业务实践等方面提出具体的建议,以引导放学后儿童俱乐部的规范运营,保证其服务质量。[3] 各市町村根据这些内容,定期检查辖区内的"放学后儿童俱乐部"是否正常、顺利地运营,并提供必要的指导和建议。

第二节　各国假期课后服务

假期意味着人们在完成规定的学习、工作任务以外的可以自由支配的时间,即"闲暇",其本质是"休闲"。关于休闲,康普顿和霍夫曼认为它是指"我们如何度过

---

① 穆加兴.课后服务质量保障的策略研究——以日本"放学后儿童计划"为例[J].上海教师,2023(2):92-101.

② 厚生労働省.放課後児童健全育成事業について[EB/OL].[2024-04-05].https://www.mhlw.go.jp/content/11920000/000968013.pdf.

③ 厚生労働省.放課後児童クラブ運営指針解説書[EB/OL].(2016-12-12)[2024-09-09].https://www.city.tsukuba.lg.jp/material/files/group/66/290905manual.pdf.

闲暇时间,我们做什么来放松,我们如何参与活动来获得乐趣,以及我们如何表达我们的激情和兴趣"。联合国劳工组织在《休闲宪章》中强调了休闲的重要性,对于个人的生活质量而言,它与健康和教育一样重要。著名的散文家和诗人爱默生曾表示:要好好珍惜空闲时间,它们就像未经雕琢的钻石;丢弃它们,它们的价值将永远不为人知;改进它们,它们将成为有用人生中最闪亮的宝石。我国古代也强调"文武之道,一张一弛"。学习工作是"张",休闲度假是"弛",二者结合,张弛有度,才能有益于个体的身心健康,从而更好地提高学习和工作效率。由此可见,休闲是人类社会生活的重要组成部分,它为我们提供了放松、娱乐和个人发展的机会。随着社会的发展,人们拥有的假期越来越多,如何充分利用空闲时间,成为现代人提升生活质量和促进个人成长的重要追求。

中小学生处于身心发展的关键时期,在漫长的假期(尤其是暑期),完全放任他们休息、娱乐并不可取,而应该在休息放松之余,为其提供有益的活动,促进儿童青少年个性的积极发展,激发他们的天赋和潜能,充分地发挥假期的教育潜力。一项关于暑期学习的研究表明:夏季是一个有利于帮助青少年学习和发展的特别机会,其重要性以往被低估了。一般来说,参加暑期课程的学生更有可能在同龄人中具有更高水平的社交能力,减少问题行为,拥有更好的身体素质。因此,各国都特别重视通过开展各种暑期课后服务项目来促进学生综合素质的提升,使他们在轻松愉悦的休闲娱乐中得到相应的锻炼。

一、美国的暑期学校

美国是世界上中小学暑假时间最长的国家,每年6月底放假一直到9月初才开学,大部分学生都可以享受3个月的暑假时光,占了全年的四分之一。这一做法是美国在建国之初所定的,当时大多数美国人以农耕生活为主,学生在假期中要帮父母收割庄稼和饲养家禽,再加之在炎热的夏天,学生在校上课非常辛苦。因此,学校就保留了在暑期放长假的传统。

但有人对此提出这样的疑问:如果学校是为了培养学术成就而设立,那么当他们关闭校门时,漫长的暑假对学生的影响是什么? 学生的学习会发生什么变化? 因此,自1906年以来,研究人员记录了夏季学习损失,指出学生的秋季测试成绩往往明显低于几个月前的成绩。后来研究还发现,夏季的影响在不同技能领域存在显著差异,在数学和阅读拼写方面比在其他技能领域更为突出。① 研究者把这一现象称为暑期学力鸿沟(Summer Slide)或暑期学习损失(Summer Learning Loss)。暑期学力鸿沟是学生假期脱离学习状态后的累积效应,在学习者和不学习者、学习能力强的学生和学习能力较差的学生之间存在差异并呈现阶层差异,家庭

---

① Geoffrey D. Borman, Matthew Boulay. Summer Learning: Research, Policies, and Programs[M]. Mahwah: Lawrence Erlbaum Associates Publishers, 2004.

经济处于弱势地位的学生更易遭受暑期学习损失。[①] 上述研究成果为促进教育公平提供了一个新的视角,美国社会中随之出现了"缩小暑期学力鸿沟,促进教育公平"的热潮。比如,延长学年,设立暑期学校,针对弱势群体开展暑期阅读项目、图书馆暑期阅读服务,提供免费阅读工具等暑期学习计划,目的是对抗暑期学习损失的情况,帮助学生在核心学术科目上取得突破,同时提供戏剧、视觉艺术、自然漫步、攀岩等项目,来缩小高收入家庭学生和低收入家庭学生之间的差距。高质量的暑期学习计划使得经常参加的学生在阅读和数学方面获得进步,发挥着重要作用,它既能提升学生的学术知识和技能水平,又能将学生与引人入胜的丰富学习体验联系起来。高质量的暑期学习计划已成为学力恢复和增进福祉的重要组成部分。其中,暑期学校作为承担学生暑期课后服务的主要场所,越来越受到美国社会的普遍关注。

（一）暑期学校的产生和发展

1. 暑期学校的产生

暑期学校由最初的假期学校发展而来,其建立的初衷是防止移民家庭的儿童由于暑期无人监护而产生街头犯罪的问题。

自南北战争结束,美国的资本主义迅速发展,农业经济向工业经济转型,大量家庭从农村迁往城市,成为工厂的廉价劳动力。他们经济收入低,居住条件简陋。在炎炎夏日里,原本需要在暑假期间帮助父母照料农作物或农场牲畜的学生,赋闲在家,无所事事,屋里闷热难受,又没有经济条件到乡间避暑,所以他们不得不在城市街道上四处游荡,以打发大量的空闲时间。为解决暑期儿童无人看管、青少年犯罪、儿童频繁出现问题行为等一系列问题,马萨诸塞州的剑桥市于 1872 年率先建立假期学校。随后多个城市纷纷尝试开设假期学校。此外,南北战争后,工业规模迅速扩张导致对工人数量史无前例的需求,产业大军中"童工"数量迅速增加。1916 年,美国国会通过第一部全国性童工保护法案《基廷·欧文法案》,学龄儿童在暑期不允许再从事任何产业劳动。闲散儿童在假期几乎无事可做,屡次出现违法犯罪行为,再次引发严重的社会问题。城市居民、社区管理者要求为学生提供有组织的看护,且呼声日益高涨。于是,暑期教育计划在全国范围内得到迅速推广。

因此,假期学校在很大程度上服务于移民家庭及底层的学生,本质上是一种暑期日托。最初的目的是通过为儿童提供集体性娱乐活动,防止儿童产生溺水、犯罪等安全问题。同时,也确保儿童在假期学校生活充实,因此课程内容的安排注重娱乐性和实用性。比如,1894 年的纽约假期学校就开设了折纸、园艺、绘画、泥塑、缝纫、音乐、体操和郊外远足等课程,而不只是涉及纯粹的知识性学科。如今,暑期项目的目的已远远超出了预防青少年违法行为,但这肯定是暑期学校仍然存在的主

---

① 董永贵,杨丽芳.美国暑期学校托育实践对深入推进"双减"政策的启示[J].教育评论,2022(5):159-168.

要职能之一。

2. 暑期学校的发展

自 20 世纪 50 年代起,教育工作者逐渐意识到夏季能够补救弱势学生的学习缺失,因为富人能够为他们的孩子聘请家庭教师,而家庭贫困的孩子则没有这样的机会。暑期对儿童的影响与家庭经济状况密切相关,和高收入家庭的儿童相比,低收入家庭的儿童无法获得一系列丰富的夏季体验。这促使教育工作者更加关切"弱势家庭儿童暑期的受教育机会问题",并逐渐获得联邦政府的支持。1965 年联邦政府通过美国《中小学教育法》(Elementary and Secondary Education Act,简称ESEA),提出以"补充教育服务"尝试帮扶弱势家庭,以打破贫困代际循环。为实现这一目标,法律建议儿童有充分机会参加有效的、高质量的常规学校课程,并通过延时机制获得额外的帮助。这一法律还促使政府为弱势青少年设立了暑期教育计划。例如,芝加哥公立学校制定了一项政策,为完成三年级、六年级和八年级的学生制定了全学区的升学标准。如果学生的阅读和数学成绩和出勤率达不到最低标准,他们要么留级,要么必须参加暑期桥梁课程。因此,此时的暑期教育项目主要通过学校为来自弱势背景的学生提供服务,进而推动基础教育普及化,为实现学生教育机会均等发挥一定的教育公平补偿作用。随后历届政府均延续了这一做法。

随着时间的推移,暑期学校的功能越来越多,已经超出了提供补偿教育的范围。1959 年,美国教育协会教育政策委员会主席、教育家科南特建议教育委员会不仅要为学校里学习困难的学生提供暑期项目,还需要安排更为灵活的课程或丰富的教育体验来满足不同群体的暑期学习需求。科南特的政策建议"成为美国暑期学校发展的一个转折点"。暑期学校也被纳入美国《国防教育法》。至此,美国中小学开始充分利用暑期时间兼顾不同学习者的需要,以确保学习机会均等,保障学生的暑期发展权益。[①] 如有提前毕业计划的学生可利用暑期课程加快他们的学分积累,缩短毕业年限;暑期不仅要为学困生提供补偿性教育,也应为有学习天赋和其他才能的学生提供专门的拓展课程,这些课程通常涉及超出所处学习阶段的内容,而以更高水平的课程为基础。

3. 定型

20 世纪 80 年代以来,美国国内外局势发生变化,经济发展进入低谷期,美国基础教育也进入突出优质教育的全面改革时期。在过去的几十年里,美国成绩优异的学生在世界上的教育排名不断下降,与欧洲、亚洲国家的学生相比,美国儿童接受的在校教学时间要少数百小时,对学业质量产生的损失是累积性和持久性的。1983 年《国家处于危机之中》报告就敦促教育工作者增加教学时间,以解决当时美国公立学校系统中日益扩大的成绩差距。这份特殊的报告唤起了人们对研究美国

---

① 马莹.美国基础教育阶段的暑期学校:发展历程、组织实施及改革动向[J].外国教育研究,2022(4):50-63.

学生如何使用教学时间的兴趣。然而,延长学年会面临更高的财政开支。于是,暑期学校成为弥补学年较短、补救学业质量、解决整体学业成绩差距问题的一种选择。研究表明,到学生上九年级时,不同社会经济背景的学生之间,三分之二的成绩差距可能是小学期间累积的暑期学习损失所造成的。[①] 对此,研究人员提出,针对儿童所面临的"学业成绩下滑",需要在暑期进行必要的"补习和充实计划"。1996 年,芝加哥公立学校引入夏季桥梁项目,这标志着暑期学校在美国近代历史上首次被设计为学校改革的核心要素。其做法是为关键年级制定一套提升标准,并在标准化测试中设定具体的分数线。没有达到分数线的学生应留级或参加暑期学校,在暑假结束时再次参加考试。[②] 此后,各学区开始鼓励学校充分利用暑期时间,开展暑期学习项目以提升学生各项能力,加强学生学习力度,确保学业质量不下滑。总之,经过一百多年的发展,干预与减少暑期学习损失逐渐成为美国暑期学校的一项重要功能。

由此,我们可以发现,美国的暑期学校经历了从最初的预防犯罪到 20 世纪 60 年代至 70 年代的补偿教育计划,以及 20 世纪 80 年代至 90 年代的资优教育。目前,暑期教育在今天的美国公共教育中发挥着重要而特殊的作用,每年参加暑期活动的人数呈上升趋势。2019 年夏季,就有 1260 万学龄儿童参加了有组织的暑期活动,暑期活动参与率达到有史以来的最高水平:接近一半的家庭(47%)称至少有一个孩子参加了暑期活动,比 2013 年暑期的 33%、2008 年夏季的 25% 都有所增长。[③]

（二）暑期学校的种类

美国暑期学校主要分为两类[④]:一是由公立学校组织的暑期学习活动,即"延迟放假时间",一般为 3 周左右,是免费为学生提供的一项课后服务活动,由公立学校的教师负责活动的运行,提供的课程内容丰富多彩,包括数学、阅读、手工、自然科学、艺术、体育运动等,学生可根据自己的兴趣自由选择。此类暑期学校一般只开放半天,学生上午在校学习,其余时间在家享受假期;二是由非公立学校组织的暑期夏令营,主要包括地方教育机构、社区组织、其他公共或私人实体,或者由两个或更多此类组织构成的联合体,共同为暑期学校的运营提供稳定的资金流。

从时间安排而言,各学区采用不同的暑期学校课程安排模式,又可分为两种模

① Karen Pittman. Why After-School Matters for Positive Youth Development [C]. After-School Programs to Promote Positive Youth Development,Springer Briefs in Psychology,2017.

② Geoffrey D. Borman,Matthew Boulay. Summer Learning:Research,Policies,and Programs[M]. Mahwah:Lawrence Erlbaum Associates Publishers,2004.

③ America After 3PM. Time for a Game-Changing Summer,With Opportunity and Growth for All of America's Youth [R/OL]. [2024-10-22]. https://afterschoolalliance. org/documents/AA3PM/AA3PM-Summer-Report-2021. pdf.

④ 董永贵,杨丽芳.美国暑期学校托育实践对深入推进"双减"政策的启示[J].教育评论,2022(5):159-168.

式:分布式暑期课程模式(distributed program model)和集中式暑期课程模式(concentrated program model)。① 分布式暑期课程是一种贯穿整个暑期来安排课程的模式。具体而言,将暑期课程前后的休息时间限制在两周以内,暑假期间学生每周参加 2 天课程,为期 8 周,贯穿整个暑期。分布式暑期课程的内容具体、重点突出,以学生个人需求为目标,学校采用小班教学与个人指导。集中式暑期课程是一种在暑期集中时间安排课程的模式,通常安排在暑期开始或结束的时候,可以分为"延长学年模式"(extension program model)和"快速起步模式"(jumpstart program model)。延长学年模式基于扩展学习理念,让学生在 6 月学年结束时,参加 4 至 6 周的暑期学校,目标在于让学生在暑假期间延续上一学年的课程教学,以便巩固学业质量。快速起步模式是在 7 月或 8 月暑期即将结束、新学年开始前 4 至 6 周进行复习和预习,帮助学生在下一学年的学习中获得一个"跳跃式开始",尤其关注为学业困难的学生提供帮助,使其尽快适应新学年课程进度。

无论是分布式暑期课程项目,还是集中式暑期课程项目,每年暑期都应为学生提供至少 16 天的课程,其中需要保证每天的数学和阅读课程课时总计不少于 90 分钟。通常上午安排核心科目,注重拓展阅读和数学教学;下午在轻松愉悦的环境中安排娱乐活动。

(三)暑期学校的项目内容

总体而言,美国暑期学校提供的项目分为两类。

其一,暑期课程计划兼顾学业与娱乐。既有提高学术表现的阅读、数学、STEM 等学术充实课程,也有音乐、戏剧、体育、烹饪、夏令营、实地考察等丰富假期生活的其他活动,帮助学生探索新的兴趣、学习新的技能并享受假期。以华莱士基金会(Wallace Foundation)于 2011 年启动的全国暑期学习项目为例,对波士顿公立学校、达拉斯学区、佛罗里达州杜瓦尔县公立学校、匹兹堡学区和纽约州罗切斯特学区的五个大型自愿暑期学习项目提供支持。这些学校或学区都提供 5 至 6 周的全日制暑期课程。课程侧重于阅读、数学和其他活动(如艺术、体育和科学探索),使得学业与丰富的活动相结合。② 2020 年《下午 3 点后的美国》调查报告显示,家长希望孩子参加的活动有吸引力,能够提供多种选择,让孩子参加保持活力的户外活动,而不是以学业为重点的学术性课程。在家长看来,暑期与学年不同,希望孩子的暑期活动有更多体验户外活动的机会。③ 由此可见,比起学术性课程,

---

① 马莹. 美国基础教育阶段的暑期学校:发展历程、组织实施及改革动向[J].外国教育研究,2022(4):50-63.

② Wallace Foundation. The National Summer Learning Project[EB/OL].[2024-10-08]. https://wallacefoundation. org/insights/what-do-i-need-know-about-summer-learning.

③ Afterschool Alliance. Time for a Game-Changing Summer,With Opportunity and Growth for All of America's Youth[EB/OL].[2024-10-26]. https://afterschoolalliance. org/documents/AA3PM/AA3PM-Summer-Report-2021. pdf.

娱乐性的项目更受学生和家长欢迎。

其二,暑期项目以学生个人的需求为目标。针对幼儿园、初中和高中等关键过渡期,提供欢迎日、心理辅导和社会支持等适应性项目,让学生与同龄人、教师积极互动,为学生融入新环境做准备。针对较高年级的学生,则进行学习方法的探索创新,包括基于熟练程度的学习、灵活的学分制度,提供实习、大学访问和职业体验机会等,提升学生的职业发展技能,为他们在大学、职业和生活中取得成功做好更充分的准备。[①]

(四) 暑期学校的资金来源

美国暑期学校的资金来源通常由联邦资金、州政府资金以及私人资金三部分组成,三者共同为暑期学校的运营提供稳定的资金流。其中,联邦政府在暑期学校的资金支持比例中约占 60%,占比最大。"一号标题法案"(Title Ⅰ) 补助金、"21 世纪社区学习中心"("21st CCLC")计划补助金、美国卫生和公共服务部为贫困家庭临时援助基金(TANF)、儿童保育和发展基金(CCDF)、美国住房和城市发展部的社区发展拨款(CDBGs)等都为暑期学校的发展提供资金支持。此外,各州政府的特别征税以及慈善基金和家长筹资等私人资金也可以支持暑期学校的发展。[②] 比如,著名的华莱士基金会就启动了国家暑期学习项目,该项目从 2011 年一直持续到 2017 年,为低收入社区的数千名学生提供暑期学习机会,提高他们的学术技能,让其参加丰富的活动,如体育、艺术和社区服务,也帮助学区改进他们的计划。[③]

地区政策确立了联邦、州和城市资源的使用方式,并确定对暑期计划的一般运营资金进行分配。各地通常由学区建立资源整合机制,以确保项目稳定运行。各学区每年寻求多种来源的资金支持暑期项目,包括筹集慈善捐款、从学区运营预算中为暑期项目分配预算资金等。学校对资金支配具有较大的自主权,可将资金用于充实学生的拓展活动,如阅读、数学、科学、职业、艺术、健康、社会情感学习和领导力等,而不只是补习指导。

尽管如此,经费问题一直是孩子参加暑期活动的最大障碍。对于孩子没有参加暑期项目的家庭而言,费用通常是主要原因。调查显示,2019 年暑期活动的平均费用从自愿性暑期活动的 758 美元到 STEM 夏令营的 900 美元不等。在 2019年暑期,家长在 STEM 夏令营上平均花费 920 美元,在专业夏令营或项目上平均花费 886 美元。较高的费用让部分儿童失去了参加暑期活动的机会,39%没有让孩子参加暑期活动的家长表示是因为项目太贵。因此,很多家长都赞成对暑期学

---

① 马莹.美国基础教育阶段的暑期学校:发展历程、组织实施及改革动向[J].外国教育研究,2022(4):50-63.

② 张家军,鲍俊威.美国中小学暑期学校的运行及其启示[J].教学与管理,2021(6):81-84.

③ Wallace Foundation. The National Summer Learning Project[EB/OL].[2024-05-08]. https://wallacefoundation. org/insights/what-do-i-need-know-about-summer-learning.

习的公共投资应继续增长。①

（五）暑期学校的师资

为了充分地发挥暑期学校的最大效益，学区需要雇用最优秀和最有积极性的教师。首先，教师的选拔过程十分严格。教师须先写一份说明书，陈述其工作动机，再进行面试，征求校长的建议。在延长教师聘用期之前，要先观察其课堂上的表现等。其次，教师的选拔还要考虑他们在学年里的教学表现，有些学区会结合学生表现、教学观察、学生调查和其他数据来制定标准，以此来评估教师。最后，暑期学校会尽可能聘请有丰富教学经验的教师，且这些教师都需要获得大学学历和相应的教学证书。②

师资短缺一直是制约美国暑期学校发展的一个重要因素。因此，各学区都在创造性地思考如何与周边的伙伴进行合作，包括社区组织、高校、公园、娱乐机构和图书馆等。比如，有些学区与当地的大学或学院建立了合作关系，从师范教育项目中招聘学生，并对其进行教学方法和积极的学习环境方面的培训。许多学生先从暑期学习辅导员做起，之后再担任教师角色。有许多学生毕业后还在学区担任了班主任。

总之，在提升全球竞争力政策背景下，美国政府在历次教育改革中都强调更高学术标准和最低能力要求。这种对国家竞争力和教育质量的担忧，已渗透到学生的暑期学习。20 世纪 90 年代之前，美国课后服务主要为儿童提供安全照看空间和发展机会，但现在包括暑期学校在内的课后服务项目逐渐转移到只关注学生整体学业成绩的提高。研究者认为，"这将是课外活动领域的'劫难'，功能偏向了较为功利的学业竞争标准"。为此，2009 年，美国暑期学习协会（National Summer Learning Association，NSLA）召集了来自不同学区的暑期服务提供者和主要基金会等利益相关者，制定了暑期学校发展的新愿景：致力于超越"暑期补习学校"，将重点从狭隘的补救和考试准备，转变为提供更多核心学科领域的丰富活动，提供手工、编程等实践性项目，培养协作、创新、沟通和数据分析等 21 世纪的关键技能。这些变化表明美国暑期学校越来越注重通过提供丰富的活动尤其是实践类的项目，来培养学生的关键技能。

二、英国的假期俱乐部

2005 年，英国对公立学校学期制度进行了改革，学校每一学年由过去的 3 个学期改为 6 个学期。私立学校一般每学年分为 3 个学期：秋季学期（9 月到 12 月）、春季学期（1 月到 3 月）、夏季学期（4 月到 7 月），学期之间有近 20 天到 40 天左右

---

① Afterschool Alliance. Time for a Game-Changing Summer，With Opportunity and Growth for All of America's Youth［R/OL］.［2024-11-03］. https://afterschoolalliance. org/documents/AA3PM/AA3PM-Summer-Report-2021. pdf.

② 张家军，鲍俊威. 美国中小学暑期学校的运行及其启示［J］. 教学与管理，2021(6)：81-84.

不等的假期,而每个学期里又都会有一周的半学期假。^① 因此,无论对于公立学校还是私立学校的学生而言,这都意味着拥有很多的假期时间,尤其是漫长的暑假。对于儿童来说,假期不仅意味着放松,也意味着拥有学习和发展的机会;对于家长来说,假期中他们既要去看望父母,又要休年假,还要和朋友一起度假。因此,他们不仅在孩子上学前和放学后需要儿童保育服务,在假期中也同样需要高质量的儿童保育服务。于是,假期俱乐部(或游戏计划)成为上班族父母的普遍选择。

（一）假期俱乐部的提出

英国的假期俱乐部主要提供学校正常上学外的假期活动,有时也会被称为"游戏计划"(Play Scheme),一般每天提供 9 到 10 小时的活动。

假期俱乐部计划最先在英格兰试点实施。地方当局利用政府拨款在假期给予俱乐部一定的支持。俱乐部主要为 5 至 11 岁的学龄儿童提供类似免费学校餐(free school meals)的福利以及举办丰富的活动,如踢足球、做游戏和烹饪课等。低收入家庭的儿童由于无法参加收费昂贵的校外活动,可能面临生理与心理的双重问题,甚至遭到同伴排挤,从而度过一个不愉快的假期。因此,假期俱乐部计划的提出可以在假期为父母节省一定的托儿费用,减轻低收入家庭在假期可能面对的压力。

有关数据显示,在 2022 年暑假英格兰开办的 8000 多个俱乐部中,约 60 万名儿童从中受益。英国教育部部长吉利恩·基根(Gillian Keegan)表示,"让儿童在假期享受营养餐并参与娱乐活动,有助于儿童的身心健康,也有利于社会发展,因为假期俱乐部为更多儿童提供了成长的空间,同时也帮助了负担不起托儿服务的父母。"

（二）假期俱乐部的类型

目前英国各地假期俱乐部的数量和种类很多,开设的活动丰富多彩,概括起来有以下三类。^②

一是公共场馆拓展类课后服务。主要包括博物馆、美术馆、图书馆、档案馆、科技馆等,它们均属于政府机构主导下的课后服务场所,为不同群体提供精准服务。

二是参观体验类课后服务。比如,农场体验活动、工厂工业生产观摩、企业参观活动。通过这类活动,儿童可提前感知不同职业的重要性。

三是活动项目式课后服务。比如,假日露营(Holiday Camp)、童子军、野炊、自然乐趣(Nature Fun)等活动是儿童较为青睐的假期俱乐部项目。这类活动以生活体验和挑战性活动为主。

以 Kidz Enterprise 假期俱乐部为例,它在包括圣诞节在内的所有学校假期开

---

① 王志伟.国外学校如何放假[J].高教观察,2006(1):50-51.

② 陶享荣,刘梅梅.基于公共价值的英国课后服务体系的特征及启示[J].外国教育研究,2022(9):3-17.

放,开放时间为上午 7:30 至下午 6:00。所有 4 至 11 岁的儿童均可参加,在俱乐部还可享用早餐。假期活动由工作人员与孩子们一起策划,旨在帮助孩子学习、玩耍并与朋友一起放松,一年四季都能充分利用室外设施。通常在每周三,俱乐部还会组织一次集体旅行,例如,去主题公园、海滩、郊野公园或博物馆。每周五都会举办一次参观工作坊的活动,包括参观"动物英国""惊奇先生""卡丁车""斯科特马戏团"等活动。每个工作坊都会为孩子们提供新奇的、令人兴奋的活动。除此以外,Kidz Enterprise 还提供自选旅行(门票自己支付),旨在向孩子们介绍各式各样的活动,如攀岩或划独木舟等,不同活动适合不同年龄段的孩子,这些活动适合 8 岁以上的儿童参加。[①]

当然,也有部分课后服务机构会在假期利用学校的场地开展假期托管服务,活动内容相对简单,如在教室里画画或去操场上踢球等,所以价格较为低廉。到中学后,有的学校自身也会组织类似的活动,收费与外面的假期俱乐部并无太大区别,内容以体育运动为主,如橄榄球、足球等,因为学生一般都居住在学校附近,所以这也成为相当一部分家长的选择。[②] 如纽伯勒儿童俱乐部(Newborough Kidz Club)位于纽伯勒英格兰教会小学,从 8:00 运营至 18:00,面向彼得伯勒市及周边地区所有 4 至 11 岁的儿童开设,其活动内容相对简单,这可从一日活动时间安排中看出。[③]

上午

08:00 儿童俱乐部开放。

08:00—08:30 儿童到达,提供早餐,允许儿童自由玩耍。

08:30—08:35 早餐最后一次供应,然后打包。

08:35—09:45 自由活动,开放室外活动区,开展第一项计划活动。

09:45—10:00 孩子们收拾东西、洗手,然后坐下准备吃点心。

10:00—10:20 第一次吃点心,孩子们坐下并进行社交活动。

10:20—11:45 自由活动,开放室外区域,开展第二项计划活动。

11:45—12:00 孩子们收拾东西、洗手,准备午餐。

12:00—12:30 午餐时间,孩子们坐下用餐,用餐时间较长的孩子可以继续用餐。

下午

12:30—15:30 自由玩耍,开放室外区域,提供第三项计划活动。

15:30—15:45 要求孩子们收拾东西、洗手并坐下准备吃点心。

①　Kidz Enterprise. Holiday Club—Daily Price £30. 95 [EB/OL]. [2024-06-16]. https://www.kidzenterprise. co. uk/clubs/holiday-club.

②　杨波.英国学生的假期:运动是主题[J].少先队研究,2016(5):64.

③　Newborough Kidz Club. Holiday Club[EB/OL]. [2024-06-20]. https://www.newboroughkidzclub.co. uk/holiday-club.

15:45—15:55 第二次点心时间。

15:55—17:00 自由活动。

17:00—17:30 开始收拾桌子,孩子可以选择在室内观看一部电影,玩一些游戏,或者去室外玩耍。

17:30—17:45 随着室外区域收拾完,孩子被叫到室内休息,直到有人来接。

17:45—18:00 工作人员扫地、洗地,为第二天做准备。

18:00 儿童俱乐部关闭。

如果不需要机构全天照顾孩子,俱乐部也可以灵活安排时间。

除了上述校外机构利用学校场地开设的全天假期俱乐部外,一些地区还出现了社区早餐俱乐部,专门解决假期中家庭在为孩子提供有营养的食物方面面临的困难,特别是在漫长的暑假期间。比如,在英格兰西北部和北爱尔兰建立了一些社区早餐俱乐部,人们(不限于儿童)可以在暑假期间享用免费的营养早餐。①

(三)假期俱乐部收费

与课后俱乐部和早餐俱乐部相比,假期俱乐部的收费是最高的,每个孩子每天的价格基本在 30 英镑左右,比如,Kidz Enterprise 假期俱乐部每天的价格为 30.95 英镑,提前预订可享受 5% 的折扣。② 布兰普顿儿童俱乐部开设的假期俱乐部,每个孩子的费用为每小时 5.5 英镑或全天 38.5 英镑,可按小时或半小时预订,时间从半小时起。如果兄弟姐妹同时参加全天(按日收费)的活动,每增加一人可享受 20% 的折扣。按小时收费的预订不享受折扣。上午和下午的点心时间通常在上午 10:00 和下午 3:00,无须支付额外费用。③

(四)假期俱乐部的评估

假期俱乐部的评估与早餐俱乐部和课后俱乐部一样,也接受英国教育标准局的评估。一般根据 2006 年《儿童保育法》第 49 条和第 50 条的规定对俱乐部进行检查并做出评估。

三、韩国的假期托管教室

(一)假期托管教室的基本介绍

韩国中小学的学年分为两个学期,学年通常从 3 月开始,到次年 2 月结束,这与世界上其他国家的学年从 9 月开始不一样。第一学期从 3 月初开始,到 7 月中

---

① Margaret Anne Defeyter,Pamela Louise Graham,Kate Prince. A Qualitative Evaluation of Holiday Breakfast Clubs in the UK:Views of Adult Attendees,Children,and Staff[J]. Journal Frontiers in Public Health,2015(3):1-15.

② Kidz Enterprise. Holiday Club—Daily Price ￡30. 95 [EB/OL]. [2024-06-16]. https://www. kidzenterprise. co. uk/clubs/holiday-club.

③ Brampton Kids Club. Holiday Clubs[EB/OL]. [2024-06-18]. https://bkcltd. co. uk/holiday-clubs.

旬结束,第二学期从 8 月底开始,到次年 2 月结束。中小学生在学年期间享受暑假和寒假。暑假一般持续约 6 周,从 7 月中旬开始,一直持续到 8 月下旬。寒假比暑假短,为两到三周。为了减轻家长的育儿负担,韩国假期托管教室会在节假日及寒暑假期间为儿童提供托管服务,服务对象为假期中需要托管的小学 1 至 6 年级学生,运营时间一般从早上 9 点到下午 5 点,也可根据家长需求和学校条件适当调整,班级规模在 20 人左右,托管场所为下午托管专用、兼用教室与"放学后学校"衔接型托管教室。由于学生的假期学习和兴趣活动十分复杂,假期托管教室开设的课程也较为灵活。原则上,假期托管教室每天应提供一项以上的免费活动,或者每周提供五节免费课程。如果家长提出了需要受益者付费的假期活动,经学校运营委员会审议后可自主开展。午餐和零食的费用由受益者承担,符合教育补贴条件的学生除外。对于无法满足开设假期托管教室条件的学校,教育厅应积极探索与社区儿童中心、街道学校等合作,探讨运营方案。①

(二)假期托管教室的活动内容

韩国小学假期托管教室开展的活动主要有个人活动、生活照料、安全指导、各类游戏、品德教育、阅读、体验性学习等。活动一般在假期中的周一到周五开展,除了上述服务内容外,还提供午餐和交通服务。具体见表 3-11 和表 3-12。

表 3-11　在学校假期开办的 1-2 年级托管班示例 1

时间	类别		周一	周二	周三	周四	周五
9:00—10:00	个人活动		考勤和聊天时间				
10:00—12:00	个人活动		为不参加课后活动的学生提供个人活动				
	课后活动		可选择参加课后活动的项目				
12:00—13:00	午餐		带学生打扫卫生、用餐,并在上午活动结束后安排学生回家				
13:00—14:00	休息时间		个人活动				
14:00—15:00	计划	一年级	折纸	品格教育忠诚班(老年中心)	乐高	传统游戏 A	品格教育忠诚班(老年中心)
15:00—16:00		二年级	乐高		折纸	传统游戏 B	
16:00—16:50	阅读和准备回家		个人阅读、组织和回家指导				
16:50-17:00	回家		驾驶学校车辆(有管理员陪同)				

---

① 白璐.小学假期学校托管服务实施现状及对策研究[D].哈尔滨:黑龙江大学,2022.

表 3-12 在学校假期开办的 1-2 年级托管班（示例 2）

时间	类别	周一	周二	周三	周四	周五
9:00—10:00	个人活动	考勤和聊天时间				
10:00—12:00	计划	关爱新闻体育	关爱自然游戏	关爱传统游戏	观看护理影片	以学生为中心的体验式学习
12:00—13:00	午餐	带学生打扫卫生、用餐，并在上午活动结束后安排学生回家				
13:00—14:00	休息时间	自由选择游戏				
14:00—16:00	个人活动	为未参加课后活动的学生提供个人活动				
	课后活动	可选择参加课后活动				
16:00—16:50	阅读和准备回家	个人阅读、组织和回家指导				
16:50—17:00	回家	驾驶学校车辆（有管理员陪同）				

资料来源:초등돌봄교실 운영 길라잡이(개정판 2024)

除了假期托管教室,韩国"放学后学校"也在寒暑假期间开展课后服务。每周开展 5 天,周末除外,为期 3 周左右,每节课 50 分钟,每天上课时间约 4 小时。上午在一年级开设韩语、数学、英语科目,在二、三年级开设韩语、数学、英语、社会和科学讲座;下午开设韩语、数学、英语、探究科目的讲座,学生可自由选择。[1] 可见,"放学后学校"的假期课后服务的内容主要指向学科的学习。

四、日本的"星期六教育活动"

日本的"星期六教育活动"是指通过依托公立中小学校、儿童馆、公民馆等场地,利用星期六、寒暑假以及上学日放学后的时间举办形式多样的教育活动。虽然名为"星期六教育活动",但服务时间并不局限于学年内的星期六,也包括寒暑假,因此其做法可以视作假期课后服务。[2]

（一）"星期六教育活动"的由来

"星期六教育活动"起源于近些年来日本公立学与校外培训机构——学习塾的合作。

自日本提倡"宽松教育"政策以来,公立学校学生在校的学习时间缩短,导致日本学生学力下降,但升学压力仍然存在。再加之公立学校的教学内容和教学模式整齐划一,缺少灵活性和创造性,阻碍了学生的个性发展,而学习塾因教学方式灵活多样,可以是班级授课、一对一的个别辅导、线上教学等,能够更好地满足学生学

---

① 尹艺璇.韩国放学后教育政策研究[D].延吉:延边大学,2021.
② 屈璐.日本课后服务的场域建构研究[D].上海:华东师范大学,2019.

习的个性需求,从而赢得了社会的认可,甚至有超过一半的家长认为"学习塾决定了孩子的未来"。但学生参加学习塾与家庭经济状况密切相关,由此引发了教育不公平。这与日本政府推行"宽松教育"政策的初衷及基础教育改革的目的背道而驰。[①] 因此,文部科学省和各地教育委员会迫切需要采取措施来消除因贫富差距产生的教育不公。

2005年6月,东京都港区教育委员会率先与大型连锁学习塾"早稻田アカデミー"展开合作,为部分办学声誉较差的中学的学生开设星期六特别辅导班,希望通过提高学生的学业成绩来改善这些学校的社会评价,以解决生源不足的问题。

此后,其他各地政府也纷纷与学习塾展开合作。例如,从2010年开始,大阪府大东市就一直与公益社团全国学习塾协会合作,委托该协会派遣教师,在每周星期六为该市的12所公立小学和8所公立中学的学生开设辅导班。市政府负担部分费用,学生家长交纳少量学费,家庭经济困难者可免学费。以2013年为例,该辅导班全年共开课44次,惠及206名小学生和144名中学生。2012年,东京足立区教育委员会也开始与学习塾"早稻田アカデミー"开展合作,专门为家庭经济收入较低的中学三年级学生开设"足立翔翔塾"。该学习塾的教师在星期六或暑假教授英语和数学,定员100名。委托费用为2500万日元(约合人民币128万),由区财政负担费用,学生免交学费。

为了进一步丰富"星期六教育"的环境,2013年,文部科学省正式开始实施"星期六教育活动",并于同年11月对《学校教育法》的实施细则进行了修订,明确了周六上课可由公立学校自行决定,并将采取措施支持实施高质量的周六课堂,通过在社区推广多样化学习、文化、体育和实践活动等,致力于在整个社区建立一个培养孩子的体系。这为各地开展"星期六教育活动"提供了法律依据。截至2017年,"星期六教育活动"在全国公立中小学的平均推进率为49.2%,几乎与"放学后儿童教室"项目的推进率持平。

(二)"星期六教育活动"的内容

"星期六教育活动"的开展主要依托学校场地,共有三种形式:星期六授课项目、星期六课外授课项目以及星期六学习项目。[②]

其一,星期六授课项目以提高学力为目的,通过利用星期六校外人士的支援对学校内的课程给予辅助。

其二,星期六课外授课项目以课外授课的内容为主,是通过学校场地邀请校外人士走进课堂,以讲授校外知识为主的授课模式。

其三,星期六学习项目会开放校园、图书馆等场地,为学生及对应地区的居民提供学习和互动的机会。内容包括自然体验活动、体育活动等。其特点是为孩子

---

① 尚冉,杨梅.5+1=?:日本"周六课堂"的新探索及其启示[J].外国中小学教育,2016(6):6-11.
② 屈璐.日本课后服务的场域建构研究[D].上海:华东师范大学,2019.

提供在学校课堂上无法获得的学习机会,通过各种活动和体验,鼓励学生以自我为中心,思考自己与他人和社会的关系。

总体而言,公立高中对"星期六教育活动"的利用率最高。在公立小学和初中,星期六学习项目开展的频率最高,其他两种形式相对较少。

(三)"星期六教育活动"支援机制

为了在周末及寒暑假为学生提供比以往任何时候都更加丰富的教育环境,包括在学校上课以及在社区开展各种学习和实践活动的机会,并支持他们的成长,有必要通过学校、家庭和社区的所有成年人开展合作,分担角色,共同努力。因此,"星期六教育活动"特别提倡社会团体和企业的参与,通过聘请校外讲师、企业员工、公务员、研究人员等,构建"星期六教育活动"支援模式(见图3-2)。该支援模式通过促进地区与产业界的合作,来为所有学生提供"星期六教育活动",同时积极推进官民协作模式下的"星期六教育活动"。为了让企业员工、公务员等积极参加,文部科学省还通过组织更多的企业和团体组成"星期六学习啦啦队"或"星期六教育活动志愿者联盟"(土曜日教育ボランティア支援団),以形成"企业走进学校授课、学生走进企业参观"等多样化的教育体验活动模式。

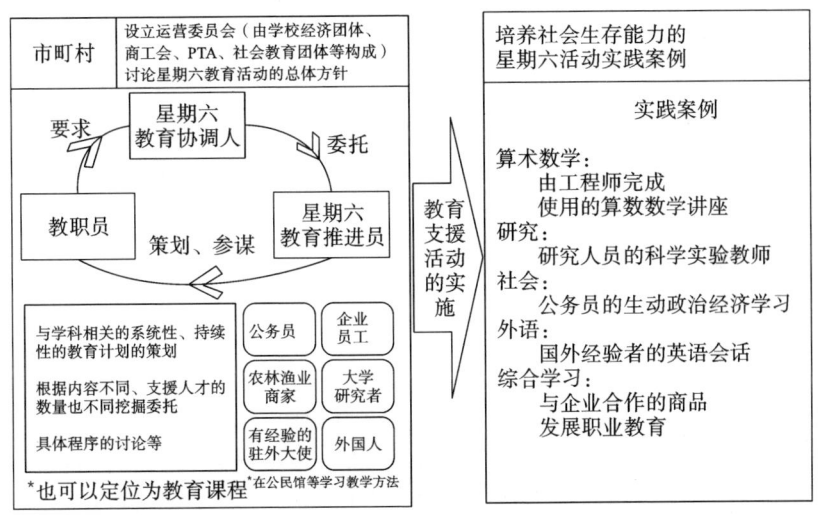

图3-2 "星期六教育活动"支援模式

具体来说,"星期六教育活动志愿者联盟"由不同机构组成,如文部科学省、大学、社区、企业及非政府组织等。这些机构相互协作,以"共同参与"作为"周六课堂"的基本理念,开展了许多丰富多彩的活动。[①]

1. 与文部科学省大臣共同学习的"星期六教育活动"

文部科学省在志愿者联盟中居于主导地位,服务大局,促进"星期六教育活动"

---

① 尚冉,杨梅.5+1=?:日本"周六课堂"的新探索及其启示[J].外国中小学教育,2016(6):6-11.

的顺利开展。

例如,2014 年 2 月 1 日(星期六),文部科学省大臣上野政务官在母校宇都宫市立昭和小学,与 18 名小学五、六年级学生聚集在一起,举行了一场以 ESD 为主题的"星期六学习会"。在学习会上,上野首先使用地球仪寻找冬奥会的举办地,让孩子们关注世界。之后,用 PPT 展示主要的本土料理和每日供餐的图片,将世界饮食与粮食、食品损耗问题联系起来。另外,结合孩子们每天的生活简单地说明了资源、能源、气候变化、自然灾害等各种各样的课题,介绍了自己国外访问的经历、体验等。文部科学省表示,在官民合作的"星期六教育活动"推进项目正在进行,这个学习会只是其中的一个环节。①

2. 大学支援下的星期六研究性课堂

在日本文部科学省的号召下,一些大学纷纷响应,积极利用自身的优势资源,为不同年龄段学生开展各具特色的星期六教育项目。比如,东京新宿区教育委员会与在科学教育方面拥有丰富经验的社会人士、大学教授和其他从事尖端技术工作的人员合作,为区内小学六年级、初中一至二年级学生在周六开办了"科学实验教室",以提高学生对科学的兴趣。该项目得到了东京政府的资助,每月一次为学生开展在学校无法体验到的科学实验项目。2015 年,共开展了 10 次不同主题的活动,如化学(液氮实验、电池制作),物理(辐射观察),生物(解剖),环境(微生物、自然观察等),情感(机器人编程)和天文学(宇宙奥秘)。沃德教育中心的专业人员负责协调课程的规划和运行。在第四堂课上,学生们就在东京学艺大学讲师金井塚先生的指导下,解剖了乌贼和沙丁鱼,目睹了生物体的构造,并在老师的讲解中受到了启发。②

3. 打破教室壁垒的社区课堂

"星期六教育活动"还会主动邀请社区居民及学生家长也积极参与此项活动。例如,茨城县牛久市利用当地人力资源和教育能力,为常陆牛久小学的学生开展"星期六教育活动"。这是一项由当地居民参与和合作的社区实践活动和学习计划,旨在支持儿童的发展,以回应家长"希望孩子拥有丰富体验"的要求。该项目于2014 年 10 月启动,在协调员的协调下,在常陆牛久小学开设课程。具体而言,在星期六上午,利用学校设施(音乐室、家政室等)为希望参加活动的一至六年级学生举办英语活动、合唱与音乐活动和烹饪教学活动。在协调员的协调下,邀请外国居民、有海外留学经验者、钢琴演奏家、合格的营养师等具有各种经验和技能的当地人担任星期六教育的宣传员,开展丰富多彩的实践活动。为了确保每项活动的安全,还安排了家长和当地居民担任"星期六教育支持者"。尤其是在烹饪教学活动

---

① 文部科学省. 土曜日の教育活动推进プロジェクト[EB/OL]. (2014-03-06)[2024-10-09]. https://www. mext. go. jp/component/a_menu/education/detail/__icsFiles/afieldfile/2014/03/06/1344687_2. pdf.

② 東京都生涯学習情报. 土曜日の教育支援体制等構築事業[EB/OL]. (2015-10-30)[2024-10-12]. https://www. syougai. metro. tokyo. lg. jp/image/mishou12107. pdf.

中,每个小组都有一名支持者,确保没有烹饪经验的孩子们可以安全、愉快地感受活动。为了得到更多当地居民的支持与合作,还任命了"周六教育宣传员"和"学习支持者"。"周六教育宣传员"和"学习支持者"是有偿志愿者,得到了政府关于"学校、家庭和社区合作促进计划"的补贴。此外,儿童参加活动的费用全免,方便那些因经济问题而在家中学习有困难的儿童参加活动。①

4. 来自企业及非政府机构的趣味课堂

"星期六教育活动志愿者联盟"由日本文部科学省终身学习政策局倡导,已有多家日本企业和非政府组织积极加入。它们推出的趣味课堂,在精选实现终身学习必备的基础知识与基本技能的同时,注重培养学生的学习兴趣和直接经验,内容通常与学生生活、现代社会以及科技发展密切相关。比如,东京森林指导员协会(FIT)在一所中学的星期六综合学习课程中开设了一门"我们和我们的森林"课程。该项目以"森林与我们"为主题,旨在向所有学生广泛传播自然与人类的关系。FIT结合学校及周边地区现成的资源,在学校周边场所实施该计划。通过开展手工制作和其他活动,学生们可以体验到与自然融为一体的生活,如"我们来做花炭""我们来学吹草笛""第一次尝试给草木染色"等。再如,日本电信服务提供商KDDI株式会社针对互联网上发生的青少年问题,实施了KDDI移动电话教室计划,包括为青少年提供智能手机、加强智能手机过滤功能以及希望他们在使用智能手机时牢记的规则和礼仪。项目通常会邀请智能手机专家、手机公司员工和认证考官来进行KDDI培训。在该计划的实施前,相关人员会与学校负责的教师进行初步的电话会谈,要求教师详细介绍学校的需求、遇到的实际问题以及课程所涉及的主题。然后,根据每所学校的需要量身定制讲座。在讲座中,介绍与手机和网络有关的问题、事件和案例分析,旨在帮助孩子们拥有通过自己的判断来规避风险的能力。

第三节 发达国家课后服务的启示

发达国家经过研究和实践探索,在课后服务的实施主体、经费保障、制度构建、师资来源、服务内容、质量评估标准等方面已形成相对成熟的模式。和它们相比,我国的课后服务尚处于初步发展阶段,可通过借鉴发达国家在该领域的充足经验来促进我国课后服务高质量的发展。

一、强调政府在课后服务中承担公共责任

课后服务问题究其本质,是政府如何界定与义务教育相关的社会责任。发达

① 学校と地域でつくる学びの未来.地域人材と教育力を活用した「うしく土曜カッパ塾」「放課後カッパ塾」[EB/OL].[2024-10-08]. https://manabi-mirai.mext.go.jp/search_case/files/28hyousyoujirei_23_ibaragi.pdf.

国家几乎都将提供课后服务视为政府应当承担的公共责任,具体体现在课后服务政策、法律法规的制定以及财政支持中所起的主导作用。[①]

政府部门是公共政策的制定者,为了回应广大家长的需求,解决民生问题,增加人民福祉,办好人民满意的教育,政府应推动课后服务政策的顶层设计,以充分发挥政府的宏观调控作用,并通过政府资助、购买服务、财政补贴等方式来确保课后服务政策的实施,促进教育均衡发展,确保教育资源的均衡配置,实现教育公平。

以美国为例,联邦政府就出台了国家层面的政策法规,为各地开展课后服务提供强有力的依据。比如,1998年,美联邦政府通过国会设立了"21世纪社区学习中心"计划("21st CCLC"计划),专门资助"放学后计划",这是课外项目和暑期学习项目的重要资金来源。它通过州教育机构发放补助金,为青少年及其家庭提供服务,并对日后开展课后服务实践起到了重要的指导作用。各州政府再结合各自的具体情况制定地方性的法律条款,如田纳西州通过了"教育彩票:课外计划"、夏威夷州设立"A+计划循环基金"、加利福尼亚州制定并试行了《学龄儿童社区托管法》、明尼苏达州颁布《课后社区学习计划拨款法》。[②] 上述政策法规为获得课后计划和暑期学习的机会、质量、资金及可持续性发展奠定了坚实的基础。

德国全日制学校课后服务得以顺利实施的重要前提之一也是政策法规的有力保障。比如,为保障课后服务质量,柏林州颁布《社会职业认可法》,对课后服务从业人员的从业资质提出了明确要求。再如,由于课后服务时间属于非义务教育时间,因而在坚持课后服务公益性的前提下,家长需要分担一定的运行成本,为此政府颁布了《日托费用分摊法》。[③] 总之,德国政府通过制定课后服务方面的相关政策法规,使课后服务的开展做到有法可依、有章可循。

1986年,澳大利亚出台了一份具有里程碑意义的政策文件——《校外看护、假期看护及高危娱乐场所管理经营计划》,对国内儿童课外看护服务的资金渠道、计划运作、质量保证等作出明确规定。这是澳大利亚第一次系统地对儿童课外看护教育服务的各方面作出明确要求,使得澳大利亚课后看护进入规范化发展阶段。此后又陆续发布了《早期儿童教育与保育国家质量框架》(简称《国家质量框架》,2009年)和《我的时间,我们的空间:澳大利亚学龄儿童看护框架》(2011年),保证学龄儿童课外看护服务内容的规范化。总之,政府通过出台相关的政策法规来管理和干预课后服务的发展,使得课后服务不仅在数量上不断增加,在服务质量和优质化程度上也得到极大提升。

① 周红霞.发达国家小学课后托管政策的比较与借鉴[J].外国中小学教育,2016(6):36-42,29.

② Afterschool Alliance. Several states have legislation that establishes a sound base for afterschool access, quality, funding and long-term sustainability [EB/OL]. [2024-06-13]. https://www.afterschoolalliance. org/policyActionDevStatePol. cfm.

③ 于博,杨清溪.德国全日制小学课后服务模式研究——以柏林州为例[J].外国教育研究,2022(5):34-46.

日本政府则从《儿童福利法》到《教育基本法》，为课后服务提供了最基本、最权威的法律保障。进入 21 世纪以来，文部科学省和厚生劳动省两个政府部门携手合作，先后实施"放学后儿童计划""放学后儿童综合计划""新放学后儿童综合计划"等。除此以外，还制定了全国性标准《"放学后儿童健全养育事业"的设施及运营标准》《"放学后儿童俱乐部"运营方针》《放学后儿童支援员认定资格》等，以此来规范和监督各种课后服务。有了法律保障和政策依据，日本课后服务的运行遵循"国家主导、都道府县推动、市町村为主体、学校与教师配合、家长参与、社会支持"的原则，自上而下，各司其职，推进课后服务。[①]

总之，各个国家都推行以政府为主导的课后服务政策，并建立和完善了政策法规体系，这既强化了课后服务的法律地位，明确了课后服务的性质，也为指导各地课后服务实践提供了行动依据和操作指南。具体的政策见表 3-13。

表 3-13 发达国家课后服务主要政策和法规

国　　家	主要政策和法规	颁布时间
美国	《儿童全面发展法案》	1971 年
	《学龄儿童社区托管法》	1985 年
	"21 世纪社区学习中心"计划	1998 年
	《不让一个孩子掉队法案》	2002 年
英国	《儿童法》	1989 年
	《儿童法案》	1995 年
	"课后儿童托管计划"	1997 年
	《应对儿童托管挑战》	1998 年
	《儿童保育标准法案》	2000 年
	《扩展学校：为所有人提供机会和服务计划书》	2005 年
	《儿童保育法》	2006 年
	《早期基础教育体系》（新）	2008 年
	"更负担得起的儿童保育"计划	2013 年
德国	《学校法》	1959 年
	《社会法典第八部——儿童与青少年专业工作法》	1991 年
	《社会职业认可法》	2012 年
澳大利亚	《校外看护、假期看护及高危娱乐场所管理经营计划》	1986 年
	《早期儿童教育与保育国家质量框架》	2009 年
	《我的时间，我们的空间：澳大利亚学龄儿童看护框架》	2011 年

① 杨鹏宇.日本课后服务对"双减"背景下我国课后服务的启示[J].教书育人，2022(9)：11-14.

续表

国　家	主要政策和法规	颁布时间
韩国	《5·31教育改革案》	1995年
	《放学后教育政策》	2006年
	《"小学托管教室"运营标准》	2006年
	《构建安心的养育环境、扩大小学的放学后照顾项目》	2014年
	《放学后教育政策促进方案》	2016年
日本	《儿童福利法》	1947年
	"放学后儿童计划"	2007年
	"放学后儿童综合计划"	2014年
	"新放学后儿童综合计划"	2018年

对于课后服务问题,虽然我国近年来陆续出台了《关于做好中小学生课后服务工作的指导意见》《关于进一步减轻义务教育阶段学生作业负担和校外培训负担的意见》等相关政策,但这些政策往往是总领性、全局性的宏观政策,缺乏课后服务的运行方式和运行标准等具体的规定,不能为各地课后服务的实践提供具体的指导和服务参考标准。

我国应该借鉴发达国家经验,在政策中明确课后服务的权责归属和性质定位,强化政府的公共责任;从中央到区县应逐级完善课后服务的政策体系和标准体系,以此来规范课后服务的运行;加大政府在课后服务方面的经费投入和监管力度,将课后服务的主管部门变为专管部门,让课后服务机构接受本地专管部门的监管与评估,按照标准体系来运营,推动我国课后服务向规范化、专业化方向发展。

二、形成政府财政与受益者共担的经费机制

充足的经费是保障课后服务项目顺利运行的重要保障。从发达国家来看,它们主要通过政府财政支持与家庭合理分担的模式获得经费。双方各自承担的比例在每个国家又有所不同。

以美国"放学后计划"为例,其资金来源包括家长交纳费用,联邦、州和地方政府拨款,以及其他(基金会、企业、宗教组织和个人捐赠等)。根据课后联盟(Afterschool Alliance)2009年的调查,家长支付了大部分课后项目的费用。[①] 平均而言,父母支付的费用超过课后费用四分之三,即使在低收入社区,父母支付的费用也占一半以上。具体来说,普通家庭每年通常为每个孩子支付2400美元的课后活动费用,低收入家庭则平均每年为每个孩子支付1722美元的课后活动费用。

---

① 徐珊珊,邱淼,宋崔.打造高质量中小学课后服务的国际经验——以美国"放学后计划"为例[J].中国教师,2022(2):38-41.

联邦政府提供约 11％的课后费用，州政府补助约占 3.1％，地方政府补助约占 2.4％，基金会、企业、宗教组织和个人捐赠等其他资金来源合计约占 7％。① 联邦政府每年对"放学后计划"的资助水平由国会在拨款法案中设定，法案经总统签署成为法律。比如，2022 年 6 月，国会通过了《更安全社区法案》，为"21 世纪社区学习中心"计划提供 5000 万美元的额外资金，用于中学生课后项目和暑期学习项目。地方政府的拨款如马里兰州于 2016 年通过了"机器人拨款计划"，向公立学校和非营利机器人俱乐部拨款，以支持现有的机器人项目，并增加该州的机器人项目数量。

由此可见，美国课后服务经费主要依赖于家长交费。因此，对于家庭而言，费用是选择课后活动的首要因素，低收入群体家庭的孩子有可能因经济问题而失去参加优质课后服务的机会。美国人口调查局 2020 年的一项研究证实了这一点。研究发现，生活在贫困线以上的儿童参加俱乐部的可能性是生活在贫困线以下的儿童的两倍多；他们参加音乐、舞蹈或其他课程，或者参加运动队。② 因此，为了保障低收入群体的孩子也有参加课后项目的机会，政府会设立各种救助计划和奖学金制度。比如，The Child Care and Development Block Grant 项目创建于 1990 年，旨在为从事劳动力的低收入家庭提供学前、课后、暑期学习等儿童保育服务。

英国课后服务经费的主要承担者也是家长。但是，各种俱乐部的收费较贵，如 Kidz Enterprise 早餐俱乐部每日价格高达￡6.75，课后俱乐部每日价格为￡11.75，假期俱乐部每日价格为￡29.95。③ 昂贵的费用给家庭育儿带来沉重的经济负担，于是，同美国一样，英国政府也通过针对不同人群的福利政策如免税照顾与通用福利等减轻家庭育儿负担，为学龄儿童打造优质可负担的课后服务项目，进而实现社会公平。

德国作为福利国家，其全日制学校课后服务经费主要由国家财政予以支持。国家财政经费由联邦政府经费和州政府经费构成。例如，"未来教育与托管投资计划"为支持全日制学校的发展，已累计向各联邦州提供 40 亿欧元的资金。课后服务费用的另一个来源是家庭。父母也需要根据个人工资收入水平与所选择的课后服务项目分担一定的课后服务费用。有关统计表明，父母所承担的一个学生课后服务费用约占家庭月收入的 1.43％。对于多子女（未满 18 岁）家庭，还可以享受相应的减免政策。④

澳大利亚联邦政府则主要提供课后服务机构的启动资金，运营资金由联邦政

① Afterschool Alliance. Roadmap to Afterschool for ALL［EB/OL］．［2023-12-05］. http://www.afterschoolalliance. org/roadmap. cfm.

② Wallace Foundation. What Do I Need to Know About Summer Learning?［EB/OL］．［2023-06-13］. https://wallacefoundation. org/insights/what-do-i-need-know-about-summer-learningn.

③ Kidz Enterprise Ltd. Our Clubs［EB/OL］．［2024-06-15］. https://www. kidzenterprise. co. uk/club

④ 于博、杨清溪. 德国全日制小学课后服务模式研究——以柏林州为例［J］．外国教育研究，2022(5)：34-46.

府、州政府和区域行政部门共同承担。[①] 对于工薪阶层的家庭,政府通过发放托儿服务补贴的形式来保证这些家庭的孩子也能享受到优质的课后服务。

韩国的课后服务也在很大程度上依靠财政支持,"放学后学校"由家长承担一小部分费用,"小学托管教室"除零食由家长自费外,其余费用全免。

在日本,"放学后儿童俱乐部"采用国家、都道府县、市町村三方分别承担 1/3 预算经费的模式运营,家长如果要参加需另行付费。"放学后儿童教室"也是采用国家、都道府县、市町村三方分别承担 1/3 预算经费,原则上免费,不再向学生家庭征收额外费用。

概括起来,发达国家的课后服务经费主要由政府和受益者共同承担。根据两者所占的比重不同,又可分为政府财政支持为主与受益者(家长)交费为主,具体情况见表 3-14。

表 3-14　发达国家的课后服务经费来源

课后服务经费来源	代表性国家	具 体 措 施
政府财政支持为主	德国	主要由联邦政府和州政府承担,父母根据个人收入状况出极少部分费用
	澳大利亚	联邦政府提供启动资金,运行资金则由联邦政府、州政府和区域行政部门共同承担
	韩国	财政支持为主,"放学后学校"由家长承担小部分费用,"小学托管教室"家长只负责零食
	日本	家长承担一部分,剩余部分由国家、都道府县和市町村各承担 1/3
受益者(家庭)交费为主	美国	家庭交费占主要部分 针对低收入家庭,政府通过贫困家庭临时救助计划、奖学金制度来保证孩子参加课后服务的机会
	英国	向家长收费为主,但政府会通过免税照顾与通用福利等政策减轻家庭的育儿负担

我国目前因为区域经济发展的不平衡,课后服务经费的保障问题始终是义务教育学校开展课后服务的难点。课后服务是一项重大民生工程,政府必须将课后服务视为自己应该承担的公共责任,在坚持课后服务公益性质的前提下,设计合理的经费分摊机制,确保课后服务的可持续发展。除了各级政府的财政补贴外,可根据各地区各家庭的收入具体情况,综合设定每个家庭在接受课后服务的过程中需要分担的费用。

三、建立专兼结合的课后服务教师队伍

教师是课后服务的提供者,师资队伍是影响课后服务质量的核心要素。然而,课后服务师资短缺是世界性的难题。各个国家为了解决这个问题,普遍形成了以学校专任教师为主、社会力量为辅的教师队伍,并在从业人员的服务资质、服务机构师生比、师资后备力量的培养等方面给予了高度的重视。

以美国为例,各州对课后服务机构管理者的资质有明确的要求,同时规定工作人员和学生的比例不能超过 1∶15。在工作人员的构成方面,学校教师占四成,还有学校教辅人员、职前教师、社区人员、课外中心管理人员、高年级的初高中生、家长、外包机构人员和其他领域的专业人员等。关于工作人员的资质,则普遍要求有过青少年工作经验,有些课后项目还要求工作人员有教师资格证或者是注册教师。此外,美国还非常重视课后服务高质量教师的储备与培养。例如,"教学研究员"就是一项关于学术援助和充实课后服务教师队伍的计划,该计划招募当地大学生,将他们安置在当地的课后项目中。大学生参与者与教师合作,为 K-12 学生提供体验式的教育。作为回报,大学生将获得津贴、持续培训和课程学分。2007 年,还有人提议美联邦投资 6 亿美元,建立由 2 万名刚毕业的大学毕业生组成国家服务队,来支持在课后教学项目中任教,以此解决课后服务师资不足的问题。[①]

在英国,正式课后服务的主体是教师。政府对人员有明确规定,如在师生配比上,规定 3 至 7 岁年龄儿童的比例为 1∶13;对于 8 岁以上儿童,则应确保在服务期间至少要有两名工作人员值班,师生配比为 1∶10。此外,英国教育标准局对课后服务教师资质也提出了相关要求。首先,课后服务教师要有教育学位、青年工作者认证资格等;其次,课后服务人员要有在职培训经历和工作经验等;最后,针对学龄儿童服务人员设定了最低资格水平,即二级(中级)要求参加约一年工作场所培训,三级(高级)要求参加两年以上的专业技术和管理相关培训,合格方可上岗。[②]

德国因全日制学校提供的课后服务贯穿学校教育的一整天及假期,服务内容多,仅靠学校教师很难满足学生多元化的需求。因此,全日制学校课后服务的从业人员构成比较多元,主要包括公立学校的专任教师、专门负责课后服务的教师(大多数来自青少年福利组织)、与学校联合开展其他课后服务活动的机构或组织的教育者、监护人,以及其他具有行业资格的志愿者。但所有从业者必须按照《社会职业认可法》的规定申请国家资格认证,认证通过者才可上岗。[③]

---

① Afterschool Alliance. Afterschool: A Powerful Path to Teacher Recruitment and Retention[EB/OL].(2007-01-08)[2024-05-17]. https://afterschoolalliance. org/documents/issue_briefs/issue_teach_recruit_28. pdf.

② 陶享荣,刘梅梅. 基于公共价值的英国课后服务体系的特征及启示[J]. 外国教育研究,2022(9):49-63.

③ 于博,杨清溪. 德国全日制小学课后服务模式研究——以柏林州为例[J]. 外国教育研究,2022(5):34-46.

澳大利亚所有地区都对学龄儿童看护机构人员的比例和资质提出了具体的要求。例如,北部地区规定师生比为 1∶15,对教师的资格要求为:50％的人员必须拥有或正在考取两年期认证的儿童看护中等及以上课程的学习证书;中等及以上的体育或娱乐活动教学资格;其他相关资质。

在韩国,无论是"放学后学校",还是"小学托管教室",其教师队伍呈现多元化的特点,有学校教师,也有外聘教师,其中以外聘教师为主。对于外聘教师,学校会严格把控其聘任和评估标准,加强对课后服务活动的监管。

日本在开展课后服务的过程中,充分利用地区居民、家长等主体的参与,还特别提倡社会团体及企业的参与,通过聘请校外讲师、企业员工、公务员、研究人员等促进课后服务的开展。

综上,发达国家课后服务师资的来源较为多元,有学校教师,也有校外的人员,包括校外托管中心的人员、志愿者、社区工作人员、社会各专业人士、大学生,甚至高年级初高中生等。校内外人员互为补充,相互合作,共同满足学生多样化的需求,有些国家甚至形成了一种基于各自优势、分类承担课后服务不同内容的模式,如美国部分地区由校内教师负责课后服务的学术性内容,校外教师则负责非学术部分,如提升学生的生活技能和社区服务等。当然,无论对于哪种人员,各国都规定了详细的资质要求,以此来保证师资质量。

因此,为加快建设我国课后服务师资队伍,可以从数量、质量和结构三方面着手。[①] 在数量方面,结合我国基础教育发展的实际情况确定师生比例标准,并将此作为监督和评估课后服务的重要参考,以此来规范和保障课后服务师资数量。在质量方面,建立对兼职教师的任职资格和考评体系,不断提升兼职教师的课后服务能力。对于专职教师来说,应制订课后服务培训计划,使其深入地了解相关理念、知识和技能。在结构方面,一方面,吸引自愿从事兼职教师工作的优秀人才,形成专兼职结合的教师队伍;另一方面,针对中小学生课后服务的特殊需要,注重吸收具有专业背景的人才,尤其要充分利用当地师范院校的大学生进行补充,在教育行政部门的协调、社区的大力支持下,开展有偿或志愿服务,以此来扩充师资,优化师资结构,实现师资来源的多元化。

四、提供丰富多元的课后服务内容

随着课后服务功能的不断拓展,发达国家都非常重视提供丰富多彩的课后服务内容,来满足家庭的托管需求以及学生全面发展的需要。

以美国为例,各州和各社区所提供的课后项目和暑期学习项目的种类非常多,为所有年龄段学生提供的活动主要有学业提高类、体育艺术类、社交和情感学习类、STEM、综合教育类等。学业提高类课程包括家庭作业帮助、阅读、写作、数学

① 张会杰.我国中小学生课后服务发展的现状、问题及对策[J].少年儿童研究,2020(10):29-35.

等学术辅导,主要指向提高学生的学业表现等。体育艺术类课程包括音乐、舞蹈、戏剧、美术、创意艺术和各项娱乐活动。社交和情感学习类课程(SEL)通过帮助年轻人发展社交、情感技能和个性,为其身心健康和充实的未来铺平道路。教育研究者认为学业与社会和情感发展相结合时,学生的发展水平才能最大化。STEM课程指科学、技术、工程和数学(Science,Technology,Engineering and Math)类课程,简称STEM。STEM提供了帮助年轻人学习在工作场所和生活中茁壮成长所需技能的机会。综合教育类课程是为了促进学生的全面发展。在学业、体育、艺术和娱乐等方面的教育之外,还有针对生活技能、健康教育、环境适应、领导技能、社区服务的综合性教育。另外,还有一些专门针对大龄青年群体的课后项目,如职业发展、大学申请援助、预防暴力等。[1]

英国的课后服务内容因类型的不同,略有差异。早餐俱乐部会提供科学配比的营养早餐服务,以及卫生技能训练等个人生活技能的内容,也提供包括阅读、作业角、棋盘游戏、音乐俱乐部、有氧运动、瑜伽、太极、桌面游戏、工艺美术、涂色、计算机等学习活动。课后俱乐部有作业辅导、各类娱乐活动、兴趣小组项目(家庭作业俱乐部、球类运动俱乐部、机器人俱乐部、键盘俱乐部、STEM等)以及拓展训练等(语言学习、艺术与工艺、戏剧与音乐等)。

德国的课后服务内容比较广泛、多元。以全日制学校为例,各联邦州以教育、化育和托管这三种理念为指导,致力于将学校打造成学生学习和生活的优质场所,为青少年的不同兴趣、才能和需要提供特别支持。因此,在课后服务的时间里,学校既为学生提供饮食等生活服务,也提供作业辅导、个性化学习指导,不仅对学生课内所学知识进行补充和巩固,还充分地顾及学生的个体差异性,特别是对一些有特殊需求的学生会做针对性的学业辅导,如对移民家庭的孩子进行补习性的语言技能训练。除此以外,还会充分调动社会资源为学生提供文化、体育、音乐活动和社会实践等多样化的活动,挖掘学生的潜能,有助于实现因材施教,保障学生个体教育结果的公平。以柏林州为例,课后服务的内容主要包括餐食(含免费午餐)、午休照看、作业辅导、学习社团以及为参与文化和社会活动(戏剧、音乐、文学、体育、生态等)提供机会。[2]

澳大利亚课后服务旨在帮助儿童从玩耍和娱乐中获得发展与进步。因此,服务中心除了对儿童进行基本的生活照看外,还着重开展游戏与休闲活动,注重培养儿童的生活技能和娱乐意识,认为课后服务应该提供一个促进合作和培养积极公民的环境,满足每个儿童个体的需求和兴趣。但由于近年来其中学生在PISA测试中成绩并不理想,澳大利亚课后服务的内容现在也开始注重学术辅导,强调课后

---

① Afterschool Alliance. Roadmap to Afterschool for ALL[EB/OL]. [2024-06-30]. http://www.afterschoolalliance. org/roadmap. cfm.

② 于博,杨清溪. 德国全日制小学课后服务模式研究—以柏林州为例[J]. 外国教育研究,2022(5):34-46.

服务的教育功能。

韩国的"放学后学校"致力于满足学生和家长补充学校学科课程的学习需求，同时也努力保证学科课程与活动课程的统一，从而促进学生德智体美的全面发展。因此，课后服务内容由强调学生自学能力培养的基础学科教育项目和培养学生个性特长的艺术、体育活动项目组成。"小学托管教室"主要开展个人活动（包括做作业、写日记、阅读等）和团体活动（包括艺术、体育、游戏、人性教育、安全教育等）。

日本课后服务项目实施的内容主要有三方面：其一，学习支援活动，主要包括预习、复习，学校为学习成绩经常落后或经常旷课的学生以及在学校难以接近的学生提供个别辅导；其二，多种体验活动，如实验教室、英语会话、艺术教室、职业教育、传统游戏等；其三，体育活动，开展棒球、足球、羽毛球、乒乓球、独轮车等活动。日本深化并拓展校内学习，既有学习支援，又有文体活动以及立足地方资源开发的多种体验活动，来充分满足儿童的兴趣与需求。

总之，各个国家提供的课后服务都比较丰富多元，除了基本的生活照看和学业辅导外，还提供各种体育、娱乐、艺术、科技等活动，具体见表 3-15。

表 3-15　发达国家课后服务的主要内容

国家	课后服务主要内容
美国	学业提高类：作业辅导、阅读与写作 体育艺术类：音乐类、舞蹈类、戏剧类、美术类、视觉艺术类和各项文体娱乐活动 社交和情感学习类：培养中小学生的社交和情感技能，从而培养更快乐，更积极和生产力更高的未来公民 STEM：科学、技术、工程和数学类课程 综合教育类：针对环境、安全和对未来生活做准备的综合性教育
英国	早餐俱乐部：营养早餐、生活技能训练、阅读、运动、艺术、计算机等 课后俱乐部：作业辅导，娱乐活动、兴趣小组、拓展训练 假期俱乐部：公共场馆拓展类活动、参观农场、工厂体验类活动、项目式活动（假日露营、童子军、野炊、自然乐趣等）
德国	全日制学校的课后服务：餐饮服务（含免费午餐）、午休照看、作业辅导、个性化学习指导，实践活动与文娱活动
澳大利亚	过去以身体看护和娱乐休闲（游戏、阅读、音乐、美术、手工制作）为主 现在开始强调辅导和教育
韩国	"放学后学校"：由基础学科教育项目（培养学生自学能力，严禁解题训练及赶超学校进度的学习）和艺术、体育活动项目（培养学生自身的兴趣特长）组成 "小学托管教室"：由个人活动（做作业、写日记、读书、画画、收看 EBS 等）和团体活动（特长及体验活动等）组成

续表

国家	课后服务主要内容
日本	学习支援活动：预习、复习等 多种体验活动：实验教室、英语会话、艺术教室等 体育活动：棒球、足球、羽毛球、乒乓球、独轮车等

长期以来，我国课后服务虽名目繁多，但内容基本一致，都将其当作学校课堂的延伸，以完成学科作业为主。我们可借鉴国外经验，根据青少年儿童的成长特点，制订不同年龄阶段的课后服务计划，丰富活动的项目内容，除了身体照顾、学业指导外，还要增加艺术、体育、科技、社会情感、生活技能、职业教育等方面的内容，学生可结合自身的实际情况有针对性地进行选择。

五、制定完善的课后服务质量评估标准

制定明确的质量标准和评估标准是发达国家确保提供优质课后服务的有效做法。大多数发达国家目前已普遍形成一套完善的课后服务质量评价体系，既为各机构开展课后服务提供明确指导，利用评估信息持续改进，又为政府做好课后服务监督和评价提供重要依据，并在评估后向公众展示高质量项目的价值。

比如，美国各州就制定了中小学生课后服务的质量标准。以加州为例，质量标准分为两大类：一是服务机构的质量标准，重点关注学生服务，包含环境、项目、技能、领导力、健康、多样性与公平性等指标；二是项目的质量标准，重点关注项目管理，包含人员、愿景、合作、质量改进、项目管理和可持续性等指标。[①]

英国教育标准局则主要从三个方面对课后服务进行评价。第一，课后服务的灵活性（flexibility），包括时间的灵活性、场所的灵活性、覆盖范围的灵活性和内容的灵活性。第二，课后服务质量（quality），主要包括儿童与工作人员比例（child to staff ratio）、最大群体规模（maximum group size）以及工作人员资格（qualification of staff）。第三，可负担性（affordable），使课后服务对于家长来说更容易获得且能够负担得起。[②]

澳大利亚的《国家质量标准》是对包括课后服务机构在内的保教机构进行审批、评估与分级的依据，并帮助家庭鉴别什么是优质的课后服务。它对课后服务的内容、人员资质、活动场所以及安全保障等方面都进行了详细界定。评估结果分为优秀、高质量、达标、基本达标（接近达标但尚未完全达标）、不达标（限期提高如不能达标将被关闭）五个等级，每个服务机构都将按其提供的服务质量得到相应的评级。《国家质量框架》指导各州监管部门实现持续改进质量的国家目标。

---

① 胡小青.美国加州中小学生课后服务体系研究[D].长沙：湖南大学,2020.
② 陶享荣,刘梅梅.基于公共价值的英国课后服务体系的特征及启示[J].外国教育研究,2022(9):49-63.

韩国在《促进公共教育正常化及限制提前教育的特别法令》中对托管教室的目标群体、规模、课程设置、师资、安全管理、社区资源活用情况、社区托管衔接等事项作出具体规定。文在寅政府还出台了《"小学托管教室"运营标准》，专门来规范小学课后托管教室的运营，保证其服务质量。2024 年，韩国教育部和 17 个道、市教育厅及韩国教育发展研究院又共同修订了《"小学托管教室"管理指南》，以防止"小学托管教室"的混乱，确保其稳定运行，还提供了各种示例，以帮助各级教育局和学校根据实际情况灵活运用标准。

日本于 2014 年公布了《"放学后儿童健全养育事业"的设施及运营标准》，指出课后服务主体有自觉开展自我评价并接受公开评价的义务。后来还陆续出台了《"放学后儿童俱乐部"运营指南》《关于"放学后儿童健全养育事业"的第三方评价标准》等，对课后服务项目的自评和他评都提出了一整套评价标准。[①]

总体说来，发达国家的课后服务评价标准都对课后服务机构的质量（如规模、项目、师资、设施、场所、环境）以及项目质量（教师的支持、与教师和同伴的互动、项目活动的参与度）等做了较为全面、细致的规定，在保障课后服务规范化的同时，也有助于提升课后服务质量。发达国家的课后服务评价标准见表 3-16。

表 3-16　发达国家课后服务评价标准

主要国家	相 关 文 件	质量评价标准
美国	《安全和益智：发挥课外时间的作用》	确定目标与有效管理，合格的工作人员，工作人员/学生比，关注安全、健康与营养问题，与社区组织、青少年司法机构、执法部门和青少年组织建立有效的合作，家庭的有力参与，与学校学习相协调，建立学校教师和课后服务人员之间的联系，评价项目的情况
英国	《儿童保育标准法案》	课后服务的灵活性、课后服务的质量、课后服务的可负担性
德国	《社会职业认可法》《约束和开放全日制学校质量框架》	对课后服务从业人员的学历、专业背景、实践经历等进行了详细的规定 学校管理；与外部伙伴的合作；费用；环境；身体健康；工作人员结构；家庭关系
澳大利亚	《国家质量标准》	课后服务教学计划符合国家标准；儿童健康和安全；环境；人员安排；亲子关系；和家庭、社区的伙伴关系；服务管理

① 首新，熊致墨，刘杨.孩子放学后的未来——日本小学课后服务发展制度、模式及特征探析[J].比较教育研究,2024(2):83-92.

主要国家	相 关 文 件	质量评价标准
韩国	《促进公共教育正常化及限制提前教育的特别法令》 《"小学托管教室"运营标准》	目标群体、规模、课程设置、师资、安全管理、社区资源活用情况、社区托管衔接 "小学托管教室"运营体系的构建、运营项目内容、管理与支援
日本	《"放学后儿童健全育成事业"的设施及运营标准》 《"放学后儿童俱乐部"运营指南》 《放学后儿童支援员认定资格》	设施要求、规模与开放时间、人员配置等全国统一的课后服务运营标准，具体实践方针 全国通用的专业任职人员的资格标准

我国的课后服务在质量评估和监控方面长期处于空白状态。因此，参考发达国家质量评估体系并结合我国的现状，尽快完善中小学生课后服务质量保障机制，可从以下两方面着手。一是出台国家层面的课后服务质量标准体系。对课后服务教师资格、师生比、组织机构、场地规模、设施设备、活动质量、服务成效等相关要素进行明确规定，保障课后服务规范、有序开展。二是健全课后服务的监督和评估机制，尤其要倾听家长和第三方专业评估机构的意见。家长作为课后服务的消费者和孩子的监护人有权利就课后服务质量发表相应的意见。第三方评估机构具有独立性、专业性的特征，由其针对课后服务实施监督和评估更具公信力。

六、构建家校社三方协同的课后服务体系

各国经验表明，课后服务的理想场所是学校。因为大多数学校都有空闲教室、图书室、体育馆、多功能教室、操场等适合儿童年龄特点的活动场地和设施，具备开展课后服务的良好条件，易于监管，可以更好地保证儿童的安全。[①] 但是，以学校为主要场所并不意味着学校是课后服务的唯一主体，也不代表课后服务必须局限于校内开展。目前各国普遍面临学校场地匮乏、师资不足的问题，为解决这个问题，各个国家越来越重视家庭、学校和社区建立合作伙伴关系，共同提供优质的、可负担的课后服务项目，来满足家长和学生的需求。

比如，美国课后服务遵循"就近就便"的原则选择场所，因此学校成为课后服务的主要阵地。"21 世纪社区学习中心"2018—2019 的年度评估报告显示，美国80％以上的课后服务学习中心都是以公立学校为基础建立起来的。可以看出，在美国"放学后计划"中，学校是最常见的课后服务地点，但许多在学校开展的课后项目由非营利组织或营利组织运营。为了解决课后服务师资不足的问题，调动全社

---

① 周红霞.发达国家小学课后托管政策的比较与借鉴[J].外国中小学教育,2016(6):36-42,29.

会力量的参与,美国于 1998 年通过"21 世纪社区学习中心"计划,"旨在为学校和社区搭建桥梁,提供资源和社区支持",建立起家校社合作伙伴关系,通过提供高质量的课后活动和暑期学习项目,为青少年学习者在各种不同机构的活动和环境中自由探索、发展和充实提供机会。目前,美国已在全国范围内建立了近 11000 个社区学习中心,这些中心通过与家长、联合协会、4-H 团体、图书馆、青年会、男孩女孩俱乐部、高等教育机构、博物馆、公园、教育工作者、市政当局、企业和其他社区组织合作,将学校学习与社区学习连接起来,充分利用了上学日的课前、课后时间和暑期时间,开展学业辅导、休闲体育、健康教育、创意艺术、入学服务、数学和阅读课程,提高所有青少年儿童的成绩,为他们提供全面的教育,让其获得成就感。[①]

英国提供课后服务的主体主要有三类,第一类是学校提供的课后服务,以教室、体育馆、美术室等为主要场地;第二类是教会、慈善机构、志愿团体等非营利组织以及私人机构提供的课后服务,其场地选择灵活多样;第三类则是以学校为主体、多方合作的课后服务,私人机构和社会团体负责提供具体服务内容,学校提供场地,让学生在校内享受优质且较低价格的课后服务。从上述三种类型来看,英国课后服务也强调学校和社会多方力量的充分合作,来实现供给主体的多元化。

在德国,目前其课后服务体现出主要由全日制学校承担的趋势,但并不意味着由学校独立负责和组织所有课后服务。政府一直提倡由学校和校外机构组织开展合作式全日制教育计划,从根本上说,它是学校、青少年福利组织、地方教育当局、国家督学共同规划、管理、组织和协调的一项任务。尤其在初中阶段组织的合作式全日制教育计划,是在学校和青少年福利机构共同完成教育任务的基础上,由来自体育、文化、经济等领域的重要合作伙伴对教育计划进行补充和拓展,以提供高质量的课后服务内容,为家长和学生提供更多的选择机会。

随着学校面临的挑战越来越严峻,日本政府逐渐认识到:在促进儿童教育的过程中,不仅需要学校之间相互合作,而且需要学校、家庭和当地社区合作,建立起一个系统的、持续的协作体系,共同努力,分担责任,支持儿童多样化学习和实践活动,促进其健康成长。为此,文部科学省发起了"社区学校合作活动""星期六学习支持小组"等计划,前者指老年人、成年人、未成年学生、家长、非营利组织、民营企业、机关的广泛参与,实现社区和学校共同合作,为孩子们的成长提供支持的活动,如学校支援活动(看护上学和放学的孩子、维护学校环境、协助上课等),以及课后儿童班、星期六教育活动、家庭教育支援活动等;后者指通过邀请公司、组织、大学和其他机构认可(参与)并注册"星期六学习支持小组",在周六、寒暑假、学习日的上学前和放学后提供资源,为儿童开展独特而有吸引力的教育活动。

澳大利亚作为发达国家,社区化的发展也出现得相对较早,课后服务进入社区

---

① Arnold F. Fege, Anne Foster. Building Powerful Partnerships with Parents and Communities: Integrating 21st Century Community Learning Centers with Education Change and Reform[EB/OL]. [2024-11-25]. https://www.expandinglearning.org/sites/default/files/em_articles/5_buildingpowerful.pdf.

后,充分利用了多方资源为课后服务提供多元化发展条件。家庭对于儿童发展来说本就是重要的一环,与熟悉家庭的社区携手合作,形成家庭-学校-社区三位一体的服务,共同为儿童的幸福和学习提供支持。澳大利亚教育部 2024 年 3 月儿童保育补贴的数据报告显示,在接受 CCS 批准的照料服务的儿童中,有 59.7% 的儿童参加了中心日托服务,39.7% 的儿童接受课外托管,5.2% 的儿童参加家庭日托。[①]由此可见,家庭、学校、社区建立合作关系是儿童保育取得优质成果的基础。

韩国小学课后托管政策的顺利实施离不开家庭和社区及当地政府的支持,同时鼓励社区力量及家长参与政策的实施。随着第四次工业革命的到来,现代世界正发生着日新月异的变化,教育环境瞬息万变,以学校为中心的体制不足以积极应对时代的变化。因此,建立新的教育体系,必须在社会上开展公共对话,来重新设计未来教育体。为此,政府建议在居民、公共机构、社会组织、企业和小型社区之间开展社区治理和团结合作,形成社区学习资源共享的格局。这对放学后教育产生了重大影响,卢武铉和李明博政府将"学校社区化"作为"放学后学校"的重要目标,强调必须利用当地社区人力和物力开展学生放学后教育活动,随后朴槿惠政府和文在寅政府也提出了"实现社区学校"的目标。[②]

在 2017 年《关于做好中小学生课后服务工作的指导意见》出台之前,我国中小学生的课后服务工作主要由校外培训机构承担。2017 年后,以中小学为主体的课后服务逐渐发展起来。但由于学校教育资源有限,存在师资不足、场地设施匮乏等问题,不能提供丰富多样的课后服务,无法满足学生的全面发展与个性需要。因此,必须激发全社会的积极性与创造性,凝聚社会各方力量,形成多元主体供给课后服务,共促课后服务的高质量发展。这就需要在政府主导下,充分发挥教育行政部门与其他公共教育与文化部门(如科技馆、博物馆、少年宫等公益场馆)的服务功能,同时引导和激励家庭、学校、社区组织参与课后服务的积极性,发挥整体联动效应,构建课后服务家庭-学校-社区三位一体的课后服务体系。

---

①　Australian Government Department of Education. Child Care Subsidy data report-March quarter 2024[R/OL].[2024-08-08]. https://www. education. gov. au/early-childhood/early-childhood-data-and-reports/quarterly-reports-usage-services-fees-and-subsidies/child-care-subsidy-data-report-march-quarter-2024.

②　교육부,한국교육개발원. 2022 년 방과후학교 우수사례집[EB/OL].[2024-11-07]. https://www. afterschool. go. kr/databoard/databoardList. do.

第四章　课后服务的本土实践

2021 年 7 月,中共中央办公厅、国务院办公厅印发《关于进一步减轻义务教育阶段学生作业负担和校外培训负担的意见》,要求提升学校课后服务水平,满足学生多样化需求。自 2021 年秋季学期开始,课后服务在各地义务教育阶段学校大范围展开。目前,课后服务到底开展得如何,取得了哪些成效,存在哪些困难?为了弄清上述问题,笔者以"课后服务调查"为主题词,在 CNKI 中检索期刊及硕博学位论文,共获得 101 篇文献,又在结果中筛选出 2021 年 7 月"双减"政策颁布以来的75 篇相关调研成果,再从这些成果中挑选了调研规模大、样本来源广、调研内容全、代表性强的 6 篇文献。这些文献既有覆盖全国多省市的整体性调研,又有聚焦某个省、市开展的地区性调研,范围涵盖了经济发达地区、欠发达地区的城乡义务教育学校,调研内容囊括了课后服务学校、师生参与整体情况、服务主体、服务时长、服务内容、服务师资、经费来源、学生家庭作业与参与校外培训的变化以及家长的满意度等,最后再结合张志勇主编的《全国"双减"改革蓝皮书》中关于课后服务的调研内容,对这 7 篇调研成果(见表 4-1)进行深度的内容分析,能够较为客观地反映我国"双减"政策实施以来义务教育阶段课后服务的总体现状,在此基础上总结提炼出课后服务取得的成效,分析当前课后服务面临的主要困境及影响因素,为应对策略提供科学的依据。但需要特别指出的是,上述调研成果指向上学日放学后的课后服务,即解决"三点半"难题,并不包括暑期课后服务,因为现有的调研成果中鲜有暑期课后服务方面的内容。

表 4-1　我国课后服务代表性的调研成果(2021 年 7 月—2024 年 3 月)

作　者	题　　目	调研样本	调研内容	来　源
张志勇	全国"双减"改革蓝皮书	31 省 216 个市、县、区 670262 名学生、1396638 名家长和369013 名教师等	学生作业负担、教师工作负担、课后服务满意度、学生校外培训负担等	外语教学与研究出版社 2022 年10 月
韩一鸣薛海平黄为等	"双减"背景下儿童校外生活状况报告:课后服务	东中西部 11 省 12市 62 所公办小学和61 所公办初中的学生和家长;家长有效样本量为 37197,学生有效样本为 35809	课后服务参与率、服务时长、服务内容、服务课程资源、师资来源以及家长和学生对课后服务的满意度	中国校外教育 2023年 12 月

续表

作者	题　目	调研样本	调研内容	来　源
高巍 杨根博 龚欣	"双减"政策下中小学课后服务实施质量研究——基于7省25个区县的实证调查	东西南北中部7省25个区县83所中小学校,11403份问卷	课后服务的目的、主体类型、覆盖范围、内容类型、服务经费、教师课后服务津贴、课时数、自我评价、学生参与情况、完成作业情况、情绪变化、家长和学生的满意度、家庭教育投入情况以及对实施课后服务政策的认可度和建议等	宏观质量研究　2023年11月
孔令琛	义务教育学校课后服务满意度研究——基于江苏省中小学生和家长的大样本调查	江苏省13个市、区52个县213所义务教育学校的学生家长,有效问卷464503份	课后服务的满意度,课后服务的时间、内容、差异、困难等	中小学校长　2023年11月
黄晓玲	当前学校课后服务提质增效存在的问题及思考——基于北京市139所中小学课后服务典型学校的调查分析	北京市6个区139所学校、5988名教师和28883名学生	课后服务的供给主体、课后服务课程、师生参与率、家长支持度、师生在课后服务后的收获以及对教师的影响等	教育科学论坛　2024年3月
史大胜 李立 赵上宁 等	"双减"政策背景下小学课后服务研究:现状、问题与对策——基于云南省H市九县一区的调查分析	云南省H市16所城镇小学和410所乡村小学,教师有效问卷3969份,家长有效问卷44656份,访问小学校长5名、小学教师50余名、学生家长50余人、小学生20余人	教师承担课后服务、课程建设、工作负担;家长对课后服务的认知,对学校开展课后服务的了解、支持;学生对课后服务教师、内容、形式的诉求及体验评价	中国电化教育　2022年11月

续表

作　者	题　目	调研样本	调研内容	来　源
龙宝新 李莎莎	"双减"背景下学校课后服务的发展与调适——基于陕西省中小学课后服务调研结果的研判	陕西省义务教育学校骨干教师专访 18 份，教师问卷 251 份、领导问卷 54 份、家长问卷 1548 份	课后服务的主体、内容、资源，教师服务的时间，家长的需求，学生的在校时间，课后服务面临的问题、对策等	天津师范大学学报（基础教育版）2023 年 1 月

第一节　"双减"以来我国课后服务取得的成效

一、义务教育学校基本实现课后服务"全覆盖、广参与"

从各方调研结果来看，目前全国各地义务教育学校普遍开展了课后服务，基本上做到了"全覆盖、广参与"。

具体来说，东中西部 11 省 12 市的调查结果显示，97％的调研学校开展了课后服务。从学段来看，87.35％的小学开展课后服务，92.52％的初中开展课后服务；从城乡来看，87.26％的城市中小学，94.41％的农村中小学开展课后服务[①]。而在东西南北中部 7 省 25 区县的调查中，100％的学校开展了课后服务，每周五天、每次开展两小时的学校占比 46.99％[②]，北京市也做到了 100％学校开展。[③] 云南 H 市的调研结果显示：有 80.12％的教师认为学校"完全按要求开展课后服务"，16.33％教师认为学校"基本按要求开展课后服务"，合计占比达 96.45％。[④] 综合各个调研数据，发现学校开展课后服务的平均比例达到 99％。上述数据说明各地义务教育学校纷纷响应国家课后服务政策的号召，积极开展课后服务的探索，目前课后服务已基本实现义务教育学校全覆盖。

从教师层面来看，东西南北中部 7 省 25 区县的教师参与率为 84.4％[⑤]，北京

　　① 韩一鸣,薛海平,黄为,等."双减"背景下儿童校外生活状况报告:课后服务[J].中国校外教育.2023(12):25-43.
　　② 高巍,杨根博,龚欣."双减"政策下中小学课后服务实施质量研究——基于 7 省 25 区县的实证调查[J].宏观质量研究,2023(6):120-128.
　　③ 黄晓玲.当前学校课后服务提质增效存在的问题及思考——基于北京市 139 所中小学课后服务典型学校的调查分析[J].教育科学论坛 2024(3):57-61,68.
　　④ 史大胜,李立,赵上宁,等."双减"政策背景下小学课后服务研究:现状、问题与对策——基于云南省 H 市九县一区的调查分析[J].中国电化教育,2022(11):17-22,31.
　　⑤ 高巍,杨根博,龚欣."双减"政策下中小学课后服务实施质量研究——基于 7 省 25 区县的实证调查[J].宏观质量研究,2023(6):120-128.

市中小学教师的参与率为 92%①，在陕西，则有 98% 的教师参与课后服务②。各地教师平均参与率达到 91.47%。

　　从学生层面来看，全国 31 省市的调查结果显示，90.7% 的学生参与课后服务。这一结果和东中西部 11 省 12 市的调研数据十分接近（该调查显示 90% 的学生参加了课后服务）。③ 再从具体的省市来看，北京市学生的参与率为 86%④，江苏省学生的参与率则高达 94.23%⑤。但在 7 省 25 区县中，学生的课后服务参与率则降到 68.2%⑥，和其他调研结果相比，学生的参与率较低。综合以上数据，发现各地学生平均参与率达到 85.83%。

　　上述调研结果和"双减"政策颁布前教育部 2021 年 5 月公布的数据（全国城区学校课后服务覆盖率为 75.8%，学生参与率为 55.4%）相比，均有大幅度的提升。由此可以看出，"双减"政策实施以来，各地中小学开展课后服务的数量、师生的参与率都比"双减"政策出台前有显著的提升，这表明在"双减"政策的号召下，中小学课后服务在各地迅速落实，学校的教育主阵地作用日益显著，基本实现了课后服务"全覆盖、广参与"。

二、课后服务助推"双减"政策实施，初见成效

　　家庭作业对于促进学生技能的发展，巩固课堂上所学知识有着重要作用。它是学校课程计划的自然延伸，既是教学工作的一个组成部分，又是学校与家庭之间保持联系的重要纽带。随着人们对学习成绩要求的提高，家庭作业的数量和难度也随之增加，学生的课后作业负担也越来越重。因此，"双减"政策明确提出一方面要切实减轻学生的作业负担，另一方面要减轻学生的校外培训负担，从而减轻家长的育儿负担，促进教育真正回归学校。课后服务作为落实"双减"政策的重要举措，在这方面取得了一定的成效。

　　《全国"双减"改革蓝皮书》提到，对全国 31 省的调查显示，83.9% 的学生能在校完成大部分作业，作业负担得以减轻。同时，学生参加学科类及非学科类校外培训的数量也在减少。截至 2022 年 6 月，78.7% 的家长表示孩子未参加语文、数学、

　　① 黄晓玲.当前学校课后服务提质增效存在的问题及思考——基于北京市 139 所中小学课后服务典型学校的调查分析[J].教育科学论坛,2024(3):57-61,68.

　　② 龙宝新,李莎莎."双减"背景下学校课后服务的发展与调适——基于陕西省中小学课后服务调研结果的研判[J].天津师范大学学报(基础教育版),2023(1):15-24.

　　③ 韩一鸣,薛海平,黄为,等."双减"背景下儿童校外生活状况报告:课后服务[J].中国校外教育,2023(12):25-43.

　　④ 黄晓玲.当前学校课后服务提质增效存在的问题及思考——基于北京市 139 所中小学课后服务典型学校的调查分析[J].教育科学论坛 2024(3):57-61,68.

　　⑤ 孔令琛.义务教育学校课后服务满意度研究——基于江苏省中小学生和家长的大样本调查[J].中小学校长,2023(11):59-67

　　⑥ 高巍,杨根博,龚欣."双减"政策下中小学课后服务实施质量研究——基于 7 省 25 区县的实证调查[J].宏观质量研究,2023(6):120-128.

英语等学科类校外培训,48.7%的学生未参加非学科类校外培训。与"双减"政策实施前相比,家长认为校外培训支出在减少。相关性分析结果也显示,学生参加课后服务的情况与学生参加学科类校外培训时长的变化、家长校外培训经济负担的变化均呈显著的负相关,即学生参加学校课后服务越频繁,参加校外学科类培训的时长减少得越多,家长的校外培训经济负担也减轻得越多。[①]

高巍等从学生完成作业时间的角度来调研学生的作业负担是否减轻。统计数据表明,学生每天在校的课后学习平均时长为1.16小时,每天课外学习的平均时长为1.07小时,回家完成作业的平均时长为1.23小时。74.2%的学生表示自己的学习负担减轻,71.5%的学生表示自己的学习焦虑感有所缓减。家长问卷的调查结果也表明,孩子的"作业量减少""作业完成质量提高""作业正确率提升",这三个问题的平均得分分别为3.16分、3.12分、3.1分(满分4分)。在校外学科类培训方面,仅有14.41%的家长选择继续进行培训,29.83%的家长停止了原来的校外培训。[②]

上述两份调查所得的具体数据虽有差异,但反映的总体趋势是一致的:课后服务对减轻学生作业负担与校外培训经济负担有积极影响。原因之一是学校在课后服务中提供了学科作业的辅导,帮助学生答疑解惑,查缺补漏,使得学生完成课后作业的时间减少,大部分学生能在校完成大部分作业,家庭作业的时长减少,从而拥有更多的玩耍和参与家庭活动的时间,学生普遍对此满意。60.29%的学生对学科、作业等辅导答疑类课后服务表示喜欢。[③] 与此同时,部分家长也停止了学生的校外学科类培训,校外学科类培训的学生参与率变化波动较大,非学科类校外培训的波动较小。

可见,课后服务实施后,各地中小学生的作业负担得以减轻,校外教育机构培训治理的成效初显。

三、家长满意度提高,课后服务的基本功能得以充分发挥

课后服务有基本功能、教育功能与衍生功能。基本功体现在对学生的身体看护和作业辅导,教育功能体现在促进学生全面发展和个性特长的培养,衍生功能体现在促进教育和社会公平以及提高妇女就业率,进而促进经济的发展。目前来看,中小学每天为学生提供两小时左右的课后服务,有效解决了学生放学时间与父母下班时间不一致所导致的"接送难"问题,同时也解决了家庭资源不足、父母受教育程度低,无法辅导孩子完成家庭作业的难题,课后服务的基本功能得到充分发挥。

---

① 张志勇.全国"双减"改革蓝皮书[M]北京:外语教学与研究出版社,2022.

② 高巍,杨根博,龚欣."双减"政策下中小学课后服务实施质量研究——基于7省25区县的实证调查[J].宏观质量研究,2023(6):120-128.

③ 韩一鸣,薛海平,黄为,等."双减"背景下儿童校外生活状况报告:课后服务[J].中国校外教育.2023(12):25-43.

例如,全国调查显示,课后服务获得广泛认可,学生和家长对课后服务的满意度分别达到89%和88.4%。学生和家长满意的主要方面是提高了学习成绩(61.2%)和提供了作业辅导(64.6%)。[1]

高巍等研究学生和家长对课后服务时长的满意度发现,得分分别为8.64分和8.71分(满分10分),也说明当前课后服务时长较好地满足了学生与家长的需求。[2]

韩一鸣等的调研结果显示,家长对学校课后服务的满意度普遍比较高,67.74%的家长对学科作业等辅导答疑类课后服务表示满意,65.4%的家长对托管自习类课后服务满意。[3]

江苏省的调查结果也表明,家长对课后服务的满意度处于较高水平,满意的占比达到81.47%。有76.44%的家长认为课后服务解决了作业辅导难题,45.25%的家长认为课后服务解决了正常放学时间无法接送孩子的问题。该调研还进一步做了相关性分析,发现和课后服务满意度负相关性最强的变量为书面作业时间,如果一个学生每日花费在书面作业上的时间越长,则课后服务满意度越低。[4]

云南H市家长普遍认为课后服务的实施效果良好(M=3.82),认为参加课后服务对学生的学习与生活产生了诸多积极影响,尤其孩子在完成作业和学习成绩这两方面取得了较为满意的效果。[5]

总之,校内课后服务提供了一个经济、安全、有教师监督和辅导的积极学习环境,学生可以在回家前完成家庭作业,使得学生课后作业减少,学习成绩提高,校外培训负担初步减轻,因而家长的满意度提升。这表明作为一项重大的民生工程,我国中小学课后服务获得了广大家长的普遍认可,现阶段已完成了基本替代"校外学科类培训"的使命,课后服务的看护和辅导的基本功能得以充分发挥。

第二节 我国课后服务的现实困境及破解

一、服务主体较为单一、校内教师负担超载

2021年《关于进一步减轻义务教育阶段学生作业负担和校外培训负担的意

① 张志勇.全国"双减"改革蓝皮书[M].北京:外语教学与研究出版社,2022.

② 高巍,杨根博,龚欣."双减"政策下中小学课后服务实施质量研究——基于7省25区县的实证调查[J].宏观质量研究,2023(6):120-128.

③ 韩一鸣,薛海平,黄为,等."双减"背景下儿童校外生活状况报告:课后服务[J].中国校外教育,2023(12):25-43.

④ 孔令琛.义务教育学校课后服务满意度研究——基于江苏省中小学生和家长的大样本调查[J].中小学校长,2023(11):59-67.

⑤ 史大胜,李立,赵上宁,等."双减"政策背景下小学课后服务研究:现状、问题与对策——基于云南省H市九县一区的调查分析[J].中国电化教育,2022(11):17-22,31.

见》(简称《"双减"》政策)出台,提出要拓展课后服务渠道,指出课后服务一般由本校教师承担,也可聘请退休教师、具备资质的社会专业人员或志愿者提供;同时提出要合理利用校内外资源,适当引进非学科类校外培训机构参与课后服务。因此,从政策角度看,课后服务的主体应该包括四类人员:第一类是学校教师;第二类是家长志愿者;第三类是社会公益组织相关人员,包括图书馆、文化馆、社区、志愿者团体相关人员等;第四类是非学科类培训机构人员。[①]虽然政策鼓励这四类课后服务主体一起协同参与课后服务,提供高质量的课后服务项目,以充分满足家长和儿童的需求,但在实践过程中这一政策并没有很好地得到落实。

从全国及各地调研情况看,除了云南H市在引入校外人员参与课后服务方面表现较好外,(云南H市小学参与课后服务的人员中有一半是校外人员,校外人员主要包括两类:一是体育、艺术、科技等专业人员,开设培养学生特长的活动课程;二是非遗等传统文化的传承人,向学生精准、全面地展现剪纸、唱腔、茶艺等传统文化和艺术)[②],其他地区这方面的调研结果均不理想。

韩一鸣等对全国东中西部11省12市的调查结果显示:课后服务师资主要来源为本校在职教师,占比98.11%,其次为社会专业人员(42.45%)、校外机构教师(36.79%)、学生家长(15.09%)、集团内其他学校教师(11.32%)、区域内优秀教师(8.49%)、退休教师(7.55%)和在校大学生(4.72%)。[③]

高巍等对校长进行调查的结果也显示,几乎所有学校开展的课后服务中主体均包含在职教师,仅有13.33%的学校选择与公益组织、科技馆、少年宫等校外机构合作开展课后服务。参与课后服务的教师中,主科教师参与时间最长,平均每周高达3.9课时,占教师总授课周均时长的29.48%,且61.5%的主科老师表示工作压力增大。[④]

黄晓玲对北京市课后服务的调查发现,66%的学校一半以上的课后服务由本校教师提供,20%的学校一半以上的课后服务由家长、社区、博物馆等社会力量提供,26%的学校一半以上的课后服务是通过购买社会服务提供的,22%的学校一半以上的课后服务与校外机构合作提供。[⑤]

从陕西的调研情况看,仅有16%的教师表示学校课后服务采取"在校教师和

①   杨清溪,庞玉鸽.多元协同:课后服务工作承担主体的实践反思[J].四川师范大学学报(社会科学版),2022(9):57-65.

②   史大胜,李立,赵上宁,等."双减"政策背景下小学课后服务研究:现状、问题与对策——基于云南省H市九县一区的调查分析[J].中国电化教育,2022(11):17-22,31.

③   韩一鸣,薛海平,黄为,等."双减"背景下儿童校外生活状况报告:课后服务[J].中国校外教育,2023(12):25-43.

④   高巍,杨根博,龚欣."双减"政策下中小学课后服务实施质量研究——基于7省25区县的实证调查[J].宏观质量研究,2023(6):120-128.

⑤   黄晓玲.当前学校课后服务提质增效存在的问题及思考——基于北京市139所中小学课后服务典型学校的调查分析[J].教育科学论坛,2024(3):57-61,68.

校外教师相结合"的形式进行,有"第三方机构教师参与"的课后服务仅占 0.4％。[①]

校外力量参与的有限性使得当前中小学教师成为课后服务的主力军,这给教师的工作和生活带来极大的影响:一方面导致教师在校工作时间延长,打乱了原本的工作和生活的节奏,致使教师无法照顾自己的家庭;另一方面课后服务课程不同于课内教学,对教师的专业性发展提出更高的要求,教师开发与组织活动都需要大量的时间和精力,再加上课内教学任务繁重,教师不得不承受身体和心理的双重压力,许多教师感到不堪重负,降低了职业幸福感。比如,陕西省 89％的教师在校时间达 8 小时以上,还有近 30％的教师在校工作时间竟长达 10 小时以上,63％的教师感受到有压力、"分身乏术"。[②]

二、服务内容较为狭窄,以学科作业辅导为主

《学记》中指出"时教必有正业,退息必有居学",意即教育教学必然有正式的课业,课后休息也要有特色的课外练习,课内与课外活动应并行发展。苏联教育家苏霍姆林斯基强调课外活动是学生"智力生活的策源地"。所以,开展丰富多彩的课后服务活动是促进学生全面发展的必由之路。2017 年 2 月,教育部办公厅出台的《关于做好中小学生课后服务工作的指导意见》就明确了学校课后服务的主要内容,即"安排学生做作业、自主阅读、体育、艺术、科普活动,以及娱乐游戏、拓展训练、开展社团及兴趣小组活动、观看适宜儿童的影片等"。这些服务内容在我国大多数学校中的落实情况如下。

韩一鸣在对全国的调查中发现,66.64％的学生参加学科、作业等辅导答疑类课后服务,48.2％的学生参加兴趣活动类课后服务,42.9％的学生参加托管自习类课后服务,参加其他类型课后服务的学生占比 2.11％。上述课程资源主要由本校教师开发(占比 95.28％)。[③]

高巍等的调查结果也表明,当前中小学主要以开设学科类课后服务为主,周均时长为 6.61 课时,远高于素质类(2.21 课时)和兴趣拓展类的服务(2.07 课时)。[④]

江苏省调研数据显示,68.63％的学校提供了 1～3 种课后服务活动,且提供的内容以作业辅导(80.41％)、课外阅读(53.92％)等学科类活动为主,而素质拓展类

①　龙宝新,李莎莎."双减"背景下学校课后服务的发展与调适——基于陕西省中小学课后服务调研结果的研判[J].天津师范大学学报(基础教育版),2023(1):15-24.

②　龙宝新,李莎莎."双减"背景下学校课后服务的发展与调适——基于陕西省中小学课后服务调研结果的研判[J].天津师范大学学报(基础教育版),2023(1):15-24.

③　韩一鸣,薛海平,黄为,等."双减"背景下儿童校外生活状况报告:课后服务[J].中国校外教育,2023(12):25-43.

④　高巍,杨根博,龚欣."双减"政策下中小学课后服务实施质量研究——基于 7 省 25 区县的实证调查[J].宏观质量研究,2023(6):120-128.

活动如体育、艺术、科技类活动占比较少,尤其科技类活动不足 30％。[①]

陕西省的调查中也发现,教师认为当前课后服务面临的第三个问题就是"应试型作业辅导内容单一"。

尽管云南 H 市各调研小学为学生开设了丰富多彩的课程,但是由于体量不足,占比 31.44％的学生表示除作业辅导外,并未参加过任何其他类型的课后服务。再从调研教师承担课后服务课程的类型来看,也证实了这一点,80％的教师承担了作业辅导类的课后服务,其他类型的课后服务实施情况不容乐观。[②]

综上,当前学校课后服务的内容仍主要集中在学科作业辅导方面,素质拓展类的课程体量相对较小。其主要原因在于师资匮乏、服务渠道单一、课后服务供给制度不完善等。究其本质,由于没有充足的经费和人员保障,课后服务的内容和形式只能维持在学科作业辅导层面,无法提供丰富多彩的活动。因各种素质拓展类活动的开展对场地、设备、人员、经费都提出了更高的要求,不仅需要校内设施设备,也需要校外的场地和设施,还要考虑学生的交通成本。另外,校内多元师资的严重不足,无法开出丰富多彩的各种课程来满足学生多元化的需求。有研究者指出,以一所1200名学生的学校为例,要实现课后服务的"全覆盖",需要开出约50个课后服务班,除校内教师外,至少需要 20 名以上校外教师的支持。那么 1000 所学校就需要 2 万名以上的校外教师。[③]

由此可见,引进校外第三方人员参与学校课后服务刻不容缓,只有充足的师资保障,才能实现课后服务的高品质发展。

三、服务经费来源不足,教师课时报酬偏低

资金是课后服务得以顺利开展的重要保障。没有充足的经费支持,小到为学生提供基本看护的教师发放适当的补贴,大到组织大型户外拓展活动都无从落实。各地调查结果显示,我国学校课后服务正面临着资金不足、教师课后服务课时报酬偏低的问题。

全国 31 省调查结果显示,已建立课后服务经费保障机制的学校,每课时课后服务报酬全国平均为 57.1 元,低于 40 元的地区有 8 个,在 40～60 元的有 12 个,高于 60 元的地区有 12 个。从区域来看,西部地区的报酬低于中部和东部。从城乡来看,城市学校的平均课时报酬高于县城和乡镇学校。但仍有 19.5％的教师参与课后服务并未获得任何报酬。[④]

① 孔令琛.义务教育学校课后服务满意度研究——基于江苏省中小学生和家长的大样本调查[J].中小学校长,2023(11):59-67.
② 史大胜,李立,赵上宁,等."双减"政策背景下小学课后服务研究:现状、问题与对策——基于云南省 H 市九县一区的调查分析[J].中国电化教育,2022(11):17-22,31.
③ 王潇婧.课后服务如何高质量赋能校内"主阵地"?[N].中国新闻报,2024-03-08.
④ 张志勇.全国"双减"改革蓝皮书[M].北京:外语教学与研究出版社,2022.

高巍等对校长问卷的调查结果显示,63.9%的学校表示存在资金不足的问题。在经费来源方面,80%的学校表示由家长承担,66.7%的学校表示自行承担部分经费,仅有 33.3%的学校获得了来自县区级政府提供的部分经费。在教师津贴方面,仅有 68.4%的教师表示有经费补助,17%的教师对是否会发放补助并不清楚。至于补助的标准,42.2%的教师表示每课时 50 元及以下,与期望的津贴数额(50～100/课时)仍有一定的差距。①

陕西省的调研数据显示:教师认为学校课后服务实施面临的首要问题是"经费不足"。57%的教师课后服务课时费标准为 50 元以下,而平均估算课时费约为 65 元。所以,接近一半的教师认为改进校内课后 12 服务的首要举措是"增加补贴",这一点成为教师对课后服务的首要关切。②

经费不足直接导致校内外力量对课后服务的支持力度减弱,课后服务效果不佳。正如云南 H 市 A 校长所言:"学校只有这么多老师,而且我们没有办法请这么多外面的辅导班专业教师,因为要付费。学校老师目前承担课后服务其实是相对额外的工作量,大部分老师依靠教育情怀和奉献精神在支撑。"③

由此可见,保障教师劳动的合法权益,让教师获得适当、合理的报酬是激励教师积极参与课后服务的首要举措。但经费从哪里来? 完全依赖政府财政拨款显然是不可行的。根据相关政策,课后服务可以向家长收取一部分费用。但在义务教育阶段,收费问题向来很敏感。长期以来,由于政府对教育收费乱象的重拳治理,中小学在面对收费问题时谨小慎微,甚至变得不愿收费和不敢收费。教育收费的敏感性限制了学校探索提高课后服务质量的主动性,也无法调动校内教师参与课后服务的积极性。④

针对课后服务经费不足的问题,有学者提出了这样一种解决思路:对于课后服务的基本内容,如自习看管和作业辅导,由本校教师承担,费用由政府提供,将其作为一种公共产品,以充分发挥政府的主导作用;对于满足学生的多元化发展需求的课后服务,如开展各类丰富多彩的拓展类活动,在坚持非营利性原则的前提下,建立学校、社会、家庭合理分担服务成本的模式,确保服务有充足的经费。因此,政府应该出台一些明确的措施,制定学校课后服务经费保障办法,明确收费标准,采取财政补贴、服务性收费或代收费等方式,逐步建立起政府财政支持、家长适当交纳、社会捐助的课后服务经费保障体系,用于参与课后服务教师和聘请校外人员的补助。

① 高巍,杨根博,龚欣."双减"政策下中小学课后服务实施质量研究——基于 7 省 25 区县的实证调查[J].宏观质量研究,2023(6):120-128.

② 龙宝新,李莎莎."双减"背景下学校课后服务的发展与调适——基于陕西省中小学课后服务调研结果的研判[J].天津师范大学学报(基础教育版),2023(1):15-24.

③ 史大胜,李立,赵上宁,等."双减"政策背景下小学课后服务研究:现状、问题与对策—基于云南省 H 市九县一区的调查分析[J].中国电化教育,2022(11):17-31

④ 杨清溪,邬志辉.义务教育学校课后服务落地难的堵点及其疏通对策[J].新华文摘,2021(23):134-136.

四、困境的破解：多元主体协同参与课后服务

在"双减"政策推动下，当前我国中小学课后服务正从"全覆盖、广参与"向"强保障、上水平"转变，社会力量参与学校课后服务已是大势所趋。因此，鼓励社会力量参与课后服务，形成多元主体协同模式是破解当前我国课后服务师资、内容等困境，满足各方对学校课后服务期待的必然选择，其理由主要有四个方面。

首先，从发达国家经验来看，引入家庭、社会组织、社区力量、高校资源等校外力量积极参与课后服务，形成多元主体协同参与模式是课后服务走上高质量发展的必经之路。

其次，从教育治理层面来看，引入社会第三方力量参与课后服务是构建政府、学校、社会新型教育治理关系的重要支撑，是实现教育治理体系和治理能力现代化的必然要求。

再次，从政策导向层面来看，支持引导社会力量参与学校课后服务工作是落实相关政策的内在要求。国家出台的《关于做好中小学生课后服务工作的指导意见》《关于进一步减轻义务教育阶段学生作业负担和校外培训负担的意见》等文件中都将原来的"充分发挥中小学校课后服务主渠道作用"更新为"拓展课后服务渠道"，对统筹利用社会资源开展课后服务均有明确规定。因此，将社会力量纳入课后服务体系是当前的应然之举。

最后，从现实需求层面来看，主要依赖中小学教师并不能适应高质量课后服务发展的需求。社会力量在对接学校教育需求、盘活各方资源、激发课后服务活力等方面具有一定的优势，能有效缓解当前学校课后服务面临的主体单一、师资不足、内容局限、难以满足学生差异化需求等问题，是完善学校课后服务资源供给和实现课后服务提质增效的重要举措。

第三节　多元主体协同下我国课后服务实践探索的典型模式

近几年，一些地方在政策的鼓励下，积极探索多元主体协同参与课后服务，积累了一些可供借鉴的宝贵经验。对这些富有成效的典型模式进行提炼和总结，以充分发挥其示范引领和辐射带动作用，是解决多元主体协同课后服务实践中操作性缺乏这一问题的关键所在。笔者在收集和阅读了大量文献后，从各地涌现出的先进经验中提炼出四种典型模式，介绍如下。

一、校社联动模式

（一）社区及社区教育

家庭、学校、社会是影响个体健康成长的三个密切相关的要素。三者相互合

作,各司其职,共同肩负起青少年健康成长的重任。近几年,由于社会教育的提法日渐式微,而社区教育的提法则日渐活跃。因此,这里家校社合作中的"社"主要是指社区。

社区最早由德国社会学家滕尼斯提出,指"进行一定的社会活动,具有某种互动关系和共同文化维系力的人类群体及其活动区域",要素如下。

（1）社区具有一定的地理范围,占据一定的地域空间,使它们与其他社区区分开来。其面积的大小,没有统一的标准。

（2）社区聚集有一定的人口规模。聚集的人口规模也没有一定的要求和规定,但单独的个体和单独的家庭是不能构成一个社区的。

（3）社区中的人口具有千丝万缕的社会关系,如亲属关系、同事关系、邻居关系等。

（4）社区中有一套规范社区居民行为的规章制度及管理机构（如社区委员会）。

（5）社区中有相对完备的基础设施和服务设施,用以满足社区居民日常生活的物质需求和精神需求,如康体设施、娱乐设施、生活设施、商业设施等。

从本质来讲,社区是社会的地区单元,是社会大系统中的子系统,强大的社区是社会的基石。稳定的社区有助于个人茁壮成长,当儿童和家庭生活在强大、稳定、包容和支持性的社区中时,他们的福祉会受到直接影响。

社区教育这个概念是二战后在国际上正式提出和广泛使用的。一般认为,社区教育是指社区通过提供学习和协作的机会,来改善和提高社区居民生活质量,实现社区发展的一种社区性的教育活动。社区教育的核心是个人和整个社区成为终身学习者。通过社区教育,居民可以发展人际关系和解决问题的能力,以克服社会面临的各种挑战。其基本特征表现在以下几个方面。

第一,服务范围的在地性。社区教育主要是结合社区居民的基本需求和社区资源,立足本社区的发展而进行的教育活动。

第二,服务对象的广泛性。社区教育服务于社区内的所有居民,不受性别、年龄、种族、职业类型的限制,不具有排他性。

第三,教育目标的多重性。社区教育旨在提高全体社区居民的素质,提升社区生活质量。而社区居民的文化教育背景多元,年龄层次各异,居民的社区教育诉求千差万别,因而不可能对全体居民制定统一的教育目标,这就决定了社区教育的目标具有多重性。

第四,教育资源的融合性。社区提供教育服务时,要充分利用社区内外资源,将公共教育设施用作社区服务中心,以满足社区所有居民的教育、社会、健康、文化和娱乐需求,营造一种促进终身学习的环境。

第五,教学形式和教学内容的多样性。社区教育对象的需求多元,作息时间不一致,这就要求社区教育在教学内容上尽可能丰富,在教学形式上尽可能灵活多样,以满足不同居民的多元化需求。

（二）社区青少年教育的功能

社区的上述教育功能决定了社区参与青少年教育的合理性,充分发挥这些功能,有利于为青少年全面成长培育积极的社会环境,打造开放、民主、灵活、自由的社区大课堂,构建一个可以随时获取学习资源的学习型社区,充分促进社区和家庭、学校教育的有机整合。[①] 社区对青少年的教育功能主要体现在以下几个方面。

第一,提高青少年的认知水平。社区通过为青少年提供不同于学校教育、家庭教育的认知活动,使青少年在活动中获得更多的体验,提高其认知水平。具体来看,每个社区都会通过大众媒体、电视广播以及举办活动等形式,来发布消息或宣传某种活动。对于青少年来说,他们通过感知到的各种信息和内容,对社区如何运行及发展有一个整体的印象或感知。此外,青少年积极参与各种社区活动,可以接触到不同的观点和经历,进而丰富他们对世界的理解和认知,拓宽视野,同时也能够培养其责任感和奉献精神,加深与社区居民的交流,培养其沟通能力。

第二,帮助青少年建立情感价值体系。一方面,社区作为个体社会化的重要场所,其社交网络,包括邻居、朋友和大家庭,为青少年提供安全的空间和社交机会,让他们可以玩耍、学习并与同龄人互动,帮助孩子培养对社区的归属感,为青少年提供心理上的安全感。拥有归属感意味着青少年感到被周围人接受、重视和包容,并认为自己是社区的重要组成部分,进而有动力参与社区的各项活动,以取得更大的成就和进步。另一方面,社区的文化和传统在塑造孩子的价值观方面也发挥着重要作用。文化习俗为孩子们提供了认同感,帮助他们了解自己民族和地区的传统。

第三,传授基本生活知识和技能。社区中一般都拥有较为丰富的资源,如果社区为放学后的儿童提供一个支持性的学习环境和娱乐活动空间,并且由专门的工作人员负责对青少年放学后进行教育指导和管理,一方面帮助青少年形成积极的社会规范并预防危险行为,另一方面帮助其具备做出明智决策的知识和技能。那么,社区不仅是青少年安全实践和健康生活的场所,更是一个获得知识和生活技能的地方,从而有效补充学校正规教育的不足。

（三）校社联动及类型

校社联动模式是指学校和社区为了实现共同的教育目标,各自发挥自身的资源优势,在相互尊重的基础上建立合作伙伴关系,共同为放学后青少年提供课后服务的一种模式。社区与学校建立合作伙伴关系、共同参与中小学生课后服务是上述社区教育功能的重要体现。这种伙伴关系通过提供文体活动、学业辅导和行为支持以及健康和社会服务,来促进青少年全面成长。国外一些研究证明,校社联动可以为学生带来更强的社交和情感技能,提高学生参与度（更高的出勤率与更低的

[①]　房红.美国社区参与青少年教育研究[D].西安:陕西师范大学,2020.

长期缺勤率)和学术成就。在具体的实践中,依据发生的主要场所,校社联动课后服务有两种类型。

第一,以学校为场地依托,充分利用本校的设施、资源和特色文化,引入并整合辖区内社区资源和各方力量向学生提供课后服务。学校是任何社区活动的天然中心,充分发挥其在社区教育的主阵地作用,构建起学校、社区、家庭共同参与的课后服务体系。在该体系中,服务人员由两部分组成:一是学校教师,为学生提供专业的教育辅导和学业指导,二是志愿者,包括社区工作人员、退休教师、学生家长和大学生,运用自己的专业知识和生活经验向青少年提供帮助。其中,在校教师负责社区和学校之间的信息沟通,更好地实现社区和学校教育资源的优势互补。

以学校场地为主要依托,整合社区内多方资源参与校内课后服务的最大优势在于充分地发挥学校主阵地的作用,一方面可以利用学校已有的教室、体育馆、综合实践场地实施课后服务;另一方面教师通过班级高效、便捷地收集学生及家长的课后服务需求,提高课后服务的针对性和有效性。

例如,为了推动青少年科技教育,新加坡实施"学校-社区"联动计划,积极推动社区走进学校。2005 年,新加坡国家公园局正式启动"锦簇社区(Community in Bloom,简称 CIB)"计划,鼓励居民建立"社区花园(Community Gardens)"。在国家公园局的指导和批准下,一些中小学也开始建设"社区花园",将科学课程融入园艺活动,并在社区走进学校的过程中,提高学生对生命科学、地方遗产和自然环境的兴趣。目前,新加坡共有 161 所 CIB 学校,社区居委会的老人和家长志愿者也积极参与进来,与学生、教师共同在校园内的绿地上进行种植,并与学生们分享自己的园艺种植经验。①

第二,以社区的场地和资源为主要依托,与学校共同为青少年创建社区教育中心学校,面向辖区内青少年提供课后服务。社区中的空间场所和公共设施设备是开展课后服务的主要载体,借助社区中公益组织的力量,充分整合社区中的人力和物力资源,为课后服务提供可靠的后勤保障,确保课后服务各项活动的顺利实施与衔接,在青少年家庭与学校之间搭建起一座沟通的桥梁。

依托社区中心开展课后服务的优点体现在两个方面:一方面,社区对孩子、家长而言,是最熟悉的场所,安全性强、离家近,消除了因距离障碍而产生的现实顾虑,缓解了上学和放学的交通安全压力,提高孩子自愿参与课后服务的积极性,扩大了课后服务的覆盖面;另一方面,社区能够充分整合多方资源,让社区中具有不同背景和身份的人参与进来,一起提供高质量的学术辅导、拓展课程和健康服务,时间覆盖放学后、节假日、寒暑期等,以支持当地社区中青少年的学业、身体健康以及社会和情感领域等方面发展,使得社区成为青少年福祉和成功的重要合作伙伴。比如,俄亥俄州西北部的"社区教育促进发展"(CED)组织,开发了一个名为

---

① 沈名秀.新加坡 CIB 学校让社区走入校园[J].上海教育,2021(24):40-41.

Learning Friends 的课后计划,在整个学年放学后以及暑期进行。该计划与当地教堂、学校和图书馆合作。学年期间的交通由学校和教堂提供,活动由 CED 和图书馆提供,食物由当地食品银行和社区捐赠,以便孩子们可以在计划期间获得全餐和健康小吃。当地教堂为该计划的运行提供了地点,学校提供一些教师,志愿者助手来自 CED、当地图书馆和三个教堂。此外,学校教师还会帮助学生解决一些难以解决的学术问题,并能够进一步辅导这些孩子[①]。

(四) 校社联动的阶段

校社联动本质上是学校与社区建立伙伴合作关系的过程。北美学者凯瑟琳·汉兹总结了学校与社区建立伙伴关系的七个不同阶段,为我们行动提供了有益的参考。

阶段一:确定自身的需求和目标(学生、学校、项目或社区合作伙伴)。

阶段二:寻找潜在合作伙伴。

阶段三:主动联系潜在合作伙伴并开始合作讨论。

阶段四:协商合作条款(目标、活动)。

阶段五:创造双赢局面,使所有合作伙伴受益。

阶段六:参与协作活动。

阶段七:根据活动满足需求和实现目标的能力来开展评估。

在前三个阶段,合作伙伴关系的发起者要确定利益相关者的需求和目标,并联系潜在的合作者。涉及学校、社区员工或学生本身的伙伴关系最常见的是基于学生的需求,而学校管理人员和教师最能明确这些需求(阶段一)。如果伙伴关系的发起者认为利益相关者的需求无法在其组织内得到满足,他们就会寻找有可能帮助满足这些需求的潜在合作者(阶段二)。通过个人的社会和职业网络最容易建立联系,不过,如果发起者认为潜在合作者能够为合作关系做出贡献,他们也会主动联系不认识的人员(阶段三)。

在阶段四和阶段五,学校和学区相关人员与其潜在的社区合作伙伴讨论合作的可能性,并举办各方都能受益的合作活动。第一次会议通常侧重于建立友好关系,并寻求共同点。接下来,合作者会协商建立一种对双方都有利的共赢关系。合作关系并不总是平等的或在数量上公平的,合作条件需要满足合作者的需求,对一方来说似乎无关紧要的资源,对另一方来说可能非常宝贵。

一旦确定了合作伙伴关系的条款并开发了合作活动,参与者就会参与活动,并在阶段六和阶段七评估活动是否成功地满足了各自的需求。合作伙伴建立反馈回路,不断相互交流他们观察和评估的结果,将他们的经验与既定的需求进行比较。如果需求得到满足,他们会继续开展合作活动。如果在任何时候没有达到目标,合

---

① Ruth Reynard. The Importance of Community Education[EB/OL]. (2024-03-04)[2024-11-17]. https://thejournal.com/Articles/2024/03/04/The-Importance-of-Community-Education.aspx? Page=2.

作者就会重新协商条件,并根据需要修改合作关系或活动。①

（五）典型案例

根据上述两种类型,这里呈现两个相应的典型案例,来深入理解校社联动在实践中的具体做法。

1. 上海静安区"三段式"课后服务

1）"三段式"课后服务的探索历程

上海静安有着十多年的课后服务探索实践。早在 2010 年,上海市教育委员会印发《关于做好本市小学生放学后看护工作的通知》后,静安区就着手建设以"活跃身心、激发兴趣、发现特长、学会做人"为目标的"快乐 300 分"活动和小学生"活力发展"评价改革的探索,这为后来课后服务的开展奠定了坚实的基础。② 2014年,静安区正式启动小学生看护服务,为有需求的家庭子女提供放学后到下午 5 点的看管服务,并在原先"快乐 300 分"活动课程的基础上架构了"人格与修养、科技与创新、生活与运动、人文与艺术"四大课程群,探索出学校、社区、家庭三方共同参与的看护雏形。③ 2019 年,静安区从学生健康发展角度出发,对课后服务进行顶层架构,率先推出了"快乐 30 分＋自助一小时＋温馨一小时"的"三段式"课后服务。④ 2020 年,静安区又进一步优化了《小学生校内课后服务工程实施方案》,将原有的"三段式"升级为"学习时刻＋自主时刻＋温馨时刻",优先满足小学生在校完成作业的需求。⑤

2021 年 7 月,"双减"政策颁布。课后服务作为落实"双减"政策的重要举措,面临"提质升级"的新要求,静安区适时优化"三段式"服务样态,鼓励学校依托紧密型集团、学区化等优势,在课后服务中共享集团优质资源,依托教师跨校流动、跨校教研,通过集团创新作业贯通、实践活动贯通、师资交流贯通等策略,为开展高品质的课后服务提供了更丰沃的土壤。

面对课后服务实践中遇到的问题,静安区积极应对,勇于探索,及时回应家长诉求,首创"三段式"服务样态,为全区 3 万余名学生提供免费优质的课后服务,形成了家庭、学校、社会协同育人的合力,树立了民生幸福的标杆。2021 年,静安区"三段式"课后服务被教育部确定为"首批义务教育课后服务典型案例单位",成为上海唯一入选教育部课后服务优秀案例的区域。⑥

① Catherine Hands. School-Community Collaboration: Insights from Two Decades of Partnership Development[EB/OL]. (2023-04-20)[2024-11-17]. https://www.researchgate.net/publication/370149872_School-Community_Collaboration_Insights_from_Two_Decades_of_Partnership_Development.
② 陈之腾."双减"在行动系列报道之一课后服务的静安样本[J].上海教育,2021(9):26-30.
③ 上海市静安区教育局.以"三段式"服务树立"民生幸福标杆"[J].人民教育,2021(18):13-16.
④ 陈之腾."双减"在行动系列报道之一课后服务的静安样本[J].上海教育,2021(9):26-30.
⑤ 上海市静安区教育局.以"三段式"服务树立"民生幸福标杆"[J].人民教育,2021(18):13-16.
⑥ 陈之腾."双减"在行动系列报道之一课后服务的静安样本[J].上海教育,2021(9):26-30.

2)"三段式"课后服务的内容

静安区倡导的"三段式"课后服务模式(见图4-1),其服务内容不仅有身体托管与作业辅导,解决了学生看护和作业辅导的需求,减轻了学生的作业负担,还涵盖了"五育"融合课程,丰富了学生课余生活,激发了学生的学习兴趣,促进了学生的全面发展。

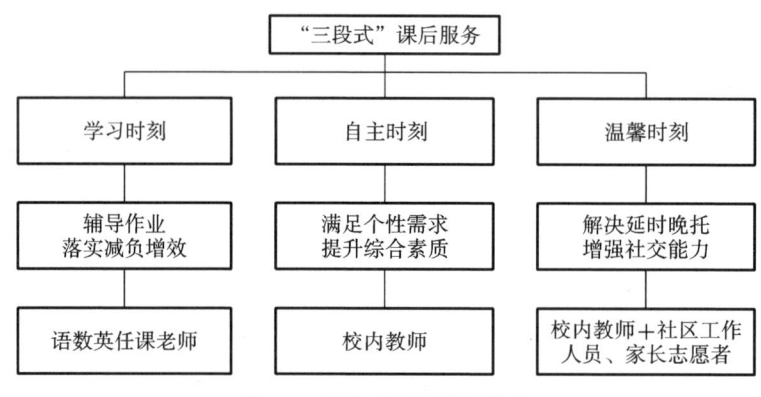

图 4-1　三段式课后服务模式

"学习时刻"(15:05—15:50),目的在于提升学生在校学习效率,实现减负增效。一般由语、数、英三科老师轮流看护学生在校完成作业,重点强调学法的辅导、良好习惯的养成以及作业质量的保证,做到"小学生书面作业基本不出校门",同时对学业困难的学生进行个性化的辅导和答疑。该做法受到了家长和老师的充分肯定。对家长而言,减轻了每晚监督辅导孩子写作业的负担,改善了亲子关系。对老师而言,在校内批改作业,能准确掌握学生巩固知识的情况,也为及时调整次日的教学设计提供学情依据。

"自主时刻"(15:55—16:30),目的在于满足学生的个性需求、发展潜能、提升综合素质。学生完成作业后,根据办学特色,结合主题式综合活动、项目化学习等,开展阅读、游戏、艺术科普、体育活动、劳动技能、拓展训练等素质教育活动,让学生学有所乐、学有所长。

"温馨时刻"(16:30—18:00),目的在于塑造学生的健全人格。它既解决了延时晚托的问题,又让学生在同伴互动、师生交流中感受到他人的关爱、了解时事,不仅能和谐师生、生生关系,还增强了学生的社会交往能力。[①]

3)校社联动,助力"三段式"课后服务的实施

高品质的课后服务,仅靠学校的力量是无法实现的,应该引入社会力量的广泛参与,既可以丰富课后服务的内容和形式,也能有效分担学校及教师的压力。静安区"三段式"课后服务工作除了由校内教师承担外,还积极拓宽渠道,吸引社区工作

① 上海市静安区教育局.以"三段式"服务树立"民生幸福标杆"[J].人民教育,2021(18):13-16.

人员、家长志愿者参加。

比如，静安区闸北第三中心小学引入宝山街道社区和家长志愿者资源，协助学校进行"温馨时刻"的看护任务。在"娃娃读经典，追寻红色梦"的读书沙龙活动中，特别邀请社区工作人员给孩子讲故事，介绍"二十四节气"民俗，推荐时令美食，还开展了包粽子、做香囊、剪纸一系列民俗实践活动。[1] 又如，静安区和田路小学组织科学家、艺术家、设计师等领衔的创新志愿者联盟，为学生设计思维、艺术修养、科学态度等方面创新素养的培育提供支持，并将"创爸创妈进课堂""跟着老师看世界""小小讲师团"以及社区志愿者公益性讲座等融入课后服务活动内容，涌现一批独具特色的"创爸创妈"和"小先生"。再如，北站街道每天都会派出两位社区志愿者去闸北第一中心小学协助值班教师看护参加"温馨时刻"的孩子。当家长来接孩子时，社区志愿者护送孩子到校门口，直至送到家长身边。[2]

为了不断强化区域跨部门之间的协同，静安区协调体育局推迟学校体育场所向社区居民夜间开放的时间，优先满足学生课后服务需求，通过社区举荐、专项评审等，与高校、退休教师协会等展开积极合作，还鼓励学校充分发挥家长的作用，使其成为课后服务的重要力量。为了规范校外人员参与课后服务，静安区建立社区人员准入制度，对课后服务人员的道德品行、身心健康等严格把关，为课后服务的高质量实施保驾护航。据统计，2021 年静安全区 50 所小学全部开展校内课后服务，实现了公民办小学所有校区全覆盖，共计 31278 名学生留校参加课后服务，占学生总数的 84.3%，实现意愿留校学生全覆盖。[3]

2. 武汉市洪山区 L 社区"四点半学校"

为全面构建学校、家庭、社区"三位一体"的教育体系，为青少年缔造一个健康成长的环境，在借鉴香港青少年社会工作发展的基础上，我国开始建立青少年空间。2007 年，武汉、杭州、成都等城市被团中央、中国青少年宫协会确定为全国青少年社会教育首批试点城市。[4] 到 2017 年，武汉市已建立 1116 个"青少年空间"和 1055 所青少年课后社区托管学校，为社区青少年提供课后托管等服务。

自 2019 年以来，湖北科技职业学院"区微里"志愿服务队与武汉洪山区 L 社区结对，共建"四点半学校"志愿服务基地，利用 L 社区内的场地，开设课后托管服务班，面向辖区内中小学生，特别是外来务工家庭、低收入家庭、单亲家庭的孩子，以解决父母在儿童放学后无法接送孩子、孩子无人看管的难题，满足辖区学龄儿童课后托管的需求，助力青少年健康成长。

① 上海市静安区教育局.以"三段式"服务树立"民生幸福标杆"[J].人民教育，2021(18)：13-16.

② 计琳、陈之腾.课后服务究竟该怎么做——上海市静安区"三段式"课后服务启示录[N].中国教育报，2021-10-22.

③ 上海市静安区教育局.以"三段式"服务树立"民生幸福标杆"[J].人民教育，2021(18)：13-16.

④ 沈涛，李先勇，向德平.青少年空间发展现状及对策研究——基于武汉市青少年空间建设的调查分析[J].中国青年研究，2012(11)：70-74.

1)"四点半学校"托管服务人员的构成

该实践基地的服务人员整合了学校、社区、家长、高校志愿者,采用"1+2+2+5"模式。"1"指1名学校教师,以专家的身份对"四点半学校"管理与托管服务活动的开展给予专业指导;"2"指2名社区工作人员,主要负责托管学生的安全与托管内容的监督;还有2名学生家长,负责对托管服务进行评价与意见反馈;"5"指5名驻点的大学生志愿者,负责托管服务活动的开展。[①]

2)"四点半学校"托管服务的工作流程

志愿者与社区签订课后托管服务协议,明确双方责任,协商确定托管服务内容。具体的工作流程分为以下四个阶段。

(1)需求调研阶段:社区工作人员与高校志愿者一同走访社区内有托管需求的家庭,登记托管儿童的基本信息,汇总家庭对托管内容的需求,然后根据需求设置托管课程、安排托管场地、制定应急预案。

(2)活动启动阶段:社区搭建托管服务框架,制定托管服务工作方案,并通过互联网发布"四点半学校"招生信息,家长为孩子报名,社区与家长签订托管安全管理责任书,并在活动开展之前,邀请学校专家对大学生志愿者和社区工作人员进行培训,学习托管服务的专业知识。

(3)服务运行阶段:高校志愿者记录儿童每次的出勤情况,建立托管家长微信群,分享活动照片,及时反馈家长提出的托管服务意见,协调好托管活动内容。

(4)服务评估阶段:活动结束后,高校志愿者邀请家长与学生填写托管服务调查问卷,社区管理人员与家长委员会根据调查结果对志愿者的托管服务进行总体评估,给出满意、基本满意、合格、不合格4个等级的评价。

3)"四点半学校"托管服务的内容

根据家长与托管儿童的需求,开设作业辅导、文明礼仪课堂、非遗艺术学习、手工制作、书法写作、安全小知识教育、户外实践活动等托管服务课程。

"四点半学校"项目自开展以来,依托社区,充分利用社区场地等资源,与学校教师、家长、大学生志愿者协同开展儿童课后托管项目,有效解决了L社区中双职工家庭、低收入家庭子女课后无人照顾的难题,也帮助辖区内青少年儿童在放学后(包括寒暑假)享受到安全、快乐的社区托管服务。[②]

二、馆校合作模式

(一)场馆及场馆教育

馆校合作中的"馆"指的是场馆机构,主要包括历史博物馆、自然博物馆、科技

---

① 叶方兴."双减"背景下青少年课后社区托管服务长效机制构建路径探析——以湖北科技职业学院"区微里"志愿服务队为例[J].湖北开放大学学报,2022(10):58-64.

② 叶方兴."双减"背景下青少年课后社区托管服务长效机制构建路径探析——以湖北科技职业学院"区微里"志愿服务队为例[J].湖北开放大学学报,2022(10):58-64.

博物馆、天文博物馆、艺术博物馆、图书馆等在内的具有封闭结构的场所。由此可见,这里的场馆主要指向各类博物馆,接下来的探讨也主要围绕博物馆展开。"校"指的是一般意义上的中小学,即有目的、有计划、有组织地对下一代在思想、知识、技能等方面施加影响的专门教育机构。馆校合作指博物馆与中小学形成一种相互合作和相互负责的伙伴关系,通过将博物馆、传统课堂与教育工作者在物质上和智力上融合在一起,形成一个联盟,为学生提供有意义和有吸引力的学习体验。它并非二者的简单相加,而是两股教育力量相互补充,凝结成一种教育合力,通过教育活动空间的扩大,课程资源的丰富,活动方式的多元化,教育主体的共同参与,来实现共建共享、互惠互动的行为。博物馆与学校之间的合作伙伴关系能够将正式和非正式的教育联系在一起,为学生提供多感官学习和补充书本知识的独特机会。

博物馆自诞生以来,就不仅是供成年人欣赏的、文化和教育的物品收藏地,也是青少年儿童逐渐熟悉文化遗产的重要场所,这对于培养青少年儿童对文化遗产的热爱和尊重极为重要。国际博物馆协会(International Council of Museums, ICOM)将博物馆定义为非营利性公共机构,其使命就是提高公众对自然、历史和文化遗产的理解和认识。教育是 ICOM 列出的服务公众的方式之一。博物馆教育,尤其是目的明确、设计合理的活动能够有效提高博物馆向公众传达信息的能力,可以更好地帮助个人了解与他们的过去、现在和未来相关的文化遗产。简而言之,博物馆教育就是在博物馆中进行的学习。[①] 对中小学生而言,博物馆教育的价值体现在以下几个方面。

第一,博物馆教育可以支持和补充学校教育。博物馆为学生提供了"神奇的邂逅",学生有了一睹文物和艺术品真容的机会,能亲身体验他们在学校所学的知识,补充课堂上较为抽象的观点,加深对书本知识的理解,提升学习效果。虽然学校和博物馆在很多方面是截然不同的两个机构,但它们都拥有共同的使命,即为学习者提供最丰富的学习体验。几十年来,博物馆已从最初提供被动的教育环境转变为注重"以物施教"理念的环境,强调学生与遗产之间的互动。如果教师和博物馆工作人员能够精心策划,通力合作,优化"课堂"设计,那么与各类历史文化遗产的接触就会给学生带来更丰富的体验。

第二,博物馆教育通过展览和提供体验来激发学生的想象力、创造力和学习动机。博物馆收集和展示的独特文物为学生提供了一种具体的体验,有助于激发学生的想象力和创造力。在这个过程中,学生以更多的身体和感官驱动的方式来进行学习,通过体验活动调动学生的情感,激发学生的学习动机。比如,当他们被要求解开谜团、触摸物体时,那些抽象枯燥的知识就会变得生动有趣。总之,学生对实物的兴趣以及实物的激励作用是持久的,因此,学生在学习的过程中,经常会使

---

① Jennie F Lane. Analysing School-Museum Relations to Improve Partnerships for Learning: A Case Study[EB/OL]. [2024-11-03]. https://www. academia. edu/79660494/Analysing_School_Museum_Relations _to_Improve_Partnerships_for_Learning_A_Case_Study.

自己处于一种迫切学习更多知识的状态。

第三,博物馆教育为学生提供了多种学习方式(表 4-2)[①]。博物馆和学校是天然的合作伙伴。当博物馆和学校合作时,学生通过多种形式进行学习。比如,他们通过认真的观察提出新的问题,并在发现及解决问题的过程中运用思考技能。同时,学生在博物馆的学习更多的是一种社会环境中的学习,而在课堂学习中则更多的是独处的学习形式。此外,博物馆教育还可以支持建构主义学习的发生,当学生与真实的物品接触时,他们会将自己的个人背景和生活经验带入学习过程,从而建构起新的知识体系。

表 4-2 与博物馆教育相关的学习方式

学习方式	机 制	运 作
行为主义	从实践和经验中学习	遗产/展览/文物是刺激物
认知发展	学习是在积极与环境交流	在博物馆/互动移动工具包插入互动
发现式学习	有三种表现世界的模式:能动性的、标志性的和象征性的	展览旨在鼓励发现
多元智能	9 种智能共同促进学习:语言、音乐、逻辑、数学、视觉/空间、触觉/身体、人际、直觉、创造	博物馆应在展厅内、教室或其他非传统空间使用尽可能多的技术
社会认知	社会是"教师"	博物馆被设计/被视为社会环境
建构主义	人们建构知识并创造意义	展览应允许参观者创造自己的世界

长期以来,美国被公认为是发挥博物馆教育作用的先驱。乔治·布朗·古德(George Brown Goode)、本杰明·艾夫斯·吉尔曼(Benjamin Ives Gilman)和约翰·科顿·达纳(John Cotton Dana)三人首先倡导博物馆是教育机构的理念。20世纪 20 至 30 年代,学校受到约翰·杜威"从做中学"理念的影响,开始与博物馆建立关系,最终推动了小学实地考察活动,并将博物馆作为体验式学习的来源。1969年的《税制改革法案》正式承认博物馆为教育机构。随着博物馆认识到其在整个学校教育中所能发挥的关键作用,博物馆与学校的互动也在不断增加。20 世纪 70年代,博物馆让学生参与互动式教育体验,随讲解员参观教室,然后进行博物馆实地考察和其他学习活动(Hirzy,1996)。但此时学校和博物馆之间的合作仍然是非正式的。1984 年,美国博物馆协会(American Alliance of Museums,AAM)建议考虑建立博物馆与公立学校的合作伙伴关系,通过促进问责制和课程来丰富两者之

---

① Alexandra Zbuchea,Loredana Ivan,Mona-Silvia Timofte,et al. Closing the Gap between Museums and Schools[J]. Culture. Society. Economy. Politics,2022(2):11-25.

间的关系,进而建立馆校合作运营机制。① 为了进一步推进馆校合作,美国教育部发起了博物馆援助计划,即将一系列学校和博物馆联合起来,将学习延伸到学校围墙之外的博物馆和文化机构中。该计划的主要组成部分是持续的学习考察,让学生亲自接触各种文化机构的真实文物和艺术品。这些学习考察活动被纳入学校的全部课程,通常由教师和博物馆教育工作者共同规划和合作。除此以外,博物馆教育工作者还与任课教师合作开发了专门的主题单元活动,将学校课程与博物馆的藏品结合起来,培养学生综合解决问题的能力。正如国际博物馆协会 ICOM 所指出的,馆校合作是 21 世纪博物馆发展的趋势。② 如今,随着美国课后项目的发展,各类公共场馆也逐渐参与课后活动。比如,纽约公共图书馆就为 6 至 12 岁儿童提供免费的课后活动,在周一至周四放学后的时间进行。儿童可参加图书馆辅导员或青少年阅读大使提供的家庭作业辅导、阅读推荐、趣味写作、STEM 和其他丰富的活动,甚至还会提供小吃。③

（二）馆校合作的流程

馆校之间怎样才能建立起可持续和有说服力的合作关系？博物馆和学校需要了解对方的哪些方面？美国博物馆援助计划的经验揭示了以下五个方面的理解。这些理解应被视为相互的,它为馆校之间建立可持续的伙伴关系提供了操作指南。④

第一,合作伙伴必须了解对方的专业及其从业人员。大多数教师并不熟悉博物馆教育工作者的具体职责是什么。因此,有必要让博物馆教育工作者阐明自己的工作性质、职责和范围。除此以外,教师其实并不知道博物馆教育工作者实际上拥有与教师相似的课堂经验和相关的教育学位,而且这两种职业都以学生为中心,以认知发展理论和其他指导实践的理论框架为基础。因此,通过公开讨论,增加透明度,让教师和博物馆教育工作者相互了解彼此的专业。

第二,合作伙伴需要了解各自在教育实践方面所坚持的价值观。确定这些价值观有助于开展对话,从而进一步确定合作的未来目标。因此,博物馆教育工作者必须认识到向学校教师阐述这些价值观的重要性,并希望将这些价值观带入合作关系中：

①博物馆成为学生和教师的课堂延伸；

②在体验中融入探究式教学方法；

① Kymberly M. Cruz, School-Museum Partnerships: Examining an Art Museum's Partnering Relationship with an Urban School District[D]. Atlanta: Georgia State University, 2012.

② 王牧华,付积. 论基于馆校合作的场馆课程资源开发策略[J]. 全球教育展望,2018(4):42-53.

③ New York Public Library. Now in Session! NYPL After School[EB/OL]. [2024-10-29]. https://www.nypl.org/remote-learning-resources/nypl-after-school.

④ Mark D. Osterman, Beverly Sheppard. Museums and Schools Working Together, An Alliance of Spirit: Museum and School Partnerships[EB/OL]. [2024-11-08]. https://www.academia.edu/36633582/Chapter_1_Museums_and_Schools_Working_Together.

③利用实物和展览教授核心学科;

④内容和方法适合学生的发展;

⑤活动以体验和/或项目为基础;

⑥课程内容是基于标准的学习;

⑦优先考虑专业发展和与学校的合作;

⑧教学方法以研究为基础,代表最佳实践。

第三,合作伙伴需要考虑并了解学校和博物馆的独特环境以及各自的优缺点。教师最好将博物馆视为学生学习的实验室。博物馆的建筑结构通常会激发人们的敬畏之心和好奇心,但有时也会给许多学生带来一种疏离感和不安全感。因此,博物馆必须认真对待这个问题。为了打破可能存在的障碍,博物馆教育者需要与学校合作,让学生有发言权,并让博物馆环境成为一个开放的、充满好奇和发现的地方,以促进学生积极思考。

第四,合作伙伴需要了解指导彼此实践的理论。在博物馆管理计划中,博物馆在与教师和学生合作时以建构主义策略为实践基础。这就要求博物馆在馆校合作中解释建构主义策略的益处。通过示范,博物馆教育工作者向教师展示将艺术和物品融入课堂会促进建构主义的学习策略,如探究以学生为中心的实践和体验式学习。只有通过对理论和实践进行清晰的讨论,合作才会萌芽,并形成丰富的跨学科课程。

第五,合作伙伴需要关注和了解各自开展的研究。研究是严谨的、探索性的和反思性的实践,可作为一种宣传工具。合作伙伴在发展持续的合作伙伴关系时,应始终考虑是否存在开展形成性和/或总结性研究的机遇。如有机会,教师就应该与博物馆教育工作者积极合作开展研究,共同制订课堂研究计划。

这五个方面对于发展强有力的伙伴合作关系,将非正式的"实地考察"转变为类似于"学习考察"的活动,使其成为学校课堂教学的有意义的延伸,具有重要价值。总之,教师和博物馆教育工作者必须相互理解,都弯下腰来,承担对方的一点角色,以产生共鸣,了解什么是真正可能发生的。总之,美国博物馆援助计划表明,博物馆和学校这两个机构都有兴趣展开长期合作,实现共同目标。而只有清楚地了解彼此,才能促成学校与博物馆之间真正的、持续的合作。

（三）馆校合作的形式

目前来看,世界上大多数馆校合作主要由场馆来主导,即具体的课后服务课程的开发、活动的设计、学生参观考察中交通的安排以及中小学教师专业的培训均由场馆提供。例如,自 2018 年起英国怀特岛的博物馆在开展馆校合作中,和当地文化组织合作伙伴一起为学校开发了一系列工作坊、课程、活动和资源,以支持博物馆和学校的历史文化遗产教育。这些课程和活动由经验丰富的博物馆教育工作者提供,学校可以预订,供学生参观博物馆现场之前或之后的学习。为了帮助学生了解每个博物馆的更多信息,工作人员编写了最新的手册。除此以外,博物馆还提供在线活动和资源,供学生探索怀特岛的历史。[①] 场馆主导的馆校合作,其形式与内容主要有馆内主题活动和系列的入校课程。

1. 馆内主题活动

博物馆结合特定藏品、展览或主题日策划的单独开展的公众教育活动,即实地参观。这是博物馆和学校之间最为常见的合作类型。从内容上看,有学科相关和跨学科相关两种类型。前者指合作的内容根据学校的课程标准来设定,学校根据需求向场馆定制服务,场馆也可根据学校课程标准主动提供服务。总之,将场馆资源课程化后纳入学科教学的主题,以此来支持学科课程标准并补充课堂教学。就跨学科相关活动而言,可以从博物馆的藏品的特点、创造者相关的历史、当代社会的关注点以及其他方面汲取经验,设计一些基于主题单元的活动,模糊学科之间的界限,供学校自主选择。这种跨学科的综合课程主要侧重于以实物和项目为基础的学习,强调人际交流、问题解决、探究能力和创造力的提升。通过将物体作为学习过程的核心,学生可以获得对所有学习领域都至关重要的技能。

2. 入校课程

各场馆将活动带入中小学,其实质是一种外展活动,如在课堂上用展品演示可参与的动手活动或小型移动展览、在学校开展假期活动等。从操作的角度来看,博物馆在计划这种入校课程(外展活动)时应考虑几个步骤。第一,博物馆应联系学校,让学校了解博物馆所拥有教育资源。第二,博物馆还必须了解学校和社会的需求,学校也必须了解博物馆的局限性,以制订合理的合作计划。第三,博物馆应开发学习材料,包括离线和在线学习材料,内容和形式可以多种多样。第四,博物馆应与学校共同策划活动。第五,活动结束后,博物馆应考虑开展后续活动。[②]

对于场馆推出的不同形式的主题活动或入校课程,学校只需根据学生课后服务的诉求选择某种形式参与即可。但是场馆必须认识到,自己不可能对所有的学校合作伙伴面面俱到,一定要清楚学校的课后服务需求,再选择适合馆内资源的目标来开发各类项目。当然,除了场馆主导,中小学也可根据学生的课后服务需求,主动地与场馆寻求合作,进行机构、制度等方面的建设。

总之,无论是场馆主导,还是学校主导,双方合作都要有明确的使命、共同的愿景、真诚和相互尊重的对话,以及持续和及时的评估,这样才能真正地建立起良好的伙伴合作关系。

(四)典型案例——广西科技馆开展科普助力"双减"学校课后服务项目

我国有着悠久的历史文化和丰富的场馆资源。至 2022 年末,全国有公立博物馆 3782 个,美术馆 718 个,公共图书馆 3303 个,建筑面积 2098 万平方米,总藏量

① Cultural Education Partnership Isle of Wight. Museums and Schools[EB/OL]. [2024-11-09]. https://iwcep.co.uk/projects/museums-and-schools.

② Alexandra Zbuchea, Loredana Ivan, Mona-Silvia Timofte, et al. Closing the Gap between Museums and Schools[J]. Culture. Society. Economy. Politics, 2022(2):11-25.

135959 万册,阅览室坐席数 155 万个。① 2021 年底,全国共有科技馆 1677 个,其中,科学技术类博物馆 1016 个,科技馆 661 个。我国政府一直积极倡导场馆教育与中小学教育相结合。早在 1951 年,文化部就颁布《对地方博物馆的方针、任务、性质及发展方向的意见》,提出"博物馆事业的总任务是进行革命的爱国主义教育"。此后 70 余年里,国务院、教育部、国家文物局陆续出台一系列文件,来完善博物馆青少年教育功能。2020 年 9 月,教育部、国家文物局发布的《关于利用博物馆资源开展中小学教育教学的意见》,强调要精心设计博物馆教育内容、创新博物馆学习方式、建立馆校合作长效机制、建立健全工作协调机制,对利用博物馆资源开展中小学教育教学工作进行系统考核和效果评价。

其实,早在课后服务出现之前,博物馆、科技馆、美术馆等场馆就一直是我国中小学生的"第二课堂",对青少年文化启蒙、认知历史和提高科学素养起到了十分重要的作用,但与中小学在课程教学等方面一直缺乏长效、持续的深度合作。课后服务的提出,为双方进一步展开深度合作提供了新的契机。各类场馆的教育资源是学生学习书本知识的有效辅助资源,通过馆校合作,能够让场馆教育从传统的学校课程中汲取养分,完善自身的教育课程,将丰富的馆藏资源价值最大化,促进学生提升科技创新、文化艺术等方面的素养。例如,博物馆选取课本中的相关知识,配合课程标准开发课后服务活动,激发各年龄段学生的好奇心和学习兴趣,为青少年创建一个有别于传统课堂教学的环境,通过游戏、探索和对话等方式来开展历史、艺术、科学和自然方面的体验式学习,弥补学校课程教学的不足,提升学生的人文素养、艺术鉴赏能力、批判性思维和科学探究能力。历史博物馆可借助宾果(bingo)游戏,让青少年学习历史;自然博物馆可通过视频给青少年传达探究方法,引导他们去野外观察记录,完成自己的观察手册,引导他们参与探索、发现和创造知识的过程。② 因此,通过馆校结合,可充分利用博物馆的特色资源,进一步丰富中小学生课后服务的内容和形式,以此来满足学生的个性发展需求和促进学生人文科学素养的提升,助推学校课后服务的实施。

"双减"政策推行后,学校课后服务课时增加,客观上要求学校开设多样化的活动来满足学生成长的多方面需求。相关调查显示,在课后服务的内容需求方面,科技类课程深受中小学生欢迎,但也是最稀缺的资源,在参与调查的学校中,只有40%的学校开设了此类课程,且面临科学教师配置不足、专业能力有限、课程资源缺乏、学校活动场地与硬件配套不足等问题,这为科技博物馆助力学校"双减"课后

① 中华人民共和国文化和旅游部.2022 年文化和旅游发展统计公报[EB/OL].(2023-07-13)[2024-05-15].https://zwgk.mct.gov.cn/zfxxgkml/tjxx/202307/t20230713_945922.

② 朱礼,鲍贤清.区域性馆际合作下的"馆校结合"模式探索——美国芝加哥 Park Voyagers 馆际合作案例研究[C]//李秀菊,曹金,李萌.馆校结合助推"双减"工作——第十四届馆校结合科学教育论坛论文集,2022(7):125-132.

服务留下大量的空间。[①]

按照《关于利用科普资源助推"双减"工作的通知》的要求,2022年3月,广西科技馆在持续推进原有各项目工作的同时,积极开展科普助力"双减"学校课后服务项目,重点解决科普活动难以常态化、长期化、持续化开展的问题,提高学生的科学素养,建立新的科普教育活动品牌。该项目通过馆校合作方式,与8所试点学校签订合作协议,截至2023年4月,共计开设43个科技特色班,开展了300多场课后服务科学实践活动,惠及学生超过11000人次,同时配套开发48个科学实践课程及课程资源包,逐步探索出4种课后服务模式。[②]

1."馆-校"直派模式(模式一)

"馆-校"直派模式是指科技馆直接派遣科学教师到学校开展课后服务活动。从2022年3月开始,广西科技馆在南宁市主要城区选择了6所条件不一但诉求相似的小学进行试点。截至2023年4月,广西科技馆共派遣科学教师380人次,为试点学校开展了300余场科学实践课程。

1)模式一的运营机制

模式一运营所需的三个基础:一是构建一个标准化科学实践课程体系;二是成立一支科普助力"双减"教师团队;三是建立学校与科技馆教师团队统筹协调机制。

其中,构建标准化的科学实践课程体系是重点。为此,广西科技馆科技培训中心课程研发团队结合中小学科学课程的特点,在对青少年科普活动资源进行整合的基础上自主研发构建了以生物、化学以及物理学中的声、光、电、磁、力等12个"科学玩家"系列科学教育课程,有效解决了一些学校因场地设施、师资力量等原因无法深入开展科学课教学活动的问题。[③] 难点是成立一支稳定的教师团队。广西科技馆则采取全馆内部遴选和社会招募的方式组建了科技馆助力"双减"教师团队。

2)模式一的优缺点

优点在于与学校合作的形式简单、见效快,学校可以获得直接的科学实践课程及资源的支持,开展实践活动,效果显著;构建的标准化实践课程体系为科技馆或相关组织提供了标准化的框架和模板,有利于该模式的推广。缺点在于惠及学校的数量受限于科技馆可派遣的教师数量,派遣教师的通勤成本影响其积极性与意愿,该项目与学校在选择课程活动时间的高度重合限制了教师派遣的效率优化。

总之,"馆-校"直派模式是科技馆结合场馆资源在时间和人员调配上最易形成

① 张祖兴.科技馆助力"双减"开展学校课后服务模式的实践与研究——以广西科技馆为例[J].自然科学博物馆研究,2023(3):17-26.

② 张祖兴.科技馆助力"双减"开展学校课后服务模式的实践与研究——以广西科技馆为例[J].自然科学博物馆研究,2023(3):17-26.

③ 唐金同.基于科技馆与中小学伙伴关系的科学教育课程建设——以广西科技馆科学教育课程建设实践为例[C]//中国科普研究所.全球科学教育改革背景下的馆校结合——第七届馆校结合科学教育研讨会论文集,2015(9):434-441.

的一种服务模式,合理利用科技馆在运营时间上的空档期,调动起科技辅导员的积极性,也满足了学校课后服务的需求。但是,这本质上是一种输血式的服务模式,受派遣教师数量和服务学校覆盖面的制约,难以大规模推行,仅适用于以科技馆为中心的学校。

2."校-馆-校"委托培育模式(模式二)

"校-馆-校"委托培育模式是指教育局或学校委托科技馆对所辖学校教师进行培训,通过培训后的教师在学校课后服务时间开展科学教育实践活动。比如,广西科技馆在整合省内科技类师资培训资源的基础上,创办了科学教师拓展营教育项目,对全区中小学校内科学教师进行校外科技培训。仅 2023 年,广西科技馆就举办了全区科技馆科技辅导员培训班等 10 余场,培训学员 1 万余人。[①] 科学教师拓展营教育项目通过设计大量实践性、示范性的课程,强化了中小学教师的动手操作能力,提升了科学探究思维。除此以外,还组织教师实地参观国家科技工程项目、科研院所实验室,聆听院士专家讲座,提高教师综合素养和科学教育意识,间接提升学校的师资力量。[②] 比如,2023 年,就组织广西 232 名中小学基层教师赴北京开展中小学教师科学营活动。[③]

1) 模式二的运营机制

模式二运营所需的基础条件:一是项目学校有明确的教师培育机制;二是学校有条件派遣教师参与周期性的培训;三是科技馆需要为学校教师量身定制所需的科技类课程。其中重点是确保学校能够派遣教师到科技馆定期完成培训课程,难点在于如何确保教师学以致用,使在校科技活动顺利开展。

2) 模式二的优缺点

优点是解决了"馆-校"直派模式中科技馆招募教师数量上的困难,只需要通过打造教师培训团队,就可以做到效率上的大幅提升;扩大了学校的普及面,能惠及更多的学校和更多的学生。缺点是将教师培养后的执行压力转移到了学校,科学教育的实施效果难以评估,培训需要占用教师的课余时间,学校组织此项工作有一定的困难。

因此,模式二能充分发挥科技馆在支持学校科学教师成长方面的作用,解决了学校在科学教育方面的师资问题。但该模式还需各级教育部门建立相应的保障制度,才能把教师的"点"与区域内学校的"面"联合起来。

---

① 唐金同.基于科技馆与中小学伙伴关系的科学教育课程建设——以广西科技馆科学教育课程建设实践为例[C]//中国科普研究所.全球科学教育改革背景下的馆校结合——第七届馆校结合科学教育研讨会论文集,2015(9):434-441.

② 何洁."双减"背景下科技馆发挥科学教育效能的问题及对策——以广西科技馆为例[J].学会,2022(10):143-148.

③ 广西科技馆.全国科普教育基地 2023 年度终期科普绩效自评报告[EB/OL].(2023-12-30)[2024-11-16].http://www.gxkjg.com/Article/news/202312/4452.html.

3. "高校-馆-校"联合培训模式(模式三)

该模式是通过与地方高校特别是师范类院校合作,招募大学生志愿者到科技馆实习,在科技馆集中培训后再派遣其到学校服务于课后活动的一种三方模式。2022年11月,广西科技馆与南宁师范大学初等教育学院达成合作意向,面向该学院小学教育专业招募大学生志愿者,培养其加入科普助力"双减"教师团。截至2023年4月,广西科技馆共招募12名大学生志愿者,开展了8场技能与课前培训,已于2023年5月进入学校开展科学实践课后服务活动。[①]

1)模式三的运营机制

模式三运营所需的基础条件:一是获取高校资源特别是师范类院校的支持;二是科技馆需要建立标准化的课程培训体系;三是建立高校、科技馆、学校三方的沟通协调机制。此模式的重点是把培训实践与高校社会实习有机结合,难点在于在短期内帮助大学生掌握系统开展科学实践课程所需的相关知识和技能,从而保证课后服务的实施效果。

2)模式三的优缺点

此模式最大的优点在于引入高校第三方资源,解决中小学科学课程师资不足的问题,能够迅速惠及更多学校;引入的师范类大学生都是未来教师的潜在资源,尤其是定向培养的师范生,通过科技馆的系统化培训和实习,他们将成为服务基层学校科学教育的潜在力量,实现高校、科技馆和中小学三者"三赢"的局面。缺点在于招募的大学生流动性大,难以形成一支稳定的团队,且他们大多缺乏教学经验,影响课后服务的整体质量;此外,该模式涉及科技馆、项目实施学校以及高校三者之间的协同。因此,必须构建起各个单位、部门之间的协作与沟通机制。

总之,"高校-馆-校"联合培训模式既解决了科技馆科技辅导员数量上的输出短板问题,也盘活了高校大学生的社会实践活动,是一种"双赢"模式。但这需要形成一套系统而标准化的培训体系与机制,能够有效组织并选拔大学生,在其完成基本的教学要求后派遣至学校开展教学实践。此外,该模式受高校所在的城区和交通条件的影响,仅适用于地级市以上的科技馆。

4. "馆-校"直播模式(模式四)

"馆-校"直播模式是指借助互联网直播技术,把科技馆的科学实践课程通过网络直播的方式,在相对固定的时间段对学生进行互动输出的模式。比如,广西科技馆精心组织了"天地连线"活动、地面分课堂活动、载人航天主题展以及全区联动活动。[②]

---

① 张祖兴.科技馆助力"双减"开展学校课后服务模式的实践与研究——以广西科技馆为例[J].自然科学博物馆研究,2023(3):17-26.

② 黄星华,覃依.联动共享推动科技馆活动价值延伸——广西科技馆特色品牌活动案例分析[J].自然科学博物馆研究.2022(1):51-57,112.

1）模式四的运营机制

"馆-校"直播模式运营的前提条件：一是科技馆形成统一的科学实践课程体系；二是使用便捷和操作标准化的课程资源包；三是有一支稳定的课程直播教师团队。

2）模式四的优缺点

优点在于最大限度打破空间与时间的限制，覆盖面广，时间灵活，没有区域限制，解决了学校科学教师紧缺、教师培育慢等问题，学校和教师作为活动课程的管理者和组织者，引导学生参与课程的网络直播互动即可。缺点是互动性弱。

综上，"馆-校"直播模式是模式一的网络升级版，在已经完成的标准化课程和课程资源包的前提下，通过网络打破现场教学的限制和师资不足的问题，能迅速覆盖大量学校，扩大科学教育普及面。但是，不同于面授式的课程，科学实践类的网络直播课不能满足学生对教师现场指导的需求，互动性较弱。总体而言，对于缺乏科普资源的基层学校，这是一种较优的解决方案。[①] 但如何把直播做成系统化、标准化的教育资源，尤其是实现互动，还需在实践中不断探索数字技术的应用，如利用各种交互式虚拟学习程序，可以增强在校学生的博物馆体验，促进他们与博物馆的遗产及其专家的接触，从而弥补该直播模式互动性较弱的短板。

三、高校介入模式

（一）大学与中小学伙伴关系概述

大学与中小学的合作由来已久。自教师培养计划开始以来，二者之间的合作就一直是教师教育的重要组成部分。这种合作关系主要通过大学派遣师范生在中小学进行实习活动来实现。通过一段时间的实习活动，师范生能够将本科课堂上学到的经验应用到真实的学校教学情境中，获得大量的实践经验，并在不断的反思和修正中理解各种理论知识，积累教学智慧。除此以外，合作还可以加强师范生对儿童及其学习需求的了解以及对学校的组织结构和运作方式有更深入的认识，从而对教师身份有一定的认同感。多年来，大学与学校系统之间的合作在国际上一直被视为成功师范教育的关键因素，如美国的教师专业发展学校、苏格兰的教育与大学初等教师教育伙伴关系以及英格兰和威尔士的学校直通项目等。合作能在高等教育与学前教育以及 K-12 学校之间架起一座桥梁，有效解决师范教育中理论与实践脱节的问题。

然而，美国的教师专业发展学校在初等师范教育中遇到的一个问题是，经常从中小学和大学的指导老师那里得到相互矛盾的建议，二者在很多情况下对彼此目标和计划的了解十分有限。因此，进一步加强大学与中小学之间的伙伴合作关系

---

① 张祖兴.科技馆助力"双减"开展学校课后服务模式的实践与研究——以广西科技馆为例[J].自然科学博物馆研究,2023(3):17-26.

被视为克服这些障碍的关键策略。以往对"合作伙伴关系"的理解和应用过于简单,只停留在互补的层面。但它其实是一种协作性的,而不是传统意义上的"互补"形式。互补是指可以更好地利用现有资源,通过整合互补服务来增加价值,从而达到事半功倍的效果。有研究者认为,互补型伙伴关系在合作伙伴之间的教育对话水平上受到限制。合作型伙伴关系则是指伙伴关系的成员(包括职前教师、在职教师和教师教育者)作为一个团队,为实现共同的专业目标而努力。利益相关者之间的合作还能使他们更加尊重和理解彼此的角色,从而更好地实现目标。还有研究者也认为,成功的伙伴关系是"通过信任、相互性和互惠来实现的"。信任是通过利益相关者之间的共同理解建立起来的,在这种理解下,每个合作伙伴成员都能从中获益。相互性描述了每个合作伙伴对合作带来的积极、共同成果的理解程度;而互惠性则是通过承认每个合作伙伴对对方的价值来实现的。[①] 有的学者还认为"成功的伙伴关系是一种共生关系"。在综合其他学者观点的基础上,他们将中小学与大学的伙伴关系描绘成"在互惠互利的关系中紧密结合",并具有以下特点:①相互关心;②服务互惠;③持续性;④伙伴关系平等的信念。[②] 总之,信任、互惠、共生、平等是大学与中小学伙伴合作关系的愿景。

（二）高校介入中小学课后服务的重要意义

多年来,大学的需求是大学与中小学合作的主要动力,因大学需要师范生和其他教育专业人员的实习场所。但近年来,这种平衡开始发生巨大变化,K-12 学校的需求越来越多地推动着中小学与大学合作关系的形成。尤其随着课后服务的发展,各国普遍面临着资金不足和师资缺乏的困境,仅靠中小学无法提供优质的课后项目来充分满足儿童的需求。因此,中小学通过与大学的伙伴关系,共享资源(如时间、资金、知识等),以建立共同的愿景和共同的目标,以更好地服务于青少年课后活动。在美国,由"21 世纪社区学习中心"计划("21st CCLC"计划)资助的"放学后计划",平均每个计划都会通过与至少六个当地组织建立合作关系来充分利用资源。而高等教育机构就是最常见的合作伙伴之一。无论是州立大学还是社区大学,都为美国中小学生的课后服务带来了宝贵的资源。例如,哈佛大学的学生每周有四个下午在 Mission Hill 课后项目中辅导来自 Mission Main 住房项目的青少年。这些大学生与一两个孩子合作,帮助他们完成作业,带他们去实地考察,并参加旨在提高学术学习的项目。再如,俄勒冈州立大学的学生与当地"科学与数学探

① Jones Mellita, Linda Hobbs, John Kenny, et al. Successful university-school partnerships: An interpretive framework to inform partnership practice[EB/OL]. [2024-11-12]. https://www.researchgate.net/publication/306542812_Successful_university-school_partnerships_An_interpretive_framework_to_inform_partnership_practice.

② Graham Handscomb. School-University Partnerships: Fulfilling the Potential Literature Review[EB/OL]. [2024-11-12] https://www.researchgate.net/publication/330213972_School-University_Partnerships_Fulfilling_the_Potential_Literature_Review.

究学习体验项目"合作,帮助小学、初中和高中的 700 多名弱势学生掌握从高中毕业、进入大学并从事数学和科学领域职业所需的技能。[①] 目前,我国部分地区也开始积极探索利用高校资源帮助中小学提升课后服务水平,共建课后服务共同体。比如,天津市出台《关于发挥高校实践育人功能 提高中小学课后服务质量的实施方案》,统筹全市 1384 所中小学与高校院系协同共建,深化课后服务协同育人机制。[②]

因此,高校介入中小学课后服务是高校与中小学建立深度合作,双方基于各自的优势,通过共同建立课后服务活动基地、联合开发课后服务课程等形式,合力打造课后服务共同体的一种方式。[③] 高校参与中小学课后服务,既能发挥其科研优势,也能服务地方基础教育的发展。合作的重要意义主要体现在以下几个方面。

第一,高校充分发挥科研优势,为中小学开展课后服务提供智力支持。

高校开展课后服务的相关理论研究具体表现在高校为中小学的课后服务在政策解读、方案设计、数据收集、项目研究和评估以及资源补给等方面提供帮助,着力解决中小学在课后服务方面存在的思路不清、师资不足、内容和形式单一等诸多问题。一方面,地方高校通过深入一线中小学调查了解它们在服务方面的需求,以实现课后服务的精准对接。课后服务是一种教育服务,必然就要以客户为中心,充分了解对方的需求和期望,因此中小学在制定政策和设计方案时应紧密围绕服务的对象,了解家长、学生对课后服务的意愿。地方高校在调研的基础上,把问题进行归类,结合自身的科研优势,完善优化制度,开发高质量的课后服务课程,精确提供相应的服务。另一方面,高校还可为中小学教师开展培训,提供理论指导,引领他们的专业发展,提高教师的课后服务课程开发与教学的能力,进而提升课后服务的质量。

第二,补给课后服务师资队伍,缓解中小学课后服务教师数量不足的问题。

目前中小学在开展课后服务时面临的主要问题是科学、音乐、体育、美术的教师偏少,很难融入音乐、体育、美术等多样化的教学内容,课后服务内容过于单一、僵化。高校通过选拔"专家导师＋优秀大学生志愿者",组成一支多专业、高素质、业务能力强的服务团队,缓解中小学课后服务师资数量不足、单一的问题,减轻中小学教师课后服务工作负担,优化课后服务师资的学科、知识、年龄等结构,改变中小学课后服务只能以语、数、外等主要考试科目为主的局面,满足中小学生在体育、艺术、科技、社会情感等多方面发展的需求。比如,北京科技大学附属小学积极与

① Afterschool Alliance. Afterschool Partnerships with Higher Education [EB/OL]. [2024-06-12]. https://www.afterschoolalliance.org.

② 吴立宝,杜卿,潘海生."双减"背景下高校介入中小学课后服务的可为与能为[J].教育科学研究,2022(7):12-17,25.

③ 容中逵,阴祖宝.社会力量参与中小学课后服务的模式、困境与对策[J].全球教育展望,2023(9):37-46.

北京科技大学展开合作,引进了大学机械工程学院的优秀师资,面向本校 3 至 6 年级学生开设了"工程搭建""机器人""创客"等 3 门科技类课程,协助附小构建课后服务 STEM 课程体系,培养学生的科学意识和动手操作能力。[①]

第三,充分利用大学的场地资源,丰富课后服务的形式和内容。

高校可以依托自身的实验室、艺术馆、博物馆、体育馆、图书馆等场地和设施设备开展丰富多彩的活动,满足中小学生多样化的学习需要。高校可以在课后服务中推出"走进实验室"系列活动,以高校的各类实验室为主要教学场所,依托这些先进的教学资源为中小学生提供知识性较强的教学实践活动。比如,中小学生深入大学物理实验室,通过动手操作电磁炮的工作电路,验证电磁炮的储能、发射功能,探究提高电磁炮发射动能的方法等。学生从实验实践中直观地领悟到科学理论的神奇色彩,进一步激发学习物理专业知识的兴趣,为日后的专业选择提供更多方向;中小学生使用大学的数字媒体实验室创作自己的音乐或用数字打印机打印自己的作品。高校也可充分利用体育、艺术专业师生,充分盘活大学体育场馆、运动器械、美术馆、音乐厅等教学资源,为中小学生提供体育和艺术类的课后服务活动。除此以外,中小学生还可以参观校园,体验大学环境,并与大学生进行交流,来了解大学是什么样的,以及通过什么途径进入大学,以此消除对大学的距离感,增强他们接受高等教育的愿望,帮助他们为未来升学规划做好准备。

当然,双方合作是一种互惠共赢的关系。高校介入课后服务,不但对中小学的课后服务提供各方面的支持,对高校自身而言,也能从中获益。比如,参与中小学课后服务有助于提高高校的人才培养质量,锻炼大学生的课外实践能力。尤其对于师范院校而言,课后服务为大学生提供了教学实践和开展课题研究的机会。师范生通过多次深度参与中小学课后服务,既可以将所学理论应用于实践,获得大量的实地教育经验,又能发现个人感兴趣的教育现象及问题,激发了学生的科研积极性。研究表明,实地体验的频率和深度对未来教师的课堂教学技能有很大的影响。除此以外,课后服务还为师范教育专业的学生提供了与儿童接触的机会,拓宽了视野,使他们对儿童的课内外生活有更广泛的了解。上述这些都为大学生未来从事教育相关职业奠定了坚实的基础。

总之,高校基于自身资源、育人、专业等优势,通过发挥人才培养、科学研究、社会服务等职能,为中小学课后服务予以智力支持、高质量的课后服务课程、场地设施、人员培训并提供导师和大学生志愿者等,能帮助中小学有效应对课后服务师资力量不足、课程质量不高、课程资源匮乏等困难与挑战,促进中小学课后服务师资、内容、观念、方式等的不断优化,同时为师范生提供更多的教育实习机会,提高高校师生的实践能力,满足高校与中小学双方各自的需要,实现优势互补,共同成长。

---

① 张娜,马翀云.借助大学优势资源,提高附属小学课后服务质量[J].北京教育(普教版),2022(2):28-29.

（三）合作的路径

高校与中小学在课后服务领域建立伙伴关系，其合作路径一般如下。[①]

1. 双向选择，签订协议

在当地教育行政部门的协调下，高校或中小学主动联系对方，推动双向互选。中小学可依据自身发展的困境，基于所处地区及学校特色、学生特点，结合各高校的优势资源和专业特色，初步选定有合作意愿的高校。然后，在双向互选的基础上签订协议，约定各自的权利和义务，制定契合实际的课后服务实施方案。

2. 需求分析，提升服务补给的精准性

高校应深入合作学校展开调研，摸清合作学校的课后服务需求，并结合自身优势资源，找准合作切入点，制定供给方案，明确合作的方向、内容及形式，确定能够提供哪些资源和支持。高校在为合作学校提供具体"供给清单"时，应在满足合作学校师生需求的同时，兼顾合作学校的现实条件。

3. 整合优质资源，打造课后服务团队

课后服务团队可由高等院校教师、中小学的指导教师和优秀大学生组成。首先，高校应出台有关建设课后服务团队的文件或制度，动员具有一定的学科知识和教育教学理论的大学生报名，结合其在校表现，挑选专业知识扎实、综合素质较高的优秀大学生加入课后服务团队。其次，服务团队的指导教师应由师德高尚、学识渊博、经验丰富的高校教师担任。指导教师需向大学生强调参与课后服务的重要意义，定期对他们进行考察，并指导他们设计课后服务的内容、形式等。

4. 聚焦需求，精心设计课后服务课程

团队在开发课后服务课程时，应摆脱偏重作业辅导或日常托管的状况，聚焦学生核心素养的培育，开发科普类、文体类、艺术类、劳动实践类活动，让每一个学生都能够根据自己的需求进行选课，满足学生多元化发展的需求。

5. 制定课后服务评价体系，重视过程性评价

课后服务的质量和成效最终要落实到评价体系中。学校需制定针对课后服务全过程的课后服务评价体系，多维度设计课后服务评价指标，注重评价的过程性。[②]

首先，评价应真正体现以生为本的教育理念，关注每位学生在活动中的表现，观察他们在态度、情感等方面的变化。

其次，在服务主体评价方面，以自评、互评的形式对课后服务团队开展过程性评价。每次活动结束后或每周举行课后服务座谈会，大学生对自己在活动中的表现进行自评，或者对活动提出意见和建议，指导教师对大学生的表现进行点评，不断提升课后服务水平。

---

① 吴立宝,杜卿,潘海生."双减"背景下高校介入中小学课后服务的可为与能为[J].教育科学研究,2022(7):12-17,25.

② 伍辉燕,杨起群.师范院校参与课后服务的价值意蕴及实践理路[J].桂林师范高等专科学校学报,2023(11):37-42.

最后,学校应发挥好评优评先的激励作用,对参与课后服务的教师加大激励力度,优化绩效补贴方式,充分调动教师参与课后服务的积极性和能动性。

高校可依据中小学的反馈意见,在合作实践中不断改进服务工作,探索有效介入并赋能中小学课后服务工作的实践路径(见图 4-2)①,以促进中小学课后服务水平的不断提升,满足"双减"背景下的课后服务新需求。

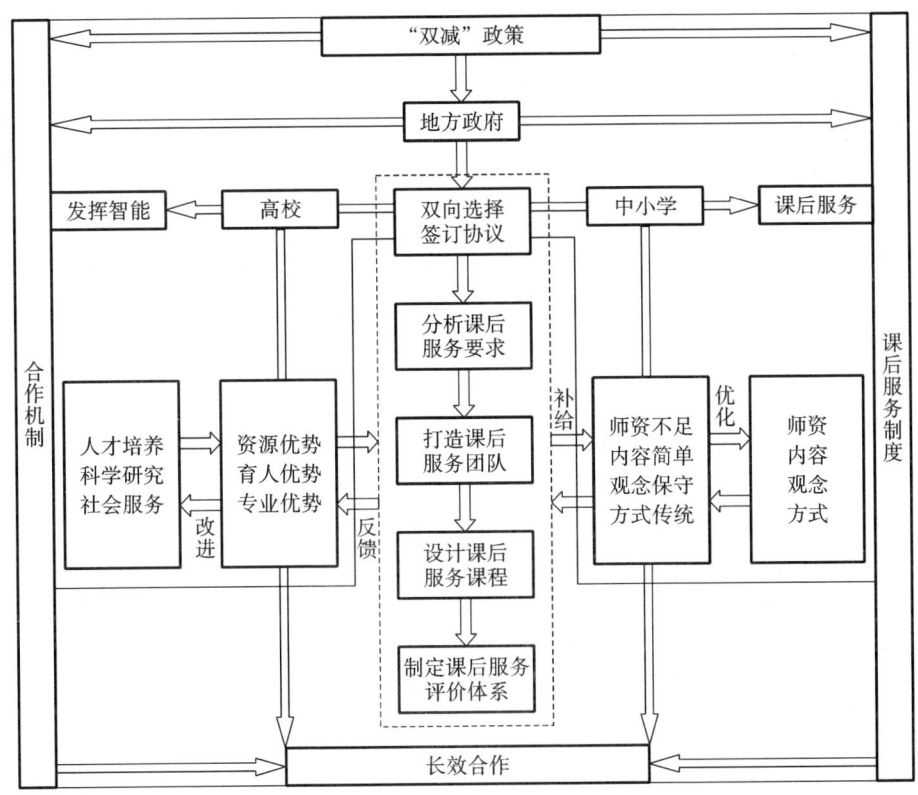

图 4-2 高校与中小学在课后服务方面的合作路径

(四)典型案例——安徽师范大学与附属萃文中学课后服务协同建设模式②

1. 模式产生的背景

萃文中学是安徽师范大学的附属初中,成立于 2010 年。自建校以来,学校就一直面临师资力量不足、课程建设和社团活动开展困难等问题,同时也面临教师专业发展的限制。2015 年起,针对师范大学各专业实习的需求,学校积极与安徽师范大学合作,主动提供实习帮助,促使双方有机融合。萃文中学在与各学院的深入

① 吴立宝,杜卿,潘海生."双减"背景下高校介入中小学课后服务的可为与能为[J].教育科学研究,2022(7):12-17,25.

② 张四方,吴树烈,陈梅芳,等.基于"高校-中学"课后服务协同建设模式的实践探索[J].教学与管理,2023(1):16-20.

交流过程中,明显感受到大学与中学之间存在的交流隔阂:大学优质教育资源无法引流到一线,大学教师的研究与中学教学实际之间存在一道鸿沟,对一线教育的需求关注不够及时;与此同时,师范院校教育实习工作缺乏实习平台,专业见习、教育研习等实践活动难以开展等。遵循开放协同的原则,2017 年,萃文中学开始与安徽师范大学各学院签订协同共建协议,以课后服务为平台,发挥各自资源优势,在课程、教学等方面创新教育实践形式,将师范生培养和课后服务紧密结合,为双方创造双赢局面。

2. 模式的运行机制

1) 打造课程团队,共建教育实践共同体

高质量的课后服务需要高素质的课程团队作为支撑。师范院校的学科教学论专家是教育实践协同建设中的决定性力量;而中学教师对专业引领有迫切需求,双方正好可以优势互补,将课后服务工作落到实处。为此,安徽师范大学各学院派出以学科教学论专家带领的专家团队和以研究生、本科生为主体的教育实践团队,建立了一支由"教学论专家+中学老师"双导师、研究生为组长、本科生为组员的课程团队,共建教育实践共同体。

2) 打造实践平台,协同构建实践课程,共建合作共赢长效机制

双方以课后服务课程开发与实施作为主要载体,来打造长期教育实践平台,推动合作的持续推进。在高校学科教学论教师的共建下,通过"四个变化"的功能转型,提升中学课后服务能力:将短期教育实习变成课后服务长期教育实践(平台建设)、将课后服务课程变成教师教育实践课程(课程建设)、将课后服务实施变成教师教育实践课堂(课堂教学)、将师范生变成课后服务师资(师资培养)。

2017 年,安徽师范大学外国语学院口语团队率先进驻萃文中学,深度参与课后服务建设,由双方共同开发英语口语校本教材,外国语学院大三学生作为主要师资力量。为此,中学英语教师和外国语学院教师共同担任师资培训教师,组建了一支由"主讲"(1 名)、助教(4 名)组成的团队,深入课堂,为初一、初二年级共 24 个教学班开展课后口语会话活动,通过"校内培训—集体教研—校内训练—过关考核—入班活动—反思总结"六环节质量监控法,确保课后课程实践体系的建设与实施,形成了学科教学论教师和师范生实践的合作共赢长效机制。

经过双方的努力,目前已建立科学、人文、情意、实践、技能四大课程群,形成了课后服务实践课程体系(见图 4-3),极大地满足了萃文中学学生个性化发展的需求。

3) 合作开展教研共建,提高中学教师专业发展水平

在与外国语学院合作开展课后口语会话活动的基础上,萃文中学积极申报"初中英语口语教学实践""高校一线外语专业协同实践"等多项课题,以口语训练与交际推动英语教育教学改革,探索口语教学新模式。从 2017 年开始,萃文中学又引进安徽师范大学化学与材料科学学院"课堂观察与管理"研究团队进驻学校,设置

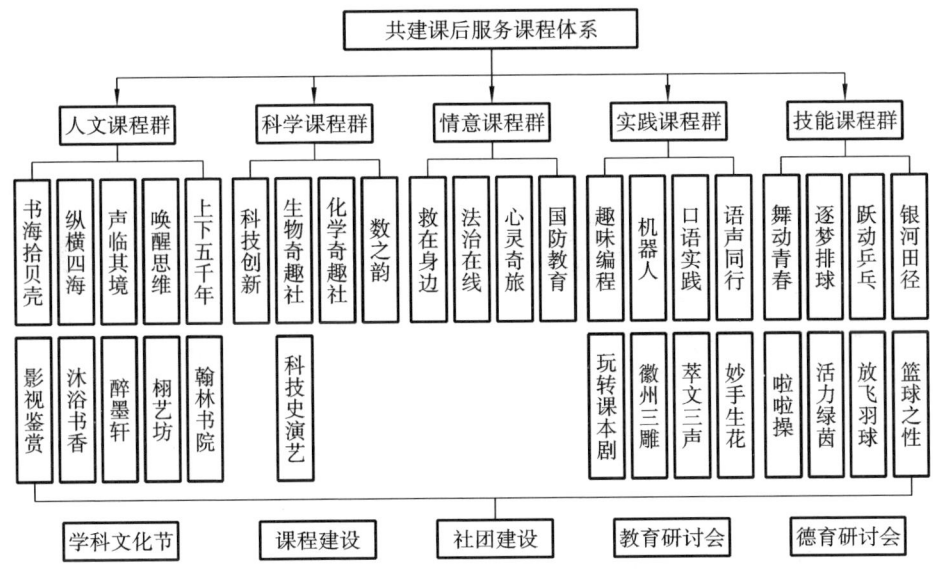

图 4-3　安徽师范大学与萃文中学课后服务协同建设实践课程群

课堂观察"双师制",积极参与高效课堂教学研究项目。此外,安徽师范大学的其他学院也纷纷参与进来,与萃文中学共同开展教研活动,引领萃文中学教师的专业发展,促进学校教研质量的整体提升。

3．成效分析

1）提高了教师专业素养,创新了学校教研文化

在"高校-中学"课后服务协同建设过程中,萃文中学始终坚持"共识、共谋、共为、共享"的理念,共同参与课程建设、活动实施、课程评价、教师培训、课题引领,并通过教研指导,以多种形式充分唤醒教师专业成长的意识,创新教研文化。目前该校已成功申报包括"基于和悦智慧课堂的教学实践与评价研究""数据驱动下的智慧课堂精准教学实践研究"在内的多个中央电教馆教育规划课题,获得 2 项省级教学成果奖、2 项市级教学成果奖,合作发表教育研究论文 20 多篇,极大地丰富和提升了萃文中学教育教学改革的层次和质量。

2）解决了课后服务师资短缺、课程建设不足等难题,突出了协同育人功能

萃文中学的"高校-中学"课后服务协同建设模式,不仅有利于高校推进教师教育模式创新、凸显教师教育特色,还解决了中学课后服务师资短缺、课程建设不足的难题。通过协同共建,目前已开发课外课程 35 门,协助组建社团 53 个,派遣各类实习生 2400 多人次,派驻各专业授课教师 400 人次,累计授课 3600 多节,有效解决了课后服务中存在的师资、课程等问题,减轻了中学教师的工作负担,也提高了师范生的实践能力和综合素质,突出了协同育人功能。

3）彰显学校办学特色,回归基础教育办学本位

萃文中学始终坚持"在活动中绽放,做更好的自己"的办学特色,在"高校-中

学"课后服务协同建设模式的实践运行下,该校将课程建设与活动建设相统一,每年定期举办"学科文化节"和"艺术文化节"。学生综合素质表现突出,毕业生受到示范高中的广泛好评。对于"双减"政策下发挥课后服务学校教育主阵地作用有较好的借鉴价值。

总之,高校介入中学课后服务模式打破了师范院校与中小学校之间的合作壁垒、学术壁垒、人才交流屏障,既实现了优质教育教学资源和人才资源的共享,也实现了师范院校与一线优质资源的整合和优化。它有利于改变社会第三方力量参与课后服务的单向度、浅表性、被动式状况,强化了社会与学校的统筹联动,提升了课后服务的精准性和实效性,实现了社会力量与学校课后服务利益共谋、合作双赢的局面。

四、非学科类培训机构参与模式

(一)我国校外培训的发展

校外培训作为学校主流教育的补充、附属也称"课外补习",是指在正规学校教育之外,由各种社会文化教育机构和社会团体或个人,利用中小学生的课余时间,对其实施的一种有目的、有计划、有组织的校外教育活动。[①] 主要可分为学科类培训(即语文、英语、数学、物理、化学等)和非学科类培训(体育、音乐、美术、科技等)两大类。

在国外,人们把与校外学科类培训相关的课后补习活动称为"影子教育"。20世纪90年代初,大卫·史蒂文森和另一位作者,在对日本社会教育分层的研究中,创造了"影子教育"这一社会学和教育学术语,以表示主流教育系统与广泛的校外学习活动之间的紧密联系。后来,马克·贝磊(Mark Bray)通过记录全球影子教育的发展,使得教育政策制定者注意到了这个词,并在此过程中为界定影子教育下了详细、标准的定义。

第一,补充。影子教育具有补充性质,因为它涉及的是学校已涵盖的科目。

第二,市场。与家庭或社区成员提供的无偿辅导或学校教师提供的作为职业承诺和责任的一部分的额外辅导相比,影子教育是有偿提供的。

第三,学术。影子教育涵盖学术科目,包括语文、数学和其他应试科目,但不包括音乐、艺术或体育技能等为了愉悦身心和实现更全面的个人发展的内容。[②]

由此可见,国外的影子教育专指学科类培训,并不包括体育、艺术、科技等非学术性科目。它是营利的,指向提高学生的考试成绩而非促进个人发展,故带有强烈的应试目的。

① 罗娟,康丽颖.中国校外教育政策三十年变迁[J].首都师范大学学报(社会科学版),2009(6):124-127.

② Soo-yong Byun, David P. Baker. Emerging trends in the social and behavioral sciences: An interdisciplinary, searchable, and linkable resource[J]. Wiley-Blackwell, 2015(5):1-9.

我国校外教育培训的发展开始于改革开放。随着 1977 年高考制度的恢复,升学带来的竞争与压力引发了家长对子女进行课外补习的需求。但是,受市场特征、办学理念、政策调控等因素的影响,这段时期的校外补习以少数人非正式地提供"家教"为主。由于规模小,并不能满足广大家长与学生的普遍需求,于是有些学校老师也在课后开展相关的补习活动,加重了中小学生的学习负担。从 1999 年起,各级政府一方面命令禁止公办学校教育开展补习活动,尤其是"有偿补课";另一方面开始提升校外培训机构的合法性地位,大力开展民办教学。此后,我国政府逐步放宽办学政策,打开了民办教育的大门。2002 年《民办教育促进法》规定"办学者可从商业活动中获得收益及其回报",这在一定程度上鼓励和支持民办教育的开展。此后,机构化的服务提供商成为正规辅导服务的主要提供者,校外培训机构进入蓬勃发展期。首先,办学规模迅速扩大,一些大型培训机构在各地设立大量分校;其次,教学科目增多,从奥数、英语拓宽到全科补习;再次,教学群体扩充,从原本的"补差生"到"培优生",再到后来几乎所有学生参与补习;最后,教学方式扩容,从传统的教学形式演变为一对一、一对二、一对多、小班授课、大班授课以及线上教学等。[①]

近些年,校外教育培训机构发展势头强劲,成为课后服务的主要供给方。艾媒咨询数据显示,2019 年中国 K-12 课后辅导市场规模达 4830 亿元。彼时,大量资本瞄准了家长"望子成龙"的心态,纷纷涌入教培行业。校外培训的主要提供者成为教育资本市场的一部分,培训机构也开始暴露出种种问题。一方面是其自身发展中出现的消极影响,如部分培训机构证照不齐、场地条件不达标、办学资质不足、存在诸多问题与隐患,教育教学质量无法保证,家长权益保障差、维权难等。另一方面是由影子教育发展引起的消极影响。一是加重学生学业负担,影响学生身心健康;二是影响正规学校教育课程与教学,削弱了学生在校学习的兴趣和动机;三是增加家庭经济负担。[②]尤其是加重中低收入家庭的经济负担,大多数家庭每年必须花费大量资金送孩子补习。据统计,2016 年全国中小学生生均补习支出达 2311.97 元。四是严重损害了教育公平。研究表明,学生参与校外补习与家庭收入呈正相关,社会购买力的差异导致教育资源的差异。家庭富裕的学生可以获得额外的教育机会,这加剧了低收入家庭学生和高收入家庭学生之间的教育不平等,进一步侵蚀社会正义。

总之,校外教育培训机构对全社会进行"狂轰滥炸"式营销,各种贩卖焦虑的过度宣传,严重违背了教育的公益属性,破坏了教育正常生态,陷入了短视化、功利化、狭隘化的教育旋涡,使教育正义面临巨大的挑战和危机,严重损害了教育公平与学校教育质量。为维护教育公平,以促进教育机会平等,进一步规范教培市场,

---

① 王强.我国校外培训机构发展演进、现实问题与治理研究[D].沈阳:沈阳师范大学,2022.
② 郑淑超,任涛,刘军伟.影子教育治理长效化:困境与对策[J].中国教育学刊,2020(10):150-152.

中共中央办公厅、国务院办公厅于 2021 年 7 月颁布"双减"政策,明确指出要坚持从严治理,全面规范校外培训行为。至此,我国校外培训机构步入了"全新整顿期"。2021 年 9 月教育部办公厅、民政部办公厅、市场监管总局办公厅三部门发布《关于将面向义务教育阶段学生的学科类校外培训机构统一登记为非营利性机构的通知》,要求在 2021 年底前完成面向义务教育阶段学生的学科类校外培训机构统一登记为非营利性机构的行政审批及法人登记工作。"营改非"的政策背景对学科类培训机构在公益目的、利润分配、资产所有权等方面提出了转型要求。[①] 但学科类培训机构如何转型,转型之后作为非营利性机构如何发挥教育服务作用便成为急需解决的问题。

目前浙江、山东、江苏、上海、武汉等省市已出台了有关引进或遴选第三方机构参与课后服务的工作办法或指南,并对引入机构的资质作出了规定,但这些规定针对的均是非学科类校外培训机构等经营性社会力量。

（二）培训机构参与课后服务的经验

过去这些年,影子教育在全球迅速扩张,成为一个价值数十亿美元的全球服务行业,也成为教育社会学中的一个重要话题。影子教育是一项家庭私人购买的服务,涵盖的主题又在主流学校教育中教授,对教育质量和教育公平都造成了严重影响,因此影子教育也是各国决策者教育治理的难点。影子教育研究领域奠基人马克·贝磊指出,影子教育治理策略包括放任、禁止、规范、鼓励,其中规范还包括监督但不干预。

世界各国对影子教育的态度及政策回应各不相同。有些国家采取放任自流的态度,比如,德国采取自由放任的不干涉主义,是弱监管、高标准和强自律相结合的模式。自 20 世纪 90 年代以来,德国对影子教育（Nachhilfe）的需求大幅增加。接受过影子教育的 17 岁青少年从 2000 年的 27％上升到 2010 年的 47％。[②] 人们担心影子教育的高昂费用将加剧教育和社会不公,但政府对其干预较少,治理的路径可以概括为三点:最小化国家干预,最大限度发挥专业力量,以及鼓励行业自律。德国校外培训行业拥有很强的自律文化和专业意识,普遍尊重规则、遵循标准。第三方专业机构依托专业力量制定教育标准、确保教育质量,行业协会推动标准与规范的落地、引领行业自律,共同推进校外培训行业的健康有序发展。[③]

在美国,影子教育通常以学习中心备考、私人辅导甚至公立学校提供的课后课

① 高紫旋."CORPS"视角下中美非营利组织参与课后服务模式的比较研究[D].上海:上海师范大学,2023.

② Steve R. Entrich, Wolfgang Lauterbach. Shadow Education in Germany: Inevitable Increase of Social Inequality or Contribution to Equal Educational Opportunities? Findings from the LifE Study[C]. The Comparative and International Education Society(CIES) Annual Conference, 2016-03-09.

③ 张薇.影子教育的全球扩张及治理[J].上海教育,2022(1):72-84.

程的形式存在。随着精英学院和大学的录取竞争日益激烈,影子教育已成为美国学生争取录取机会最大化策略的关键组成部分。因此,近年来影子教育通过私人学习中心在美国扩展。在 1997 年至 2016 年期间,私人学习中心的数量从大约 3000 个增长到近 10000 个。研究发现,与低收入同龄人相比,来自高收入家庭的学生更有可能参加私人课程,聘请私人教师。因此,私人补习中心更有可能位于高收入家庭和父母教育程度较高的地区。公立学校提供的课后课程辅导,通常针对社会经济地位较低的家庭。尽管这样做的好处是使考试准备和其他影子教育更容易获得,但这些项目最终也往往为在交通和其他资源方面相对有利的学生提供服务。① 所以,为了实现"不让任何一个孩子掉队",促进社会公平,美国在自由放任的基础上对影子教育间接加以鼓励,通过补充性教育服务的政策,如由政府向各类组织、团体、个人购买校外培训服务,来免费提供给符合要求的低收入家庭学生,以帮助弱势群体学生的学业发展。② 政府购买校外培训机构的服务,侧面推动了校外培训的合法化。

日本是一个高度依赖影子教育的国家,其影子教育是日本教育的一个重要组成部分。自 1960 年代起,课外补习在日本就成为一种普遍现象。从那时起,补习机构(又称为"学习塾")提供了广泛的服务来补充主流教育,以增加学生成功进入排名靠前学校的机会。20 世纪 70 年代,由于日本政府未能适当地回应在教育扩张过程中民营企业提供的教育支持,补习教育行业得以不断扩大,但与此同时也出现很多问题,于是从 20 世纪 80 年代起,政府开始着手整顿和规范,明确学习塾的监管权责,建立学习塾行业协会,推动行业标准设立,规范培训主体的商业行为等。根据矢野研究所最近的估算,整个日本补习教育行业产生了约 2.46 万亿日元的收入(2012 年大约为 250 亿美元)。经过数十年的治理,学习塾稳步发展,已然成为日本国民教育体系中的重要组成部分。日本政府对学习塾的态度也从拒绝转变为合作,部分原因是学习塾在日本社会中已经根深蒂固,不能被排除在公共决策过程之外。随着社会人口的变化,学校和学习塾之间的合作变得越来越明显。③ 比如,公立学校提供教室和生源,由学习塾派出讲师在周末或其他假期对学生进行学业补习,费用主要由政府承担。对于家庭经济困难的学生,费用则全部由政府承担,以此改善教育不平等问题。

同日本一样,韩国也是一个影子教育服务盛行的国家,但不同的是它被国际社会公认为校外培训强治理国家的典范,其对家庭教育选择的限制在国际上引发争议。1980 年韩国当局宣布全面禁止补习,而到 2000 年,法院又宣布校外补习的禁

---

① Jennifer C. Lee,Natasha Quadlin,Denise Ambriz. [J]. Research in Social Stratification and Mobility,2023(2):1-12.

② 张薇.影子教育的全球扩张及治理[J].上海教育,2022(1):72-84.

③ Yoko,Yamato,Wei Zhang. Changing Schooling,Changing Shadow:Shapes and Functions of Juku in Japan[J]. Asia Pacific Journal of Education,2017(3):329-343.

令违反宪法规定的人权,从而彻底废止补习禁令。补习禁令失败的主要原因是大型培训机构、经济社会上层家庭及其子女以及培训机构的教师等既得利益者的反对。在家庭和学生看来,影子教育作为成功考入大学的替代教育实践的情况下,它与公立学校教育一样重要,学校课程和教学不再是他们学习和成功的主要原因。如果影子教育对学生的个人目标与未来是必要的和有帮助的,他们会乐意选择影子教育,以获得学业的成功。根据韩国国家统计局(2020)的数据,2019 年约有 74.5%的 K-12 学生接受了影子教育。此外,经济合作与发展组织(OECD)关于成员国私人教育支出的数据显示,韩国影子教育的国内生产总值居亚洲之首(2020)。可见,对校外培训进行全面禁止是不合乎实际的。之后,韩国政府开始反思,不断探索政策的调整,从以往的打击、禁止转向规范、监测校外培训,如对辅导场所、环境卫生、学费和辅导时间等进行监管。近几年,甚至出现了政府与影子教育机构合作的迹象。比如,在新冠疫情期间,韩国政府与影子教育市场通过韩国教育广播系统(EBS)的数字教育资源平台进行合作,为全国学生提供免费的数字辅导课程和资源。2020 年 2 月 23 日,EBS 平台启动了 COVID-19 应对小组,提供基于家庭的 K-12 学习资源,包括 28000 多种在线教育课程。作为电视、广播、新闻和电子学习资源的集合,这个由政府主导的教育平台在从学校到家庭学习的过渡中发挥了重要作用,帮助学生培养自主学习能力,传播 COVID-19 防控知识。[1] 与此同时,政府也大力发展课后服务,改善教育供给情况,形成了内外施策、科学监测、客观认识、有效合作的治理新趋势,以期实现标本兼治的目的。

由此可见,完全禁止校外培训机构在实践中是行不通的。只有通过规范、监督、引导,才能科学地治理校外培训机构,使其在课后服务领域更好地发挥作用。

(三)非学科培训机构参与课后服务的途径:政府购买

根据发达国家的经验,培训机构参与课后服务可通过政府购买的方式。政府购买的方式是指政府作为购买主体,根据学校课后服务需求,将自身无力承担的部分课后服务事项,按照政府采购流程交由具备资质的社会力量承担,并依据约定标准和服务质量向其支付费用的一种方式。这些社会力量包括教育培训机构、从事经营项目的社会服务机构以及提供有偿服务的社会专业人士等。对于政府购买,根据购买程序的不同,又分为直接招标购买和间接遴选购买。前者指面向所有服务提供单位,凡具备资格的单位都可以进入投标行列。后者指先对符合资格要求的课后服务提供单位进行遴选,再从被遴选进入政府购买范围内的单位进行限定购买。从购买主体来看,又可分为两种类型,一种是政府直接购买,一种是政府间接购买,即委托学校购买学校课后服务。因此购买主体既包括教育、体育、财政等

---

① Huiyan Piao, Hyuna Hwang. Shadow Education Policy in Korea During the COVID-19 Pandemic [EB/OL]. (2021-03-17)[2024-11-14]. ECNU Review of Education. https://journals. sagepub. com/doi/full/10. 1177/20965311211013825.

职能部门,也包括学校事业单位。政府和学校不仅仅是购买主体,也是责任主体。[①]

目前,通过政府购买方式来引导社会力量参与学校课后服务是主流趋势。但需要特别指出的是,目前我国政府购买校外培训机构服务参与学校课后服务,仅针对非学科培训机构。

2022年12月23日,武汉市教育局发布《市教育局关于规范引入第三方参与中小学课后服务工作的通知(征求意见稿)》,指出引进对象主要包括校外机构和社会专业人员两个类型。引入方式原则上可采取两种:引进社会专业人员的,可采取遴选方式;引进校外机构的,按照财务管理相关规定,可采取公开招标或竞争性谈判等方式。其中,校外机构指非学科类校外培训机构,在资质方面,应具有独立法人资格,取得办学许可一年以上,具备进入义务教育学校提供课后服务所需的设施、人员和专业技术能力;内部治理结构健全,财务会计和资产管理制度完备;三年内未有过被移除某一区域进入学校课后服务资格名单经历。[②]

除了武汉市,其他各省市教育部门也纷纷颁布非学科类校外培训机构进入学校参与课后服务的通知,对培训机构的资质、人员、提供的培训课程、收费标准等提出明确的要求,并且就遴选的程序也作出说明,具体见表4-3。

表4-3　部分省市发布的非学科类校外培训机构参与学校课后服务的文件

发布日期	省　市	文件名称
2022-04-18	山东省	《关于进一步规范引入第三方参与校内课后服务工作的通知》
2022-05-25	浙江省	《关于遴选非学科类校外培训机构参与学校课后服务工作的指导意见》
2023-06-21	新疆维吾尔自治区	《关于遴选非学科类校外培训机构参与中小学课后服务工作的实施方案》
2023-08-11	内蒙古自治区	《非学科类校外培训机构参与义务教育学校课后服务实施方案》
2023-08-14	山西省	《关于规范非学科类校外培训机构参与义务教育学校课后服务工作的指导意见(试行)》
2023-09-19	河北省	《河北省非学科类校外培训机构参与学校课后服务工作的指导意见(试行)》

---

① 容中逵,阴祖宝.社会力量参与中小学课后服务的模式、困境与对策[J].全球教育展望,2023(9):37-47.
② 长江云.武汉市教育局发布《市教育局关于规范引入第三方参与中小学课后服务工作的通知(征求意见稿)》[EB/OL].(2022-12-24)[2024-06-28]. https://mp.weixin.qq.com/s? src=11&timestamp=1734182952&ver=5688&signature=rf2ARkpU78nC0-sKv8MDmgEDeUTrJ5gRdRzLLzMzODUndnUFL1J7tVCHyK78qMMmN3M8TcQJRp999cyav3plHHe8pIsewvo*Vu2gtWs8Q0mZj1ABAJR5aUR-QDNHfbY&new=1.

　　为了进一步规范非学科类培训进入中小学参与课后服务,2023年12月18日,教育部办公厅等四部门发布的《关于进一步规范义务教育课后服务有关工作的通知》特别强调:"各地要建立第三方机构进校园遴选审核机制,形成机构名单和服务项目及引进费用标准,加强日常监管并建立动态调整机制。引进费用标准要通过招标等竞争性方式确定,并要明显低于培训机构在校外提供同质培训服务的收费标准。"①

　　上述政策的颁布促进了非学科类校外培训机构进入中小学参与课后服务的规范化,同时也迈出了校内校外规范化合作的关键一步。

　　(四)政府购买非学科类培训机构参与课后服务的程序

　　根据各地颁布的相关政策,可以发现政府购买非学科类培训机构参与学校课后服务,一般经历以下几个步骤。

　　1. 发布遴选通告

　　当地教育行政部门向社会发布遴选非学科类机构参与学校课后服务通告。可从学校课后服务的质量保障与需要出发设置准入条件,不做数量限制,凡是符合条件的机构均可进入"白名单"。

　　2. 机构自主申报

　　符合资质的非学科类机构均可向属地教育部门自主申报,并提供符合遴选需求的支撑材料。

　　3. 组织专家评审

　　地方教育行政部门组织行业专家、教育专家参与评审。

　　4. 公示拟入围机构

　　将拟入围的非学科类机构及服务项目在互联网平台上予以公示。

　　5. 公布"白名单"

　　经公示无异议的非学科类培训机构进入"白名单",并向社会公布。教育行政部门同时向义务教育学校发布"白名单"。

　　(五)典型案例——山东省烟台市莱阳市经验

　　由于非学科类校外培训机构进入中小学参与课后服务仍处于起步阶段,各地各学校还在逐步探索和不断完善中,相对成熟的案例极其少见。笔者在大量搜集相关资料的基础上,选取了山东省烟台市莱阳市的做法来具体说明。

　　莱阳地处胶东半岛腹地,是山东省辖县级市,由烟台市代管。自"双减"政策实施以来,莱阳市教育部门为满足学生的多样化发展需求,积极探索公开遴选非学科类校外培训机构参与校内课后服务,扩充服务渠道,丰富服务内容,不断提升服务

---

　　①　中华人民共和国教育部.关于进一步规范义务教育课后服务有关工作的通知[EB/OL]. (2023-12-27)[2024-06-28]. http://www.moe.gov.cn/jyb_xwfb/gzdt_gzdt/s5987/202312/t20231227_1096306.html.

质量。其经验被省教育厅、教育部刊发,于 2022 年 5 月被烟台评为"课后服务十佳典型案例",并入选省"双减"典型案例。莱阳市义务教育段学校共有 55 所,在校学生 5.4 万余人,参与课后服务的学生 4.6 万余人,参与率达 85%,实现了义务教育学校、有需求的学生"两个全覆盖"。其做法主要体现在以下几个方面。[①]

1. 完善政策设计,打通资源渠道

自 2022 年 1 月起,莱阳市就课后服务引进第三方工作展开调查研究,先后向校长、教师和家长代表及部分校外培训机构代表征集意见 17 条次。在广泛调研的基础上,教育、发改、财政、人社 4 部门联合印发《莱阳市义务教育学校课后服务经费保障办法》,明确公办中小学可以适当引进非学科类校外培训机构参与课后服务。由教育部门负责组织遴选,供学校选择使用;学生自愿选择参与,通过代收费方式予以保障;由教育部门会同发改、财政部门根据经济社会发展状况,综合考量第三方机构的服务条件、内容、时间、成本等因素,遵循公益性原则,分别制定不同服务项目的收费标准。随后拟定了《公开遴选非学科类校外培训机构参与中小学校内课后服务方案》。[②] 方案主要内容如下。

1) 遴选对象

主要包括艺术类(含音乐、美术、舞蹈、戏剧与影视学等),科技类(含机器人、编程、创客等)以及综合实践活动等非学科类校外培训机构。

2) 遴选要求

在资质方面,要求校外培训机构须持有莱阳市相关部门核发的办学资质证照,如办学许可证、工商营业执照或民办非企业单位登记证。在师资方面,要求授课教师无犯罪记录或其他不良行为;具有相应培训课程的资格(技能或资质)。在课程方面,要求培训课程属于非学科类培训项目,且内容有特色,编写和使用的培训材料应符合教育部办公厅印发的《中小学生校外培训机构材料管理办法(试行)》的要求,并经市教育局和体育局审核备案。在信誉方面,要求参选机构必须是上季度市教育和体育局公布的"白名单"机构,有稳定办学资金,无违规情形,社会信誉良好,在学生、家长、社会中满意度较高。在资金监管方面,要求符合《莱阳市校外培训机构预收费银行托管和风险保证金监管细则(试行)》相关要求,签订教育部、市场监管总局制定的《中小学生校外培训服务合同(示范文本)》,开具正规发票,无恶意涨价行为。坚持公益普惠,不以营利为目的。

---

① 烟台教育发布.莱阳市遴选第三方机构参与校内课后服务经验做法获省教育厅推广[EB/OL]. (2022-05-06)[2024-07-02]. https://mp.weixin.qq.com/s?__biz=MzAwNDExNzgwMg==&mid= 2651023461&idx=1&sn=2f317ca05553419ef88e3dadfeaafa0b&chksm=80c70c20b7b085369aaf99e95b35e4a 70647493022b67eabe0f59c0047ec26394d501193ec96&mpshare=1&scene=23&srcid=0405AzUlJgE6yjiS6V ZDQCZcl&sharer_shareinfo=cd628eaea61d43b385c4b26ce8912042&sharer_shareinfo_first=c3f9be8573299a 1c73d3a6bb26193fd2#rd.

② 尹明波.山东莱阳"订单式"服务满足学生多样化发展[N].中国经济导报,2022-09-15.

3）申报材料

（1）填报《莱阳市校外培训机构参与课后服务申请表》。

（2）提交办学许可证、营业执照或民办非企业单位登记证复印件。

（3）××年度民办学校年检为合格及以上结论的相关证明材料。

（4）机构法人有效身份证件，授课教师资格证和专业资质证明、无犯罪记录证明等师资相关材料。

（5）课程目标、教学内容、授课班额上限、每学期课时安排、每节课授课教师人数等课程相关资料。

（6）课程每课时（不少于40分钟）收费标准。

（7）其他（单位提供的其他有关资料，如获奖情况等）。

4）遴选程序

（1）自主申报，对照申报条件要求，在规定时间内按要求报送申请表和遴选申请材料。

（2）也可以由各中小学推荐符合资质的、曾在莱阳市中小学参与校内课后服务且效果良好的非学科类培训机构，并按照要求报送申请表和遴选申请材料。

（3）专家评审，市教育局和体育局成立相应的专家组进行评审，必要情况下对相关机构进行实地核查和师生座谈，择优选定进校园的非学科类培训机构名单及培训项目，向社会分批公布，接受监督。

（4）结果公布在市政府网站、莱阳教育微信公众号等平台。

5）进校园程序及监管措施

根据遴选结果和中小学课后服务需求，由学校从遴选名单及培训项目中自主选择培训机构，并将机构名单和参与课后服务人员造册，报市教育和体育局职教科审核批准后，再签订服务协议（每学期签订一次）。市教育和体育局将定期或不定期开展非学科类培训机构参与课后服务工作的监督管理和质量评价。

2. 按需遴选，严格入校门槛

在机构遴选环节，一是瞄准校内"薄弱课程"。针对学校师资力量相对"薄弱"的兴趣类课程，积极开展"订单式"服务，高标准引入第三方机构优质的艺术类、科技类和综合实践活动类课程。二是严把机构"资质条件"。参与遴选的第三方机构必须符合方案中提出的办学资质、师资力量、课程设置、信用信誉、资金监管、疫情防控、公益普惠等7项标准要求。评审组最后从报名参与的53所机构中择优选出15所机构准入校园，课程涵盖舞蹈、乐器演奏、戏剧与影视、编程、创客教育等5大类。

3. 筑牢监管防线，强化服务质量

制定第三方入校服务评价细则，教育部门定期或不定期进行监督检查和质量评价，建立评估退出机制。学校在每个期末开展学生和家长课后服务满意度问卷调查，满意率低于80%的服务项目，学校可提出更换服务人员直至终止合作，终止合作的三年内不得重新取得参与资格。

目前,莱阳市共有 11 所学校引进第三方机构 15 所,开设艺术类、科技类课程 417 班次,服务学生 4.6 万余人,总体运行平稳、良好,有效减轻了学生的校外培训负担和家长的经济负担。[①] 比如,莱阳市和平小学自引进第三方机构以来,由校外培训机构回流到校内参加课后服务的学生约有 200 人,每学期每个家庭减少校外培训费用 2000 元以上,深受广大学生家长欢迎和好评。

---

① 尹明波.山东莱阳"订单式"服务满足学生多样化发展[N].中国经济导报,2022-09-15.

参考文献

一、中文类

（一）著作类

[1] J·曼蒂,L·奥杜姆.闲暇教育理论与实践[M].叶京潘敏,鲍建东,等译.北京:春秋出版社,1989.

[2] 陈向明.质的研究方法与社会科学研究[M].北京:教育科学出版社,2000.

[3] 中国儿童中心.校外教育学[M].北京:学苑出版社,2002.

[4] 刘潜润.中国儿童放学后托管教育问题研究[M].北京:清华大学出版社,2018.

[5] 郑奕.博物馆与中小学教育结合:制度设计研究[M].上海:复旦大学出版社,2020

[6] 姚喜双.中小学生课后服务研究[M].成都:四川大学出版社,2021.

[7] 张志勇.全国"双减"改革蓝皮书[M].北京:外语教学与研究出版社,2022.

[8] 李东旭,董晓燕.课后服务活动设计与实施[M].北京:世界知识出版社,2023.

（二）期刊类

[1] 周红霞.发达国家小学课后托管政策的比较与借鉴[J].外国中小学教育,2016(6):36-42,29.

[2] 程斯辉,熊熊.加强课后服务管理,推进"中小学生欺凌"预防[J].教育科学研究,2018(4):5-8,15.

[3] 马健生,邹维."三点半现象"难题及其治理——基于学校多功能视角的分析[J].教育研究,2019(4):118-125.

[4] 张亚飞.主要发达国家中小学课后服务研究[J].外国教育研究,2020(2):59-69.

[5] 康丽颖.促进儿童成长:课后服务多元主体协同育人探讨[J].中国教育学刊,2020(3):22-26

[6] 李醒东,赵伟春,陈蕊蕊.对义务教育阶段学生课后服务的再思考[J].中国教育学刊,2020(11):61-65,91.

[7] 杨文登.美国课后服务循证评估研究[J].比较教育研究,2021(8):64-70,112.

［8］ 龙宝新."双减"政策背景下学校课后服务的定位与改进［J］.北京教育学院学报,2021(12):1-11.

［9］ 钱佳,崔晓楠.放假如何影响学生学业成绩？——国外研究综述及对暑期托管服务的启示［J］.外国教育研究,2021(12):99-110.

［10］ 杨清溪,邬志辉.义务教育学校课后服务落地难的堵点及其疏通对策［J］.新华文摘,2021(23):134-136.

［11］ 羊峰,苑津山.中国义务教育学校课后服务政策的变迁、动因与展望探赜——基于历史制度主义视角的分析［J］.中国教育政策评论,2022(2):3-18.

［12］ 裴艳晖,杨英杰.作为课后服务者的教师:可为、难为与应为［J］.当代教育论坛,2022(3):81-87.

［13］ 高巍,周嘉腾,李梓怡."双减"背景下的中小学课后服务:问题检视与实践超越［J］.中国电化教育,2022(5):35-41.

［14］ 董永贵,杨丽芳.美国暑期学校托育实践对深入推进"双减"政策的启示［J］.教育评论,2022(5):159-168.

［15］ 曾汶婷.美国基础教育阶段家校社协同育人模式及其启示［J］.教学与管理,2022(6):80-84.

［16］ 秦理想,李圆.中小学课后服务研究的现状与展望［J］.成都师范学院学报,2022(7):1-7.

［17］ 李先军,类成阳.课后服务体系的构建—以美国马里兰州为例［J］.外国教育研究,2022(5):47-59.

［18］ 杨清溪,庞玉鸽.多元协同:课后服务工作承担主体的实践反思［J］.四川师范大学学报(社会科学版),2022(9):154-160.

［19］ 杨红.课后服务的功能与价值——基于美国课后服务的观察［J］.教育研究,2022(11):77-88.

［20］ 陈天婧,王友缘.健康与学习协同发展——"全学校、全社区、全儿童"模式下美国加州课后服务机制探析［J］.比较教育学报,2023(3):86-98.

［21］ 杨崇祺,吴鹏,冯晔敏.非学科类培训机构监管的问题及推进［J］.云南师范大学学报(哲学社会科学版),2023(4):148-156.

［22］ 谷玉辉.中国式现代化进程中"丰富人民精神世界"论析［J］.思想理论战线,2023(6):30-37.

［23］ 祁占勇,方洁.利益相关者视域下"双减"政策执行的多重困境及其纾解策略［J］.华南师范大学学报(社会科学版),2023(6):56-71,206.

［24］ 杨文登,谈心.论课后服务的公益性［J］.湖南师范大学教育科学学报,2023(9):56-66.

［25］　容中逵,阴祖宝.社会力量参与中小学课后服务的模式、困境与对策［J］.全球教育展望,2023(9):37-46.

［26］　孙波,杨清溪.义务教育学校教师大量承担课后服务工作的隐忧及其应对［J］.中国人民大学教育学刊,2023(11):13-24.

［27］　王蓓蕾,陈国华.“双减”背景下中小学课后服务实施的冲突与调适［J］.教学与管理,2023(12):40-44.

［28］　孟书广,张迪论.共同富裕与人的全面发展的内在统一关系——基于马克思恩格斯的相关论述［J］.山东行政学院学报,2024(1):9-15.

［29］　李红恩.非学科类校外培训机构参与学校课后服务现状、问题与对策［J］.教育发展研究,2024(18):46-52.

（三）学位论文类

［1］　屈璐.日本课后服务的场域建构研究［D］.上海:华东师范大学,2019.

［2］　胡小青.美国加州中小学生课后服务体系研究［D］.长沙:湖南大学,2020.

［3］　尹艺璇.韩国放学后教育政策研究［D］.延吉:延边大学,2021.

［4］　董宇.R市L小学校内课后服务的现状与对策研究［D］.武汉:华中师范大学,2022.

［5］　高紫旋.“CORPS”视角下中美非营利组织参与课后服务模式的比较研究［D］.上海:上海师范大学,2023.

二、外文类

（一）著作类

［1］　Megan Beckett, Angela Hawken, Alison Jacknowitz. Accountability for After-School Care:Devising Standards and Measuring Adherence to Them［M］.Santa Monica:RAND,2001.

［2］　Kenneth M. Gold. Schools In:The History of Summer Education in American Public Schools［M］.New York:Peter Lang,2002.

［3］　Halpern Robert.MakingPlay Work:The Promise of After-School Programs for Low-Income Children［M］.New York:Teachers College Press,2003.

［4］　Geoffrey D. Borman, Matthew Boulay. Summer Learning:Research, Policies,and Programs［M］.Oxford:Taylor & Francis,2008.

［5］　Barton J. Hirsch, Nancy L. Deutsch, David L. DuBois. After-School Centers and Youth Development. Case Studies of Success and Failure［M］.Cambridge:Cambridge University Press,2011.

［6］　Nancy L. Deutsch. After-School Programs to Promote Positive Youth Development［M］.New York:Springer,2017.

（二）期刊类

［1］ James Pedersen. The History of School and Summer Vacation[J]. Journal of Inquiry & Action in Education,2012(1):54-62.

［2］ ChristinaFelfe, Larissa Zierow. After-School Center-Based Care and Children's Development[J],B. E. Journal of Economic Analysis & Policy,2014(4):1299-1336.

［3］ 市川麗,山口豊一.「放課後子ども教室」に通う児童の放課後子ども教室享受感に関する研究-遊び支援プログラムの実践を過してー[J].教育実践学研究第 18 号,2014(3):29-44.

［4］ Shana Haines,Judith Gross,Martha Blue-Banning,et al. Fostering Family-School and Community-School Partnerships in Inclusive Schools:Using Practice as a Guide［J］. Research& Practice for Persons with Severe Disabilities,2015(3):227-239.

［5］ Kym Simoncini,Jennifer Cartmel,Amy Young. "Children's Voices in Australian School Age Care:What do They Think About Afterschool Care?"[J]. International Journal for Research on Extended Education,2015(1):114-131.

［6］ JenniferCartmell,Amy Hayes. Before and After School:Literature Review about Australian School Age Child Care[J]. Children Australia,2017(10):201-207.

［7］ 오시영,전주성. 초등돌봄교실 전담사의 직무분석 연구[J]. 한국교육문제연구,2018(2):69-89.

［8］ 백순근,이솔비,장지현,양현경. 맞벌이 가정 자녀의 초등돌봄교실 참여에 따른 사교육 시간과 비용 및 일-양육 양립에 대한 인식 차이[J]. 육아정책연구,2019(1):55-74.

［9］ Natalie-Jane Howard. Critical Review:A Theoretical Examination of Shadow Education in South Korea［J］. International Journal of Asian Education,2021(3):429-438.

［10］ Fay Hadley,Manjula Waniganayake,Zinnia Mevawalla,et al. Keeping Children Safe in Out-of-School-Hours Care:Perceptions of Staff and Managers of One Provider in Sydney,Australia[J]. Child Abuse Review,2021(30):318-331.

［11］ Alexandra Zbuchea,Loredana Ivan,Mona-Silvia Timofte,et al. Closing the Gap between Museums and Schools［J］. Culture. Society. Economy. Politics,2022(2):11-25.

［12］ 島本篤.COVID-19 下における放課後子ども教室・放課後児童クラブの現場報告・分析——「宙吊りになる児童の権利と生」アガンベンの議論を

中心的に参照して——[J].東京大学大学院教育学研究科基礎教育学研究室紀要第 48 号,2022(7):57-67.

[13] 하봉운. 지자체-학교 협력을 통한 초등돌봄 체계 구축 방안:지자체 중심 운영거버넌스를 중심으로[J]. 2022 방과후학교·초등돌봄교실 온라인 뉴스레터 모음집, 2022(78):2-5.

[14] Sousa Vanda,SilvaPatrícia Ribeiro,Romão Ana Maria,et al. Can an Universal School-Based Social Emotional Learning Program Reduce Adolescents' Social Withdrawal and Social Anxiety? [J]. Journal ofYouth and Adolescence,2023(11):2404-2416.